Michael Willemsen
Elmar Wortmann

Perspektive Pädagogik

Erziehung und Lernen

Heft 2

Ernst Klett Verlag
Stuttgart · Leipzig

Inhaltsverzeichnis

1. Lern-Erfahrungen

Wir haben den ersten Kurs dieser Reihe (Erziehung und Bildung – eine Einführung) mit der Behauptung begonnen, dass Sie bereits vielfältige Erfahrungen mit Erziehung gesammelt haben. Im Verlaufe des Kurses haben Sie sich Ihr breites Vorwissen bewusst gemacht, es geordnet und erweitert. Dazu haben Sie viele wissenschaftliche Ansätze der Pädagogik erschlossen.

In diesem Kurs geht es um Erziehung und Lernen. Und auch jetzt sagen wir: Sie haben bereits vielfältige Erfahrungen mit dem Lernen gemacht und sammeln in jedem Augenblick neue. Sie können nicht nicht lernen. Sie lernen nicht nur in der Schule, sondern auch beim Spielen am Computer, im Umgang mit Ihren Freunden, im Sportverein. Sie lernen zu denken, zu fühlen, sich zu bewegen. Sie lernen dies auf sehr unterschiedliche Weisen.

Wenn Sie sich Ihre Erfahrungen mit dem Lernen bewusst machen, merken Sie, dass es sich um ein ebenso grundlegendes wie umfangreiches und faszinierendes Gebiet handelt.

Was genau ist „Lernen"? Wie funktioniert es? Welche Wissenschaften bieten uns Erkenntnisse über das Lernen, das Erinnern und Vergessen? Welche Einsichten stellt die wissenschaftliche Pädagogik über das Lernen zur Verfügung? Gibt es einen speziell pädagogischen Blick auf das Lernen? Wie hängen „Erziehen" und „Lernen" zusammen? Kann ich mein Lernen mithilfe dieser Erkenntnisse verbessern? Wie kann ich das Lernen von anderen anregen und unterstützen?

In diesem Kurs werden Sie solchen Fragen nachgehen. Dabei werden Sie nicht nur eine Menge über das Lernen lernen, sondern auch über sich selbst.

1.1 Erfahrungen mit Lernen

M1 Bilder zu Lernerfahrungen

Hier finden Sie einige Bilder, die Ihnen helfen können, sich an bestimmte Lernerfahrungen zu erinnern.

Abb. 1.1

Aufgaben

1. Wählen Sie ein Bild aus M1 oder bringen Sie ein prägnantes Bild mit, das Sie mit Lernerfahrungen verbinden. Beschreiben Sie diese Lernerfahrungen. Beachten Sie, dass Lernen nicht immer erfolgreich verlaufen kann.
2. Begründen Sie, inwiefern es sich um „Lernen" handelt.
3. Bilden Sie Gruppen mit vier oder fünf Mitgliedern und stellen Sie einander Ihre Erfahrungen, Erarbeitungen und Beurteilungen vor.
4. Erarbeiten Sie eine gemeinsame Definition von Lernen und halten Sie sie schriftlich fest.
5. Stellen Sie Ihre Definition dem Kurs vor.
6. Erörtern Sie die vorgestellten Lerndefinitionen.
7. Stellen Sie in Einzelarbeit Fragen zusammen, die Sie zu dem Thema dieses Kurses „Erziehung und Lernen" interessieren.
8. Bilden Sie Gruppen. Sammeln und ordnen Sie die Fragen, denen Sie nachgehen möchten.
9. Stellen Sie Ihre Fragen dem Kurs vor und diskutieren Sie diese.

1.2 Lerngeschichten

Sie kennen die Schülerin Hilla Palm bereits aus Heft 1. Sie ist die Hauptfigur in Ulla Hahns autobiografischen Romanen über die Kindheit und Jugend eines Mädchens, das in den Fünfziger- und Sechzigerjahren in der Nähe von Köln aufwächst. Hilla kommt aus einem bildungsfernen Arbeitermilieu. Das stellt sie vor besondere Herausforderungen. Die folgenden Texte erzählen davon, wie sie damit umgeht.

M2 Irritierende Erfahrungen eines Arbeiterkinds (Ulla Hahn)

Was wir werden wollten, wurden wir in den ersten Schultagen gefragt. Heilige wollte ich werden, Großes tun. Heiligsein war ein Beruf, der alles andere umfaßte. War man heilig, war man alles, was man überhaupt sein und werden konnte. Wäre ich heilig gewesen, wäre der Großvater noch am Leben.

Ich wußte, es würde nicht leicht sein. Da stand ich in meinem graublauen Turnzeug in einer Manege, wie im Zirkus, der einmal in Dondorf Station gemacht hatte, heiße Sonne, staubiges Licht, das auf mich und die Löwen fällt. Der erste springt hoch, reißt sein Maul auf und stürzt mir schwanzwedelnd zu Füßen.

Der zweite, der dritte desgleichen. Die heidnische Dondorfer Menge erbebt. Ich hätschele die Löwen, und der grausame Herrscher wird katholisch und mein Gemahl. Ich auf immer allmächtig.

Also Hildegard, wiederholte die Lehrerin.

Aufs Bürro, antwortete ich. Alle lachten, und ich kriegte einen roten Kopf. Woher wußten sie, daß ich gelogen hatte?

Aufs Büroh also, sagte die Lehrerin, das o in die Länge ziehend. Die Klasse murmelte beifällig. Mir wurde noch heißer. Ja, aufs Büroh, wiederholte ich.

Hochdeutsche Wörter kannte ich vom Sehen, kölsche vom Hören. Beim Lesen kam es auf die Sprache an, nicht auf die Aussprache. Meine Muttersprache war Kölsch. Hochdeutsch mußte ich lernen, fast so wie Englisch. Lehrer Mohren hatte schon Wert darauf gelegt, daß es Mund hieß und nicht Schnüß, Menschen und nicht Minsche, sehen und nicht lure, weinen und nicht kriesche, Mädchen und nicht Weet. Nicht: Lommer jonn, sondern: Laßt uns jehen. Aber wir sagten dat und wat und isch und misch, Kiresche und Kääze und folschten Jottes Wort. Eine gut gebratene Gans, mit goldener Gabel gegessen, ist eine gute Gabe Gottes, sagte Mohren. Keiner hatte es nachsprechen können. Bei jedem war die Jans auf der Jabel jeblieben.

Aufs Büroh, wiederholte die Lehrerin noch einmal. Hört mal her, Kinder: Eine gut gebratene Gans, mit einer goldenen Gabel gegessen, ist eine gute Gabe Gottes. Nun, wer kann das nachsprechen? Hildegard!

Ich stand auf, die Klasse im Rücken, ihre Augen im Rücken, das Scharren ihrer Füße, vor mir das Gesicht der Lehrerin, ein flaches, breites, rotgeädertes Gesicht, aus dem eine große, leicht nach links geneigte Nase sprang, die dunklen Haare schon grau. Ihr Bräutigam war ohne Beine aus dem Krieg gekommen, und sie hatte die Verlobung gelöst. Jetzt lebte sie, wie sie gleich am ersten Tag gesagt hatte, nur noch für uns, ihre Kinder.

Ich vergrub meinen Blick in dieses Gesicht. Seine Augen waren hinter dicken Brillengläsern verborgen, in denen sich die Morgensonne brach.

Eine jut jebratene Jans … Die Klasse wurde unruhig. … mit joldener Jabel jejessen … Das erste Glucksen. Ist eine jute Jabe Jottes. Die Klasse johlte.

Ruhe! Setz dich, Hildegard.

Doris, jetzt du. Doris' Vater hatte zwei Schuhgeschäfte, eines in Großenfeld, das andere in Dodenrath. Sie sah wie die Schwester der Knaben in meinen Büchern aus, hoch aufgeschossen, bleich und blond und vornehm. Ihrer Art, den schmalen Kopf, den feines, fast weißes, fedrig geschnittenes Haar wie ein Helm aus Kükenflaum umgab, zu heben und zu senken, wobei ihr Hals wie der eines Schwans immer länger und dünner wurde, war ich seit dem ersten Schultag verfallen. Sie saß neben mir, und ich war selig, wenn ich ihr mit Radiergummi oder Bleistiftspitzer behilflich sein konnte. Sie bedankte sich dann mit einer unendlich langsamen Mundbewegung, die sich als ein Lächeln deuten ließ, und einem noch langsameren Hinabfallen der schweren Lider, bis die blassen, glatten Wimpern auf den durchsichtigen Wangen zur Ruhe kamen. Keinen Blick konnte ich von ihren schneeweißen Fingern lassen, dünn und lang und spitz zulaufend, wie bei einer Heiligen. Nur hielt Doris keine Lilie, Palme oder Märtyrerkrone, sondern ihren Pelikanfüller in das Tintenfaß mit königsblauer Flüssigkeit, tunkte die Feder ein, drehte den Kolben hinauf, hinunter, schraubte die Kappe wieder zu, Bewegungen, so delikat und fragil und zugleich so bestimmt und präzise, kein Zögern, keine Drehung, kein Heben und Senken zuviel, daß es mir jedesmal schien, als wüchsen Füllfeder, Tinte und Tintenfaß aus ihren Händen hervor wie durch Zauberei. Einem solchen Geschöpf gelang es gewiß, die gut gebratene Gans als gute Gabe Gottes mit goldener Gabel und gutem Gebiß zu genießen.

Sehr schön Doris, setzen. Schlagt die Hefte auf. Fräulein Abendgold diktierte, und ich war wieder in meinem Element. Bei den stillen Wörtern. Sie allein hatten die Macht, die wirklichen Dinge zum Verschwinden zu bringen, Dinge nach meinem Bilde zu schaffen, mich vor den wirklichen Dingen zu schützen. In dieser lautlosen Welt war ich allein und doch mit anderen. Auf dem Papier gab es keinen Unterschied zwischen isch und ich, Kirche und Kiresche. Las ich, wurde ich eine von denen, die in den Büchern sprachen, hatte nichts mehr zu schaffen mit dem Mädchen aus der Altstraße zwei und erst recht nicht mit dessen Beherrschern. Aber die Wörter wollten mehr. Wollten nicht nur richtig geschrieben und gelesen werden. Sie wollten gesprochen sein, richtig gesprochen, schön gesprochen. Ich fühlte mich im Stich gelassen. Mein Fluchtweg aus der Wirklichkeit behindert, beinah verstellt. Es gelang mir kaum noch, Sätze zu lesen, Sinn zu erfassen, so sehr biß ich mich an den Wörtern fest. Jedes ich, mich, dich, jedes das und was hielt mich beim Schlafittchen, bis ich es laut aussprach. Laut und richtig. Ich stellte das Lesen ein. Ich stellte das Sprechen ein. Verzog mich, um meine Ruhe zu haben, weiterhin mit einem Buch hintern Hühnerstall und blickte trostlos und trotzig in die Lettern. Wäre nicht Doris an meiner Seite gesessen mit Plisseerock, Hochdeutsch und Bolero, ich hätte mich mit der stummen Seite der Sprache, der Schrift, für immer begnügt.

Um mit Doris zu sprechen, wie Doris sprach, schlich ich mich, nachdem ich am Küchentisch meine Hausarbeiten erledigt hatte, statt hinter den Hühnerstall, wo man mich hätte hören können, auf den Speicher. Klemmte die ‚Silberdistel' in den Rockbund, stemmte mit beiden Händen die Falltür zum Dachboden auf und klappte sie vorsichtig wieder hinunter. Zwischen Stühlen ohne Sitzpolster, einer abgestoßenen Truhe, randvoll mit Michaelskalendern, Gereonsblättern und Zeitschriften des Frauenvereins, zwischen ausrangierten Nachttöpfen und Pappkartons stand ein leerer Kleiderschrank, gebaut wie ein Flügelaltar. Ich hockte mich in die Mitte und las. Wort für Wort. Buchstabe für Buchstabe. Als müßte ich es noch einmal lernen. So, wie ich es von Fräulein Abendgold, von Doris, vom Radio meinen Ohren einzuprägen versuchte. Sommerhitze brannte. Die Luft unter den Dachziegeln glühte.

Annette von Droste-Hülshoff, las ich. ‚Der Knabe im Moor'. ‚O schaurig', hier stockte ich schon. Was machte man mit einem solchen ‚-ig'? War das nun ‚-ick' oder ‚-ich'? Egal, Hauptsache, ich sagte nicht ‚schauerisch'. ‚Ist's, übers Moor zu gehen'. Achtung: ‚zu' und nicht ‚zo'. ‚Gehen' nicht ‚jehjen'. Noch einmal: ‚O schaurich ist's, übers Moor zu gehen'. Weiter: ‚Wenn es wimmelt vom Heiderauche.' ‚Wimmelt'! Das ‚l'! Vorn bei Zunge und Zähnen mußte es gesprochen werden, sollte es klingen wie ein ‚l' von Doris, aber meine rheinische Zunge entwischte immer wieder nach hinten, an den Gaumen, nach ‚Kölln'. Ich zwang sie nach vorn. Wieder und wieder nach vorn. ‚Wimmelt'. ‚Heiderauche'. Schnell und präzise zu sprechen, nicht ‚Heijedärajuchä'. Das ‚e' nur angedeutet. Die richtige Mischung finden zwischen Präzision und Andeutung. ‚Sich': ein böses Wort wie ‚ich, mich, dich'. ‚Wie Phantome die Dünste' … Achtung: nicht ‚Düneste'! ‚drehn / Und die Ranke häkelt …' Achtung, ‚l' an die Zähne, ‚… am Strauche', schnell sprechen, nicht: ‚Strauechä'. ‚Unter jedem Tritte ein Quellchen!!! springt / Wenn aus der Spalte! es zischt …' Achtung, hier darf, hier muß nun wirklich ‚gezischt' werden, es ‚zieht' nicht, es ‚zischt'! ‚O schaurig! ist's, übers Moor …'! schnell zu sprechen, nicht: ‚Moojä' – ‚… zu! gehn! / Wenn das Röhricht! knistert im Hauche'.

Noch einmal. Schweiß färbte die hellblauen Windmühlen meines Baumwollkleides unter den Achseln dunkel. Ich las wieder so wie vor Jahren, als ich mir das Lesen beigebracht hatte, ohne Rücksicht auf die Bedeutung der einzelnen Wörter oder ihres Zusammenhangs. Und doch war es diesmal anders. Ich nahm die Wörter in den Mund wie Gegenstände. Ich betastete sie, schaffte ihnen Raum zwischen Zunge und Zäpfchen, Gaumen und Zähnen bis in den Rachen hinunter, wies den Buchstaben ihren Platz an, nahm Kiefer und Lippen in Pflicht und Kür. Nichts verstand sich mehr von selbst. Mir war der Schnabel nicht hold gewachsen. Ich bog ihn zurecht.

Je öfter ich die Strophen laut las, mit Augen, Mund und Ohren, desto inniger verschmolzen sie mit mir, bis ich sie sprach, als kämen sie nicht nur von meinen Lippen, sondern aus meinem eigenen Herzen.

Da zeigte ich bei Fräulein Abendgold wieder auf. Es war noch immer heiß, und ich trug noch immer das Kleid mit den hellblauen Windmühlen, aber diesmal war es der Knabe im Gedicht, der in Schweiß ausbrach, nicht ich. Ich ließ es rascheln und sausen, zittern und jagen, rennen, sich ducken, rieseln und knistern, genoß jede Silbe, jeden Laut, genoß, wie mir die Zunge gehorchte, der Atem und was sie miteinander hervorbrachten in diesem kreidetrockenen Klassenzimmer, das Moor, die Heide, die weite Welt, ihr Grauen und ihre Bedrohung.

Nach der Stunde rief die Lehrerin mich zu sich. Wie ich das fertiggebracht habe, wollte sie wissen. Es ging ihr wohl darum zu prüfen, ob meine Aussprache auch einer gewöhnlichen Unterhaltung standhielt. Kannst du die Schrift lesen, fragte sie und zog ein beigefarbenes Heftchen, nicht größer als das für die Rabattmarken von Piepers Laden, aus ihrer Aktentasche, Annette von Droste-Hülshoff: ‚Gesammelte Gedichte'. Reclam Verlag, las ich, ohne zu stocken. Buchstaben wie diese kannte ich längst aus dem Heiligenbuch. Das ist für dich, sagte Fräulein Abendgold. Du hast uns heute

allen eine große Freude gemacht. Besonders mir. Und ganz unter uns: In der vorletzten Zeile, da heißt es nicht: Spinnenlor, sondern Spinnlenor. Und jetzt ab nach Hause.
Draußen vor der Schule wartete Doris. Sie lud mich zu ihrem Geburtstag ein.
[...] Und Doris natürlich. Seit ihrem Geburtstag, an dem ich die Ballade vom ‚Knaben im Moor' aufgesagt hatte, worauf Doris' Mutter gemeint hatte, damit müsse ich ins Radio, waren wir unzertrennlich.
Es hatte Würstchen gegeben. Alle aßen mit Messer und Gabel, führten geschickt die mit der Rechten geschnittenen Stücke mit der Linken in den Mund, während ich das Würstchen packte, in den Senf stupste und hineinbiß, meinen Fehler bemerkte, mir hastig und verstohlen die Hand am Tischtuch abwischte, dann wie die anderen Messer und Gabel ergriff, nicht wußte, was in welche Hand, mich verhedderte, die Gabel fiel untern Tisch. Später, als die anderen draußen am Reck die große Welle übten, übte ich mit Doris' Mutter in der Küche an einem zweiten Würstchen. Zu Hause probierte ich weiter. Werktags kam ich später als der Vater nach Hause und aß allein.
Es gab Rinderbraten, Erbsen, Soße und Kartoffeln, als ich beim Sonntagsessen zeigte, was ich konnte. Es war nicht leicht, die Erbsen auf die Gabel und mit links in den Mund zu bugsieren, ohne daß die Hälfte wieder herunterkullerte. Das Fleisch in passende Stücke zu schneiden dagegen ein Kinderspiel. Niemand schien mich zu beachten. Der Vater quetschte wie immer Gemüse, Kartoffeln und Soße zu einem Brei, schnitt das Fleisch klein, belud die Gabel mit hohen Haufen und schaufelte diese, den Kopf in die linke Hand dicht über den Teller gestützt, den rechten Unterarm vom aufgesetzten Ellenbogen aus kaum hebend und senkend, in den Mund, wo sie unter Schmatz- und Schlucklauten hinuntergedrückt wurden. Niemand sprach ein Wort.
Ich hatte meinen Teller halb leer gegessen, als plötzlich eine Hand meine Linke umklammerte. Ich schrie auf, ließ die Gabel fallen.
Ach nä, höhnte der Vater und ergriff meine Gabel. Met ner Javvel ze ässe es der wall nit fürnähm jenuch. Dann brochs de se jo och nit.
Der Vater warf die Gabel auf den Boden, setzte den Fuß darauf. Es knirschte. Josäff, die Javvel, schrie die Mutter.
Haal de Muul, sagte der Vater. Eh dä Teller hie nit leer es, steht dat Blaach hie nit op.
Ich versuchte, Erbsen und Kartoffeln mit dem Messer zu zerdrücken, es spritzte und quatschte. Ich mußte die Kartoffeln mit den Fingern festhalten, das soßentriefende Fleischstück in die Finger nehmen und ablecken, bevor ich hineinbeißen konnte. Die Arme über der Brust verschränkt, zurückgelehnt, sah der Vater zu. Sonntags trug er ein weißes Hemd, es gab die ersten bügelfreien Nyltesthemden, und eine seiner zwei Krawatten; heute die gelbe mit den schwarzen Punkten. Er zog sie immer sehr eng zusammen und lockerte sie weder während des Essens noch wenn er sich danach auf dem Sofa zum Mittagsschlaf ausstreckte.
Jitz lurt ösch ens dat Blaach an. Un sujet will unser enem zeje, wie mer esse soll. Lurt ösch ens de Fenger an!
Ich hatte Erbsen, Kartoffeln, Soße zerquetscht, ganz wie der Vater. Hob den Teller an die Lippen, kippte ihn an und schnappte überm Tellerrand nach dem Brei, wobei die Portionen zu groß ausfielen und auf das Wachstuch platschten.
Un dat soll Benämm sin! frohlockte der Vater. Die Mutter nahm mir den Teller weg und wischte schweigend die Speisereste vom Tisch. Dä sull sesch jet schamme, knurrte die Großmutter und ließ die Herdringe klappern.
Zum Sonntagspudding knallte sie mir wie den anderen einen Löffel hin. Der Vater schob sein Schälchen zurück und ging in den Stall.
Zu Hause benutzte ich bei gemeinsamen Essen nur noch Besteckstücke, die erlaubt waren, aber wie ich sie handhabte, ließ keinen Zweifel daran, daß ich speiste und nicht aß. Nicht selten kamen dabei Kauen und Schlucken zu kurz. Ich nahm es in Kauf, stand vom Tisch auf, hungrig, aber unbesiegt.

Aufgaben

1. Erläutern Sie, wie Hilla lernt. Beachten Sie dabei
   (1) ihre Selbsttätigkeit und
   (2) die unbeabsichtigten Einflüsse und
   (3) die beabsichtigten Einwirkungen von Menschen aus ihrem sozialen Umfeld. Erläutern Sie dabei vor allem im Detail, wie die Lehrerin und der Lateinlehrer auf ihre Lernprozesse Einfluss nehmen.

2. Arbeiten Sie heraus, wie Hilla mit den beabsichtigten und unbeabsichtigten Einflüssen umgeht.

3. Ziehen Sie aus Ihren Untersuchungen des Textes Konsequenzen für den Begriff des Lernens.

Hilla hat inzwischen die Realschule abgeschlossen und ist auf ein Aufbaugymnasium gewechselt, um das Abitur zu machen. Im nächsten Textauszug geht es um die sog. Auschwitzprozesse, die seit 1963 in Frankfurt stattfanden.

Aufgabe

Informieren Sie sich über diesen Prozess und über die Aufarbeitung der Verbrechen, die in der Zeit der nationalsozialistischen Diktatur begangen wurden, in den Fünfziger- und Sechzigerjahren.

M3 Suum cuique (Ulla Hahn)

Und wir waren dabei, als in Frankfurt der größte Schwurgerichtsprozess nach dem Krieg eröffnet wurde. Zweiundzwanzig Männer saßen auf der Anklagebank. Männer, die sich auf dem Bildschirm in nichts von den Anklägern,

Staatsanwälten, dem Richter unterschieden. Bessere Herren saßen da, gutsituiert, in Schlips und Kragen. Anständige Berufe. Exportkaufmann, Apotheker, Diplomingenieur, Krankenpfleger. Höhere Angestellte. „Angekommen im Wirtschaftswunder", kommentierte der Sprecher. Spießbürger mit Gamsbart und Melone. Schon Goethes Faust wusste: Der Teufel weiß sich zu tarnen als Jäger mit rotem Wams und Hahnenfeder am grünen Hut. Ist kinderlieb, der Teufel, wie Höß, der die Jungen und Mädchen, die er mit Phenol zu Tode spritzte, „ganz allerliebst" fand. Und so brav und tapfer, nicht eines von ihnen habe um sein Leben gebettelt. Lässt es sich schmecken, der Teufel, so wie Regierungskriminalrat Ewald Peters. Hatte noch eine Woche, bevor er unter dem Verdacht des Massenmords verhaftet wurde, mit dem Bundeskanzler in Rom getafelt. Und sich nach knapp einer Woche U-Haft dort erhängt. Feige ist der Teufel, so, wie Richard Baer, der sich bei seiner Verhaftung in die Hose machte. Und frech, so, wie der Hamburger Kaufmann Robert Mulka, der den Staatsanwalt Kügler wegen Beleidigung anzeigte, weil der ihn, den SS-Mann, einen „Angehörigen eines uniformierten Mordkommandos" nannte.

Zwei Jahre hatten die Staatsanwälte Joachim Kügler und Georg Friedrich Vogel mit der Spurensuche zugebracht; beauftragt vom hessischen Generalstaatsanwalt Fritz Bauer; ihm hatte man die Dokumente mit Namenslisten von SS-Funktionären zugespielt. Eintausenddreihundert Zeugen wurden vernommen. Achtzig Aktenordner, siebentausend Seiten: die Anklageschrift.

Wer sich informieren wollte, konnte das tun. Vom Wohnzimmersessel aus. Bleiben die Mörder unter uns? fragte eine Dokumentation in Anlehnung an Wolfgang Staudtes Spielfilm aus der Nachkriegszeit *Die Mörder sind unter uns*. Fritz Bauer diskutierte mit Studenten über die Verjährung von NS-Verbrechen, schilderte die Entstehung des Auschwitz-Prozesses. Tagesschau, Panorama, Report hielten uns auf dem Laufenden.

Fassungslos saß ich vor dem Fernseher. Wie konnte man das Grauen, das Unvorstellbare, auf die „Sachlage", wie es hieß, reduzieren? Waren es vier Millionen oder doch „nur" dreieinhalb? Wie viele wurden durch Phenol, wie viele durch Gas getötet? Erschlug man die Gefangenen auch mit der Schaufel? Wie viele konnte man aufhängen, ehe der Galgen zu Bruch ging? Dass das Unmenschliche menschlich ist, ich konnte es nicht begreifen. Dass es Menschen waren und keine Bestien. Noch im Vergleich mit einer Bestie ist die Entschuldigung angelegt: Wilde Tiere können nicht anders, der Mensch aber doch. Das Entsetzen war allgemein. Ungeteilt. Geteilt waren die Reaktionen darauf. „Suum cuique", schrieb Sellmer an die Tafel. Jedem das Seine. Kannte doch jeder. „Jedem dat Seine, un mir en bissjen mehr!", schnaufte der Onkel aus Ruppersteg, wenn er sich nach dem Essen den Hosenbund aufknöpfte und den Zigarrenschneider betätigte. Das aber wollte der Lehrer sicher nicht hören, als er fragte, ob und wo wir den Spruch, lateinisch oder deutsch, schon einmal gehört hätten, wartete auch unsere Antworten gar nicht erst ab, holte vielmehr weit aus, bis zu den Griechen.

Auf Platon, der die Worte Sokrates in den Mund gelegt habe, gehe der Grundsatz zurück. Jeder solle das Seine für Gemeinschaft und Staat tun, wie es seinen Fähigkeiten und Möglichkeiten entspreche; alsdann solle er das Seine bekommen, und niemandem solle das Seine genommen werden. Bei Cicero, so Sellmer, nehme der Gedanke dann schon konkreten politischen und rechtlichen Inhalt an.

Zum Schlagwort aber habe 534 nach Christus Kaiser Justinian I., die beiden Wörtchen gemacht, als Grundlage seines Corpus Iuris Civilis. Fünfundfünfzig Bände umfasse dieses erste zivile Gesetzbuch der Welt, das die bürgerliche Gesetzgebung bis heute beeinflusse. „Ganz zu Beginn heißt es", Sellmer griff zur Kreide, „Iuris praecepta sunt haec: Honeste vivere, alterum non laedere, suum cuique tribuere. Heißt? Nikolaus Opulentus!"

Und Clas Reich übersetzte: „Die Vorschriften des Rechts sind diese: Ehrenhaft leben, den anderen nicht lädieren, äh, beschädigen, nein: verletzen, jedem das Seine zuteilen oder gewähren."

„Bene dictum!", lobte Sellmer. „Die Gebote des Rechts sind diese: ehrenhaft leben, den anderen nicht verletzen, jedem das Seine gewähren. Wobei alterum meint: einer von zweien, also immer mich und den anderen. Fast schon ein Verweis auf den Kantschen Imperativ, der da lautet? Pius!"

Mehrere Formulierungen dieses Imperativs gebe es, erwiderte der angehende Theologe prompt, dann in einem Ton, als verläse er von der Kanzel, tat er kund, dass das eigene Handeln stets ein Vorbild für alle sein solle.

Astrid, die, kaum dass sie die Worte an der Tafel gelesen hatte, unruhig hin- und hergerutscht war, hielt es nicht mehr auf ihrem Stuhl. „Buchenwald!", rief sie, sprang auf, setzte sich wieder. Bleich, mit zusammengebissenen Zähnen.

Schweigend nahm Sellmer noch einmal die Kreide. „JEDEM DAS SEINE", schrieb er, griff zum Lineal, zog einen Strich über, einen unter die Lettern, zog zwei Längsstriche rechts und links der Zeile und weiter nach unten, teilte das Rechteck noch einmal mit zwei Längsstrichen, zog durch die Längsstriche Schrägstriche, ein Gitter entstand, Rhombe um Rhombe. Kreide scharrte auf Schiefer, leise klappte das Lineal auf die Tafel, wurde sachte verrückt, ein Schrägstrich und noch einer, an der Tafel ließ sich das Grauen nieder, Sellmer zog die Schultern hoch, als fröre ihn. Wie frostbefallen saßen wir da vor der Zeichnung des Lateinlehrers Dr. Johannes Sellmer, und ich musste die Augen abwenden von diesen dürren Linien, dem harmlosen Gitterwerk, dahinter Qualen, Leiden, Schmerz, der Tod, hin zum Fenster, wo der Regen rieselte, Trost rieselte, du sollst ja nicht weinen, wie eine Musik.

„Buchenwald!" Sellmer stellte das Lineal lauter als nötig in die Ecke, brachte uns aus der Erstarrung zurück in die Klasse. „So ungefähr sah es aus, das Tor zum KZ. Das Mittelstück. Der Kommunist Ernst Thälmann, der Sozialdemokrat Rudolf Breitscheid, der evangelische Pfarrer Paul Schneider, der katholische Priester Otto Neururer, mehr als zweihunderttausend Menschen wurden hinter dieses Tor verschleppt." Sellmer räusperte sich und sprach mit gewohnter Lehrerstimme weiter: „Nun wissen Sie, woran Sie sind, wenn Ihnen dieses Motto in Zeitung und Fernsehen begegnet. Perverse Nazidemagogie. Auch Worte können verhöhnt und gedemütigt werden wie Menschen."

Damit entließ er uns in die Pause, die wir ungewöhnlich wortkarg verbrachten. Still, die Köpfe über Bücher und Hefte gesenkt, fand uns in der nächsten Stunde Mathematicus Meyer, der wie gewöhnlich die Tasche aufs Pult polterte und schon im Gruß die Hand nach der Kreide ausstreckte. Ein Blick auf die Tafel, Meyer schrak zurück, die Hand um das Kreidestück gekrampft.
„Wer war das?", stieß er hervor, tonlos, sein rosiges Gesicht ins Purpurne verfärbt. Und noch einmal: „Wer war das?" Mit fester Stimme jetzt. Drohte er uns?
Clas stand auf und fast gleichzeitig mit ihm Rolf Armbruster; Anke stand auf und Monika; Astrid und ich; Alois und der schöne Armin; alle standen auf, ein einziger Aufstand. „Setzen!" Meyer griff zum Schwamm, eigenhändig, was noch nie vorgekommen war, Tafelputzen bei Meyer war eine Ehre, die er nur den Besten zukommen ließ. Eigenhändig zum Schwamm griff Meyer, tauchte ihn eigenhändig in den Eimer, den der Hausmeister jeden Morgen frischgefüllt bereitstellte, und wischte Suum cuique und Jedem das Seine, wischte Linien längs und quer und X mal X aus der Welt der Schiefertafel in der Baracke des Wilhelm-von-Humboldt-Gymnasiums. „Dafür haben wir nicht jahrelang draußen geblutet, dass man uns jetzt in der Heimat nach Jahr und Tag hiermit verfolgt. Wir haben genug gelitten. Schluss!"
An diesem Tag rührte Meyer die verdorbene Kreide nicht mehr an und rief auch keinen an die Tafel, als lauerte unterm Schiefer die Vergangenheit, bereit, bei jeder Berührung heraufzubrennen. Diktierte vielmehr mal in mürrischer Langsamkeit, mal in rasendem Tempo eine Aufgabe nach der anderen, wobei es ihm kaum etwas auszumachen schien, ob wir folgen konnten, Hauptsache, wir kamen nicht zum Nachdenken.

Aufgaben

1. Beschreiben Sie den Erkenntnisprozess, den Hilla und ihre Mitschülerinnen und Mitschüler durchlaufen. Unterscheiden Sie genau zwischen dem Stand ihrer Erkenntnisse zu Beginn und am Ende des Textes.
2. Arbeiten Sie heraus, wie Lateinlehrer Sellmer auf diesen Erkenntnisprozess Einfluss nimmt.
3. Erklären Sie die Reaktion der Schülerinnen und Schüler auf das Verhalten von Mathematiklehrer Meyer.

M4 Lernerfahrungen eines taub-blinden Mädchens (Helen Keller)

Der wichtigste Tag, dessen ich mich zeit meines Lebens erinnern kann, ist der, an dem meine Lehrerin, Fräulein Anne Mansfield Sullivan, zu mir kam. Ich kann kaum Worte finden, um den unermesslichen Gegensatz in meinem Leben vor und nach ihrer Ankunft zu schildern. Es war der 3. März 1887, drei Monate vor meinem siebenten Geburtstag.
Am Nachmittag jenes folgenreichen Tages stand ich in dumpfer Erwartung an der Haustür. Da ich aus dem Hin- und Herlaufen im Hause und aus den Zeichen meiner Mutter eine unbestimmte Ahnung von dem Bevorstehen eines außergewöhnlichen Ereignisses geschöpft hatte, ging ich vor die Tür und wartete auf der Treppe. Die Nachmittagssonne drang durch das dichte Geißblattgebüsch, das die Tür einrahmte, und fiel auf mein emporgerichtetes Gesicht. Meine Finger spielten fast unbewusst mit den wohlbe-

Abb. 1.2

kannten Blättern und Blüten, die eben hervorgekommen waren, um den holden, südlichen Lenz zu begrüßen. Ich wusste nicht, was für Wunder und Überraschungen die Zukunft für mich im Schoß barg. Zorn und Verbitterung waren seit Monaten unausgesetzt auf mich eingestürmt. Dieser verzweifelte Kampf hatte eine tiefe Ermattung in mir zurückgelassen.
Lieber Leser, hast du dich je bei einer Seefahrt in dichtem Nebel befunden, der dich wie eine greifbare, weiße Finsternis einzuschließen schien, während das große Schiff seinen Kurs längs der Küste mit Hilfe von Kompass und Lotleine zagend und ängstlich verfolgt und du mit klopfendem Herzen irgendein Ereignis erwartest? Jenem Schiff glich ich vor Beginn meiner Erziehung, nur fehlten mir Kompass und Lotleine, und ich hatte keine Ahnung davon, wie nahe der Hafen war. Licht! Gebt mir Licht! lautete der wortlose Schrei meiner Seele, und das Licht der Liebe erhellte bereits in dieser Stunde meinen Pfad.
Ich fühlte sich nähernde Schritte. Ich streckte meine Hand aus, wie ich glaubte, meiner Mutter entgegen. Irgend jemand ergriff sie, ich wurde emporgehoben und fest in die Arme geschlossen, die Arme der Frau, die gekommen war, den Schleier, der mir die Welt verbarg, zu lüften und, was noch viel mehr bedeutete, mich zu lieben. […]
Am Morgen nach ihrer Ankunft führte mich meine Lehrerin in ihr Zimmer und gab mir eine Puppe. Die blinden Schülerinnen aus dem Perkins-Institut hatten sie mir geschickt, und Laura Bridgman hatte sie angezogen; dies erfuhr ich jedoch erst später. Als ich ein Weilchen mit ihr gespielt hatte, buchstabierte Miss Sullivan langsam das Wort „d-o-l-l"

(Puppe) in meine Hand. Dieses Fingerspiel interessierte mich sofort, und ich begann, es nachzumachen. Als es mir endlich gelang, die Buchstaben genau nachzuahmen, errötete ich vor kindlicher Freude und Stolz. Ich lief die Treppe hinunter zu meiner Mutter, streckte meine Hand aus und machte ihr die eben erlernten Buchstaben vor. Ich wußte damals noch nicht, daß ich ein Wort buchstabierte, ja nicht einmal, daß es Wörter gab; ich bewegte einfach meine Finger in affenartiger Nachahmung. Während der folgenden Tage lernte ich auf diese mechanische Art eine große Menge Wörter buchstabieren, unter ihnen pin (Nadel), hat (Hut), cup (Tasse) und ein paar Verben wie sit (sitzen), stand (stehen) und walk (gehen). Meine Lehrerin war schon mehrere Wochen bei mir, als ich schließlich begriff, daß jedes Ding seine Bezeichnung hat.

Als ich eines Tages mit meiner Puppe spielte, legte mir Miss Sullivan auch meine große, zerlumpte Puppe in den Schoß, buchstabierte d-o-l-l und suchte mir verständlich zu machen, daß sich d-o-l-l auf beide Puppen beziehe. Vorher waren wir schon über den Wörtern „m-u-g" (Becher) und „w-a-t-e-r" (Wasser) aneinandergeraten. Miss Sullivan hatte mir einzuprägen versucht, daß m-u-g „mug" und w-a-t-e-r „water" sei, aber ich blieb beharrlich dabei, beide zu verwechseln. Verzweifelt hatte sie das Thema einstweilen fallengelassen, aber nur, um es bei der nächsten Gelegenheit wiederaufzunehmen. Bei ihren wiederholten Versuchen wurde ich ungeduldig, ergriff die neue Puppe und schleuderte sie zu Boden. Ich empfand eine lebhafte Schadenfreude, als ich die Bruchstücke der zertrümmerten Puppe zu meinen Füßen liegen fühlte. Weder Schmerz noch Reue folgten diesem Ausbruch. Ich hatte die Puppe nicht geliebt. In der stillen, dunklen Welt, in der ich lebte, war für starke Zuneigung oder Zärtlichkeit kein Raum. […]

Wir schlugen den Weg zum Brunnen ein, geleitet durch den Duft des ihn umrankenden Geißblattstrauches. Es pumpte jemand Wasser, und meine Lehrerin hielt mir die Hand unter das Rohr. Während der kühle Strom über eine meiner Hände sprudelte, buchstabierte sie mir in die andere das Wort „water", zuerst langsam, dann schnell. Ich stand still, mit gespannter Aufmerksamkeit die Bewegung ihrer Finger verfolgend. Mit einem Mal durchzuckte mich eine nebelhafte Erinnerung, ein Blitz des zurückkehrenden Denkens – und das Geheimnis der Sprache lag plötzlich offen vor mir. Ich wußte jetzt, daß „water" jenes wundervolle, kühle Etwas bedeutete, das über meine Hand strömte. Dieses lebendige Wort erweckte meine Seele zum Leben, spendete ihr Licht, Hoffnung, Freude, befreite sie von ihren Fesseln! Zwar waren ihr immer noch Schranken gesetzt, aber Schranken, die mit der Zeit weggeräumt werden konnten.

Ich verließ den Brunnen voller Lernbegier. Jedes Ding hatte eine Bezeichnung, und jede Bezeichnung erzeugte einen neuen Gedanken. Als wir ins Haus zurückkehrten, schien mir jeder Gegenstand von verhaltenem Leben zu zittern. Das kam daher, daß ich alles mit den seltsamen, neuen Augen, die ich erhalten hatte, betrachtete. Beim Betreten des Zimmers erinnerte ich mich an die Puppe, die ich zerschlagen hatte. Ich tastete mich zum Kamin, hob die Stücke auf und suchte vergeblich, sie wieder zusammenzufügen. Da füllten sich meine Augen mit Tränen; ich verstand, was ich getan hatte, und zum erstenmal in meinem Leben empfand ich Reue und Schmerz.

Ich lernte an diesem Tag eine große Menge Wörter. Ich erinnere mich nicht mehr an alle, aber ich weiß, daß mother (Mutter), father (Vater), sister (Schwester), teacher (Lehrerin) unter ihnen waren – Wörter, die die Welt für mich erblühen ließen „wie Aarons Stab". Es gab wohl kaum ein glücklicheres Kind als mich, als ich am Abend dieses ereignisvollen Tages in meinem Bettchen lag und noch einmal die Freude durchlebte, die mir zuteil geworden war, und zum erstenmal sehnte ich mich nach dem nächsten Morgen.

Aus Briefen von Mrs. Sullivan über ihre Erfahrungen mit Helen: 5. April 1887

Ich muß Ihnen heute morgen eine Zeile schreiben, denn es hat sich etwas sehr Wichtiges zugetragen. Helen hat den zweiten großen Schritt in ihrer Entwicklung getan. Sie hat gelernt, daß jedes Ding einen Namen hat und daß das Fingeralphabet der Schlüssel zu allem ist, was sie zu wissen verlangt.

Die Wörter „mug" (Becher) und „milk" (Milch) machten Helen mehr Mühe als die übrigen. Sie verwechselte die Substantive mit dem Verb „drink" (trinken). Sie kannte das Wort für „trinken" nicht, sondern half sich damit, daß sie die Pantomime des Trinkens machte, so oft sie „mug" oder „milk" buchstabierte.

Als sie sich heute früh wusch, wollte sie das Wort für „Wasser" wissen. Wenn sie die Bezeichnung für etwas wissen will, deutet sie darauf und streichelt meine Hand. Ich buchstabierte ihr w-a-t-e-r in die Hand und dachte bis nach Beendigung des Frühstücks nicht mehr daran. Dann fiel mir ein, daß ich ihr vielleicht mit Hilfe dieses neuen Wortes den Unterschied zwischen „mug" und „milk" ein für allemal klarmachen könnte. Wir gingen zur Pumpe, wo ich Helen ihren Becher unter die Öffnung halten ließ, während ich pumpte. Als das kalte Wasser hervorschoß und den Becher füllte, buchstabierte ich ihr w-a-t-e-r in die freie Hand. Das Wort,

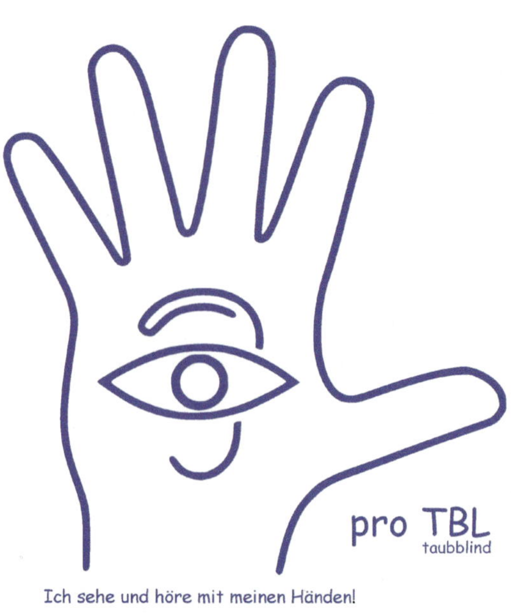

Abb. 1.3: Das Taubblinden-Logo

Abb. 1.4: Schülerin und Lehrerin

das so unmittelbar auf die Empfindung des kalten, über ihre Hand strömenden Wassers folgte, schien sie stutzig zu machen. Sie ließ den Becher fallen und stand wie angewurzelt da. Ein ganz neuer Ausdruck verklärte ihre Züge. Sie buchstabierte das Wort „water" verschiedene Male. Dann kauerte sie nieder, berührte die Erde und fragte nach deren Namen, ebenso deutete sie auf die Pumpe und das Gitter. Dann wandte sie sich plötzlich um und fragte nach meinem Namen. Ich buchstabierte ihr „teacher" (Lehrerin) in die Hand. In diesem Augenblick brachte die Kinderfrau Helens kleine Schwester an die Pumpe; Helen buchstabierte „baby" und deutete auf die Kinderfrau. Auf dem ganzen Rückweg war sie im höchsten Grad aufgeregt und erkundigte sich nach dem Namen jedes Gegenstandes, den sie berührte, so daß sie im Laufe weniger Stunden ihrem Wortschatz dreißig neue Wörter einverleibt hatte.
PS: [...] Helen stand heute früh wie eine strahlende Fee auf. Sie flog von einem Gegenstand zum anderen, fragte nach der Bezeichnung jedes Dinges und küßte mich vor lauter Freude. Als ich gestern abend zu Bett ging, warf sich Helen aus eigenem Antrieb in meine Arme und küßte mich zum erstenmal. Ich glaubte, mein Herz müsse zerspringen, so voll war es vor Freude.

10. April 1887
Helen macht von Tag zu Tag, ja von Stunde zu Stunde Fortschritte. Alles muß jetzt einen Namen haben. Bei allen unseren Ausflügen fragt sie voll Eifer nach den Bezeichnungen für die Dinge, die sie nicht zu Hause gelernt hat. Sie wird nicht müde mit Buchstabieren und will jeden, dem sie begegnet, das Alphabet lehren. Sobald sie das betreffende Wort kennt, wendet sie ihre früheren Zeichen und Pantomimen nicht mehr an, und das Erlernen eines neuen Wortes bereitet ihr das lebhafteste Vergnügen. Auch bemerken wir, daß ihre Züge von Tag zu Tag ausdrucksvoller werden. Ich habe mich dazu entschlossen, Helen für den Augenblick noch nicht regelmäßig Unterricht zu erteilen. Ich behandle sie wie ein Kind von zwei Jahren. Es kommt mir widersinnig vor, zu verlangen, daß ein Kind zu einer bestimmten Zeit in ein bestimmtes Zimmer geht und bestimmte Lektionen hersagt, wenn es noch nicht über einen gewissen Wortschatz verfügt. Ich frage mich: Wie lernt ein normales Kind sprechen? Die Antwort lautet einfach: durch Nachahmung. Das Kind kommt mit der Fähigkeit zu lernen auf die Welt und lernt von selbst, vorausgesetzt, daß es ihm an den erforderlichen äußeren Anreizen nicht fehlt. Es sieht, wie andere bestimmte Dinge tun, und versucht, sie ebenfalls zu tun. Es hört andere sprechen und versucht, selbst zu sprechen. Lange bevor es sein erstes Wort spricht, versteht es, was man zu ihm sagt ... Diese Überlegungen weisen mir den Weg, Helen das Sprechen beizubringen. Ich muß ihr in die Hand sprechen, wie wir dem kleinen Kind ins Ohr sprechen. Ich nehme an, daß sie dieselbe Assimilations- und Nachahmungsgabe besitzt wie ein normales Kind. Ich werde in vollständigen Sätzen zu ihr sprechen und ihr, wenn nötig, die Bedeutung durch Gesten und ihre beschreibenden Zeichen klarmachen, aber nicht versuchen, ihre Aufmerksamkeit auf nur einen einzigen Gegenstand zu lenken. Ich will alles tun, was in meinen Kräften steht, um Helen anzuregen und anzuspornen, und geduldig das Ergebnis abwarten.

24. April 1887
Die neue Methode bewährt sich vorzüglich; Helen kennt jetzt die Bedeutung von mehr als hundert Wörtern und lernt täglich neue dazu, ohne im Geringsten auf die Vermutung zu kommen, sie verrichte eine besondere Heldentat. Sie lernt, weil sie nicht anders kann, genau wie der Vogel fliegen lernt. Doch dürfen Sie nicht glauben, daß sie „fließend spricht". Wie ihre kleine Cousine drückt sie ganze Sätze durch einzelne Wörter aus. „Milch" mit einer Handbewegung bedeutet: „Gib mir mehr Milch"; „Mutter", begleitet von einem fragenden Blick: „Wo ist Mutter?", „Gehen" bedeutet: „Ich möchte ausgehen." Buchstabiere ich ihr aber in die Hand: „Gib mir etwas Brot", so reicht sie mir das Brot, und wenn ich ihr sage: „Hol deinen Hut, wir wollen spazierengehen", so gehorcht sie augenblicklich. Die beiden Worte „Hut" und „Spazierengehen" würden dieselbe Wirkung ausüben; wird aber der ganze Satz mehrmals am Tag wiederholt, so muß er sich mit der Zeit dem Gehirn einprägen, und Helen wird ihn allmählich anwenden.

Aufgaben

1. Informieren Sie sich über Helen Keller.
2. Beschreiben Sie, wie Helen lernt M5.
3. Arbeiten Sie heraus, welche Erkenntnisse über das menschliche Lernen in Helens Erzählung enthalten sind.

1.3 Ein psychologischer Begriff des Lernens

Sie haben bislang, ausgehend von Ihren Erfahrungen, vielfältige Aspekte des Lernens angesprochen und in ersten Begriffsbestimmungen zusammengeführt.

Im nächsten Text finden Sie eine allgemeine Definition von Lernen, welche das heute weit verbreitete Verständnis von Lernen wiedergibt. Dieses stammt aus der Psychologie.

M5 Ein allgemeiner Begriff des Lernens (Sandra Winkel/Franz Petermann/Ulrike Petermann)

Im Alltag versteht man unter dem Begriff „Lernen" zumeist die gezielte Aneignung von Wissen an vorgegebenen Lernorten, zum Beispiel in der Schule und am Ausbildungsplatz oder beim Erlernen einer Fremdsprache in der Volkshochschule. Lernen umfasst jedoch mehr als diese Form des gezielten Erwerbs von Wissen und Kenntnissen. Lernen beinhaltet Veränderungen im Verhalten, in Einstellungen, Fertigkeiten, Gewohnheiten und Gefühlen, die durch die Interaktion eines Organismus mit der Umwelt entstehen (Hillner 1978). Nur ein Teil der Lernvorgänge und Lernergebnisse ist dem Lernenden bewusst. Auch Tiere – von hoch entwickelten Säugetieren bis hin zur Meeresschnecke – und selbst künstliche Modelle von Nervensystemen (elektronische Netzwerke) können erstaunliche Lernleistungen vollbringen, ohne dass man dabei von bewusstem „Wissen" sprechen würde. Durch ein relativ weit gefasstes Verständnis von Lernen als Verhaltensänderung ist es jedoch möglich, auch die Aneignung von sozialem, kulturellem und intellektuellem Wissen als Erwerb von Verhalten aufzufassen (Bodenmann, Perrez, Schär & Trepp, 2004). Trotz der Breite der Aspekte, die das Konzept „Lernen" charakterisieren, können seine zahlreichen Merkmale daher in einer allgemeinen Definition des Begriffs integriert werden.

Definition

Lernen bezieht sich auf relativ dauerhafte Veränderungen im Verhalten oder den Verhaltenspotentialen eines Lebewesens in Bezug auf eine bestimmte Situation. Es beruht auf wiederholten Erfahrungen mit dieser Situation und kann nicht auf angeborene bzw. genetisch festgelegte Reaktionstendenzen, Reifung oder vorübergehende Zustände (z. B. Müdigkeit, Krankheit, Alterung, Triebzustände) zurückgeführt werden (Bower & Hilgard 1983; Klein 1996).

Diese Definition enthält zentrale Bestimmungsstücke des Begriffs „Lernen": Veränderungen im Verhalten und in den Verhaltenspotentialen, Erfahrungen als Grundlage und relative Dauerhaftigkeit der Veränderungen. Diese Aspekte sollen im Folgenden näher erläutert werden.

Veränderungen im Verhalten. Die verhaltensbezogene Definition von Lernen geht davon aus, dass sich Lernen in irgendeiner beobachtbaren Form äußern muss, denn Veränderungen, die nicht objektiv überprüft werden können, entziehen sich den Erkenntnismöglichkeiten der wissenschaftlichen Psychologie. Dagegen ist ein Lernzuwachs in Form einer Verhaltensänderung ebenso quantifizierbar und messbar wie Veränderungen in der physikalischen Umwelt. Da kognitive Prozesse (z. B. die Veränderung der Wissensstruktur) selbst nur eingeschränkt beobachtet werden können, werden Verhaltensänderungen gleichsam stellvertretend für Vorgänge im Nervensystem beobachtet. Der Begriff „Verhalten" ist in einem weiteren Sinn zu verstehen, denn neben motorischen Verhaltensäußerungen (Bewegungen) werden auch Veränderungen in den physiologischen (z. B. Herzrate, Hautleitfähigkeit), kognitiven (z. B. verbale Äußerungen) und emotionalen Reaktionen (z. B. Gesichtsausdruck) als Indizien für Lernvorgänge verwendet. Entscheidendes Kriterium ist die Messbarkeit der ausgewählten Prozesse. Bei einigen einfacheren Lernformen konnten die neurophysiologischen Grundlagen bereits im Detail dargestellt werden. Auch auf diese Weise kann die erforderliche Objektivierung und Quantifizierung eines Lernvorgangs erfolgen.

Veränderungen in Verhaltenspotentialen. Lernen liegt auch dann vor, wenn ein neu gelerntes Verhalten nicht unmittelbar gezeigt wird, das Lebewesen nach dem Lernvorgang jedoch über das Potential verfügt, in einer passenden Situation das neue Verhalten zu zeigen. Speziell im Rahmen des sozial-kognitiven Lernens wurde untersucht, unter welchen Bedingungen Menschen gelernte Verhaltensweisen tatsächlich in Handeln umsetzen. Lernvorgänge können auch in einer Einschränkung des Verhaltensrepertoires resultieren, etwa wenn man erfährt, dass auf ein Verhalten regelmäßig unangenehme Konsequenzen folgen (Bestrafung) oder wenn sich die Umwelt mit dem eigenen Verhalten nicht beeinflussen lässt (erlernte Hilflosigkeit).

Veränderung durch Erfahrungen. Organismen verändern ihr Verhalten im Laufe ihres Lebens teilweise in dramatischer Weise. Manche, aber nicht alle dieser Veränderungen sind auf Lernen zurückzuführen. Viele Verhaltensweisen sind angeboren und der biologische Reifestatus entscheidet über den Zeitpunkt, an dem sie erstmals gezeigt werden. Ein Beispiel bildet die Entwicklung motorischer Fähigkeiten wie Krabbeln, Greifen und Laufen, die auf der Reifung des Skeletts und des Nervensystems beruhen und durch Lernprozesse lediglich verfeinert werden. Um zu überprüfen, ob ein Verhalten durch Lernen entsteht und nicht durch angeborene Mechanismen oder Reifung, kann das Lebewesen daran gehindert werden, Erfahrungen mit der Umwelt zu machen (Deprivation). Wenn das Verhalten trotzdem entsteht, so basiert es nicht auf Lernvorgängen, sondern ist angeboren. Häufig zeigt sich jedoch, dass Reifungs- und Lernprozesse sehr stark miteinander interagieren und sich ihre Einflüsse kaum voneinander trennen lassen (Terry, 2003).

Neben der biologischen Reifung kann eine Reihe weiterer Faktoren dazu führen, dass Verhaltensänderungen auftreten. Vorübergehende Zustände wie Müdigkeit, Trunkenheit, Einwirkungen von Medikamenten, Krankheiten und Verletzungen können das Verhalten stark beeinflussen. Auch dauerhaftere Veränderungen des Organismus durch Wachstums- und Alterungsprozesse wirken sich auf das Verhalten aus. Junge Säugetiere beispielsweise verbringen sehr viel Zeit mit Spielen. Dieses Verhalten lässt mit dem Erwachsenwerden bei den meisten Arten stark nach; stattdessen zeigen sich neue Verhaltensweisen wie Brunft- und Kampfverhalten. Diese Veränderungen sind jedoch weniger auf Lernprozesse als auf Veränderungen im hormonellen Status zurückzuführen. Diese alternativen Erklärungen müssen ausgeschlossen werden, wenn Verhaltensänderungen auf Lernprozesse zurückgeführt werden sollen.

Relative Stabilität der Veränderungen. Um von einem Lernvorgang zu sprechen, muss eine Änderung im Verhalten oder im Verhaltensrepertoire über eine bestimmte Zeit hinweg stabil bleiben. Aufgrund dieses Kriteriums kann man Veränderungen im Verhalten abgrenzen, die durch andere Faktoren als Lernerfahrungen verursacht werden (z. B. Krankheit, Müdigkeit, hormoneller Status). Derartige Veränderungen sind zumeist nur vorübergehend. Die Einschränkung der „relativen" Dauerhaftigkeit wird gemacht, da Gelerntes nach längeren Zeiträumen vergessen oder durch neue Erfahrungen modifiziert werden kann.

Merksatz

Beim Lernbegriff handelt es sich um ein sehr komplexes und facettenreiches Konzept. Dennoch existieren einige charakteristische Merkmale, anhand derer sich Lernvorgänge grundsätzlich von anderen Veränderungsprozessen wie Krankheit, Wachstum oder Alterung unterscheiden lassen. Erst die Einigung über diese Kriterien ermöglicht es, Lernprozesse systematisch zu erforschen und zu beschreiben.

Erläutern, Erklären

Die Operatoren „erläutern" und „erklären" werden synonym gebraucht: einen Sachverhalt, eine These etc. gegebenenfalls mit zusätzlichen Informationen und Beispielen nachvollziehbar veranschaulichen.

In der Regel werden sie eingesetzt, um das Textverständnis zu sichern und zu vertiefen. Man geht dazu von bestimmten Aussagen, Aspekten, Begriffen oder Argumentationen eines Textes aus. Die Erläuterungen sollen sie veranschaulichen. Das ist z. B. dann der Fall, wenn Beispiele mit abstrakten Aussagen in Beziehung gebracht werden. Möglich sind auch Bezüge zu ähnlichen Aussagen in anderen Texten einer Autorin bzw. eines Autors oder in Texten von Autorinnen und Autoren, die ähnliche Positionen vertreten. Es kann auch gewinnbringend sein, genau gegensätzliche Aussagen anzuführen, um einen Sachverhalt, eine Aussage in einem Text zu erläutern. Zur Erläuterung gehört auch die Klärung von Fachbegriffen, deren Bedeutung aus dem Text heraus rekonstruiert und veranschaulicht werden muss. Wichtig ist, immer den Textbezug im Auge zu behalten, wobei durchaus eigene Formulierungen eingesetzt werden können. Diese müssen aber dem Ziel verpflichtet sein, zur vertiefenden Erschließung des Textes beizutragen.

Aufgaben

1. Erläutern Sie diese Lerndefinition mithilfe selbst gewählter Beispiele und mit Rückgriff auf die Beispiele in diesem Buch.
2. Arbeiten Sie heraus, welche Lernvollzüge in den Beispielen M3, M4, M5 mithilfe dieses Lernbegriffes *nicht* bzw. *nur unzureichend* erklärt werden können.

Weiterführende Aufgabe

Welche (vor allem pädagogischen) Fragen zum Lernen ergeben sich für Sie aus den Erzählungen von Ulla Hahn und Helen Keller sowie der psychologischen Lerndefinition?

2. Die pädagogische Perspektive auf Lernen

Das psychologische Verständnis von Lernen, das im letzten Kapitel in M5 formuliert wird, ist sehr allgemein. Jede Veränderung, die durch Erfahrung entsteht, wird als Lernen bezeichnet. Es ist nicht von Bedeutung, ob dies bei Tauben, Ratten oder Menschen geschieht. Und vor allem: Die besondere menschliche Fähigkeit, Erfahrungen Sinn zuzuschreiben, wird nicht beachtet. Das abstrakte psychologische Lernverständnis kann deshalb nicht die spezifisch pädagogische Perspektive auf Lernen vermitteln. Diese ergibt sich, wenn man Lernen mit „Bildung" in Beziehung setzt.

In diesem Kapitel finden Sie Materialien und Aufgaben, die Ihnen einen ersten Zugang zu pädagogischen Lernverständnissen ermöglichen.

2.1 Notwendigkeit eines pädagogischen Lernbegriffs

Der folgende Text geht kritisch auf die Grenzen des psychologischen Lernverständnisses ein. Zugleich lässt er schon die besondere pädagogische Sichtweise auf Lernen erkennen.

Abb. 2.1

M1 Kritik des psychologischen Lernverständnisses aus pädagogischer Perspektive (Dorle Klika/Volker Schubert)

Die meisten Definitionen von Lernen, die in pädagogischen Fachlexika zitiert werden, kommen aus der Psychologie. Eine der bekanntesten stammt von Hilgard und Bower. Lernen wird demnach gefasst als „relativ dauerhafte Veränderung von Verhalten aufgrund von Erfahrung, d.h. von Interaktionen eines Organismus mit seiner Umwelt." […] Auf drei Schlüsselbegriffe wollen wir besonders aufmerksam machen:

1. Veränderung ist in allen Lerntheorien das, was erklärt werden soll, das Explanandum. Verhalten oder Verhaltensbereitschaft haben sich verändert (zumindest Ersteres kann man beobachten); also muss Lernen stattgefunden haben, es sei denn, es gibt andere Ursachen wie Müdigkeit oder Trunkenheit. Daher der zweite wichtige Begriff:
2. Erfahrung. Es geht um Veränderungen, die durch Erfahrungen zustande gekommen sind und nicht durch Erschöpfung oder Rauschzustände […]. Durch den Hinweis auf Erfahrung sollen Veränderungen ausgeschlossen werden, die auf Instinkte (soweit es die bei Menschen überhaupt gibt) oder auf biologische Reifungsprozesse zurückgehen. Konkret wird die Abgrenzung allerdings schwierig, weil es bei Menschen wahrscheinlich keine Veränderungen gibt, die ausschließlich auf Reifungsvorgänge zurückgehen. „Reifung" findet immer in bestimmten sozialen Kontexten statt. Das betreffende Individuum und sein Umfeld gehen irgendwie damit um; insofern ist Erfahrung mit beteiligt.
3. Organismus. Dieser Begriff deutet darauf hin, dass es sich beim psychologischen Verständnis von Lernen um ein Grundlagen-Verständnis handelt, das sich keineswegs allein und speziell auf den Menschen bezieht. Dem Grundlagen-Verständnis liegt die Frage zugrunde, wie eine bestimmte Teilfunktion des Psychischen, das Lernen, grundsätzlich funktioniert. Da es außer Menschen noch viele andere Lebewesen gibt, die eine Psyche haben und lernfähig sind, bezieht sich die Definition auf Lernprozesse allgemein. Deshalb kann die Psychologie viele ihrer Fragen durch Experimente mit Tieren zu klären versuchen.

Pädagogen und Erziehungswissenschaftler sind damit meistens unzufrieden; nicht nur weil sie ihre Schützlinge nicht gerne mit Ratten verglichen sehen. Wir nennen eini-

ge ihrer immer wieder vorgebrachten Einwände: Erstens ist der Begriff so weit gefasst, dass er alle Konturen verliert, inhaltsleer wird. Entsprechend ist der Begriff zweitens für Menschen zu unspezifisch. Lernen funktioniert bei Menschen nur bedingt genauso wie bei Ratten oder Mikroben. Der wichtigste Gesichtspunkt ist in diesem Zusammenhang, dass Menschen Subjekte sind, die ihren Aktivitäten Sinn zuschreiben und die Gründe haben, warum sie etwas tun oder lassen. Man muss damit nicht leugnen, dass das Grundlagen-Verständnis der Psychologie wichtig ist. Man kann aber daran zweifeln, ob dies für das Verständnis menschlicher Lernprozesse schon hinreichend ist. Ein pädagogischer Lernbegriff müsste umfassender sein und die Dimension der Selbsttätigkeit der Individuen oder die schon angesprochene Bedeutung der individuellen Aneignung des in der Generationenfolge kollektiv hervorgebrachten und bereitgestellten akkumulierten Wissens- und Kulturbestandes der Menschheit berücksichtigen (die weit über das hinausgeht, was wir bei Tieren an Lernen finden können).
Ein dritter für Pädagogik entscheidender Einwand bezieht sich darauf, dass über das Lernen selbst eigentlich gar nichts gesagt wird. Auf das Lernen wird geschlossen: Verhalten oder Verhaltensbereitschaft haben sich geändert, also muss Lernen stattgefunden haben, sofern man andere Prozesse ausschließen kann […]. Das Lernen selbst bleibt eine Leerstelle.

Aufgaben

1. Erläutern Sie die drei Schlüsselbegriffe des allgemeinen, psychologischen Lernverständnisses und die drei Aspekte, die aus pädagogischer Perspektive kritisch gegen dieses Verständnis von Lernen vorgebracht werden.
2. Setzen Sie die drei Aspekte, die aus pädagogischer Sicht kritisch gegen den psychologischen Lernbegriff vorgetragen werden, in Beziehung zu pädagogischen Positionen, die Sie kennen.
3. Entwickeln Sie Fragen, denen Sie im Hinblick auf das pädagogische Verständnis von Lernen nachgehen möchten.

2.2 Zeigen und Lernen

Ein vielbeachteter Zugang zu einem pädagogischen Verständnis von Lernen ist von Klaus Prange entwickelt worden. Dabei spielt der Begriff des Zeigens eine zentrale Rolle. Sie finden in diesem Abschnitt Texte, ein Gemälde und Aufgabenstellungen, die Ihnen ermöglichen, den Zusammenhang von Zeigen und Lernen bei Prange zu erschließen.

M2 Was bedeutet eigentlich „lernen"? (Klaus Prange)

Lernen ist für die Erziehung unableitbar gegeben

Dass Lernen unableitbar ist, soll heißen: Es gibt das Lernen. Punkt. Man kann und braucht es nicht aus etwas anderem herzuleiten, aus der Gesellschaft etwa oder aus unserer leiblichen Verfassung oder unserer genetisch-evolutionären Erbschaft. Etwas vorsichtiger formuliert, aber mit demselben Resultat lässt sich sagen: Für uns Pädagogen gibt es das Lernen. Es ist sozusagen die Betriebsprämisse aller Maßnahmen des Erziehens. Wir beziehen uns darin immer auf Lernen, setzen es als gegeben voraus, selbst dann, wenn wir auf Widerstand und Widerwillen stoßen. Auch in diesen Fällen rechnen wir damit, dass Kinder oder sonstige Adressaten lernen können. Es muss nicht erst hergestellt werden; man kann nicht erst das Lernen lehren und dann wird gelernt. Dazu müsste man schon lernen können. Es muss schon gegeben sein, sonst käme es „pädagogisch" gar nicht in Gang. Das Lernen ist dem Erziehen vorgegeben, ein ursprüngliches Können, das zur menschlichen Verfassung gehört wie der Herzschlag und die Leberfunktion. Dasselbe noch einmal fachsprachlich: Das Lernen ist eine anthropologische Konstante, eine Mitgift unserer Natur, so wie der Tatbestand, dass wir immer in einer geschlechtlichen Variante vorkommen, die wir uns nicht aussuchen und auch nicht konstruieren, oder der Tatbestand, dass wir erst klein sind, heranwachsen, ausgewachsen sind, altern und sterben. Das sind anthropologische Konstanten, pädagogisch gesehen als Unterlage dafür, wie wir diese Tatbestände verarbeiten, was wir aus uns machen oder nicht machen. Darin besteht, was wir „Kultur" nennen, eine Schöpfung auf dem Grunde unserer Ausstattung. Dazu jedoch gehört, ob wir wollen oder nicht, eben auch das Lernen oder wie in der älteren Pädagogik auch oft gesagt wurde: die Bildsamkeit.

Abb. 2.2: Prof. Dr. Klaus Prange (Universität Tübingen)

Lernen ist individuell und unvertretbar, nicht sozial

Auch dies ist eigentlich selbstverständlich; es wird aber gerade in neueren Lernkonzepten oft übersehen oder verkannt, dass das Lernen etwas ist, bei dem man sich nicht vertreten lassen kann, sondern ganz auf sich angewiesen ist. Das Missverständnis lässt sich an dem gängigen Ausdruck „soziales Lernen" ablesen. Richtig ist, dass wir mit anderen und von anderen lernen; aber das ändert nichts daran, dass das Lernen selbst individuell ist. Man kann

nicht lernen lassen, so wie man jemanden bitten kann, einen Brief mitzunehmen und in den Briefkasten zu werfen. Da geht es um Handlungen, die man auch lassen oder delegieren kann. Doch Latein oder Tangotanzen lernen, das muss man selbst; oder es stellt sich ein. Auch in der Gruppe lernt nicht die Gruppe, sondern jeder in der Gruppe, so gut es eben geht.
Man kann diese Grundaussage, dass das Lernen individuell, nicht sozial ist, auch noch von anderer Seite her verständlich machen: In dem Maße, wie das Erziehen Rücksicht auf das Lernen der Menschen nimmt, sich z.B. am Kind orientiert und weniger an den Themen, an der kulturellen Botschaft, in dem Maße wird auch die Erziehung individualisiert. Das sieht man besonders deutlich bei Behinderungen, wenn Kinder nur auf eine bestimmte Weise lernen können, z.B. Blinde. Dann hat man in viel größerem Maße die Erziehungsformen darauf abzustellen. Das Erziehen selbst aber ist ein sozialer Vorgang, ein Prozess zwischen Personen: Wir zeigen jemandem etwas. Da haben wir die Doppelung: Bezug auf mindestens eine andere Person und den Bezug auf einen Sachverhalt. Dagegen: Ich lerne etwas, auch ohne Eltern, Lehrer oder Dozenten.

Lernen ist im Wesentlichen unsichtbar

Daraus ergibt sich die dritte Feststellung: Das Lerngeschehen selbst ist nicht sichtbar und nicht beobachtbar, wir sehen es nicht. Wir sehen nur die Bemühung und das Resultat, an dem wir hinterher ablesen, ob etwas gelernt worden ist oder nicht. Sogar uns selbst bleiben Lernvorgänge verborgen; erst hinterher stellen wir fest, dass wir uns verändert und insofern etwas dazugelernt haben.
Eltern und Lehrer sehen Fortschritte des Könnens, aber nicht das Lernen; und gerade Lehrer müssen deshalb auch prüfen, sonst wissen sie nicht, ob im Unterricht wirklich etwas gelernt worden ist. Sie wissen ohne Rückfrage und Prüfung bestenfalls, dass es eine „rege Beteiligung" gab oder ein „gutes Klima" herrschte. Aber das ist kein Lernergebnis, sondern pädagogische Wetterkunde, die für sich genommen ziemlich belanglos ist. Auch hieran kann man den Unterschied des Lernens zu den erzieherischen Maßnahmen klar sehen. Was Eltern tun, um ihrem Kind etwas beizubringen, und was Lehrpersonen alles anstellen, damit die Schüler etwas begreifen, das lässt sich beobachten und als Beobachtungsdatum beschreiben. Warum? Weil es sozial ist und ein Handeln in Hinsicht auf Personen.
In seiner „Logik der Erziehungswissenschaft" sagt Harm Paschen: Die Erziehung ist unsichtbar. Ob etwas Erziehung ist oder nicht, das denken wir uns. [...] – Das dürfte nicht richtig oder nur halb richtig sein: Die Erziehung als Ganzes betrachtet setzt sich aus dem Erziehen und dem Lernen zusammen, aus den Operationen des Erziehens und denen des Lernens – das ist mit der pädagogischen Differenz gemeint. Die Rede: „Wir befinden uns in der Erziehung in einem gemeinsamen Lernprozess" ist zwar weit verbreitet, aber nicht zutreffend, eine Art Lebenslüge von Pädagogen, ebenso wenn Lehrer sagen: „Wir schreiben heute ein Diktat." Denn es ist ganz klar: Der eine diktiert, die anderen schreiben.

Lernen ist elementarer als das Erziehen

Die beschriebene Differenz vorausgesetzt ist zu sagen: Die These von der Unsichtbarkeit gilt nur vom Lernen; es findet in der Tat „in den Köpfen statt" (als Operation des psychischen Systems, um es in der Sprache der Systemtheorie zu sagen). Sie gilt nicht vom Erziehen, wenigstens nicht in gleicher Weise. Für die Alltagspraxis mag es nützlich sein, so zu tun, als ob dieser Unterschied nicht besteht; in der Begriffsbildung ist dagegen scharf zu unterscheiden, um nicht beides form- und konturenlos ineinander verschwimmen zu lassen, indem man überall, wo gelernt wird, auch gleich von Erziehung spricht. Vieles, sehr vieles lernen wir nolens volens ohne Beistand und von allein, und auch wo wir Hilfe, Anleitung und Ansporn erfahren, müssen wir trotzdem immer selbst lernen, als ob wir allein seien. Deshalb gibt es viele Maßnahmen, Einrichtungen, Inszenierungen des Erziehens, die ins Leere gehen oder anderes hervorbringen als das, was die Erziehenden sich erwarten und wünschen.
Halten wir fest: Lernen ist das eine, Erziehen etwas anderes. Erziehung ist der Versuch, diese beiden Operationen zu koordinieren, wörtlich: zwei Ordnungen in eine Ordnung zu überführen, sie aufeinander abzustimmen und zu synchronisieren. Es ist deshalb wichtig, diese Differenz von Lernen und Erziehen deutlich festzuhalten. Erziehung ist die Einheit einer Differenz. Dabei ist das Lernen elementarer als das Erziehen; das Erste ist an sich gegeben, ohne deshalb unmittelbar sichtbar zu sein; das Zweite können wir versuchen oder lassen, gut oder schlecht machen, um dadurch das Lernen, das der anderen und das eigene Lernen, mit Absicht und, so gut es geht, nach Plan zu organisieren, zu stützen und – nicht zu vergessen – es zu hemmen, wo es nötig erscheint.

Aufgaben

1. Erläutern Sie Pranges vier Thesen zum Lernen. Greifen Sie dazu auf selbst gewählte Beispiele und Ihr Vorwissen aus Heft 1 zurück.
2. Vergleichen Sie Pranges Bestimmungen zum Lernen mit der Definition der Lernpsychologie (Kapitel 1, **M5**).
3. Setzen Sie Pranges Bestimmungen zum Lernen in Beziehung zu den Konturen eines pädagogischen Lernverständnisses, das Klika/Schubert (**M1**) in der zweiten Hälfte ihres Textes vorstellen.

Das Gemälde „La jeune maitresse de l'école" (Die junge Schulmeisterin) aus den Jahren 1736/1737 stammt von dem französischen Maler Jean Siméon Chardin (1699–1779). Es befindet sich in der National Gallery in London. Die genaue Interpretation dieses Gemäldes kann Ihnen einen tiefen Einblick in die pädagogische Perspektive auf Lernen verschaffen.

M3 Jean Siméon Chardin: La jeune maitresse de l'école (Die junge Schulmeisterin)

Abb. 2.3: Die junge Schulmeisterin (Chardin)

Aufgaben

1. Interpretieren Sie dieses Bild aus pädagogischer Perspektive.
2. Arbeiten Sie vor allem heraus, welche Erkenntnisse über das Lernen das Bild enthält.
3. Setzen Sie Ihre Interpretation in Beziehung zu den Konturen eines pädagogischen Lernverständnisses, die Klika/Schubert in dem Text M1 vorstellen.

Pädagogische Bildinterpretation

Pädagogische (bzw. erziehungswissenschaftliche) Bildinterpretation gewinnt ihre Fragestellungen aus einem pädagogischen Vorverständnis. „Erziehungswissenschaftliche Bildinterpretation unterscheidet sich von der Kunstgeschichtsschreibung durch ein eingeschränktes thematisches Interesse. Nicht Bilderwelten überhaupt sind ihr Thema, sondern solche Bildmaterialien, die sich, mal mit strenger, mal mit weiterer Perspektive, auf das Verhältnis zwischen den Generationen beziehen lassen. Es sind vor allem drei Themenkreise, die erziehungswissenschaftlich von besonderem Interesse sind: die Lage der jungen Generation (Bilder von Kindern und Jugendlichen, als Porträts oder innerhalb von anderen Inszenierungen u. Ä.), Beziehungskonstellationen zwischen dieser und der Generation der Erwachsenen (Mütter und Väter mit Kindern, Lehrer und Schüler u. Ä.) und das Bild, das die Erwachsenen von sich selbst haben, als eine der Bedingungen des je besonderen Generationenverhältnisses (Porträts, Selbstbildnisse, abstrakte Kunst, Installationen und Performances u. Ä.). Man könnte sich auch an anderen Themen-Klassifikationen orientieren – etwa dem Bild vom Körper/Leib des Menschen, Vorstellungen von Interaktion, der pädagogischen Beziehung, der Lehre. Immer aber, und das unterscheidet die erziehungswissenschaftliche von der kunsthistorischen Bilddeutung, sollte man Rechenschaft geben von der Relevanz, die der Bildsorte für die Thematik zugesprochen werden kann." […]

Vor diesem Hintergrund bietet sich eine Schrittfolge an, die mit der Beschreibung des Wahrgenommenen beginnt und über die Formulierung des spezifisch pädagogischen Frageinteresses zur Analyse und Interpretation übergeht. Dazu müssen die werkimmanenten Beobachtungen erweitert werden durch das Einbeziehen der (kunst-)historischen und sozialen Kontexte, in denen das Bild produziert und rezipiert wurde bzw. wird.

1. Bildbeschreibung

Zunächst lässt der Betrachter das Bild auf sich wirken und beschreibt, was genau er sieht, was ihm auffällt. Nach der offenen Wahrnehmung am Anfang kann eine Beschreibung folgen, die sich am Aufbau des Bildes, an Bildbereichen oder an wichtigen Figuren orientiert.

2. Entwicklung von pädagogischen Fragestellungen

Hier wird im Sinne von Mollenhauers Statement das pädagogische Interesse bei der Bildanalyse durch die Entwicklung pädagogischer Fragestellungen präzisiert.

3. Immanente Bildanalyse

Bei der immanenten Analyse ist das pädagogische Interesse bei der Auswahl und Vertiefung der relevanten Analyseaspekte leitend. Solche Aspekte können sein:

- Farbe (z. B. Maltechnik, Art des Farbauftrags, Farbwahl, Farbbeziehungen, Farbkontraste, Funktion der Farbe),
- Raum/Perspektive (z. B. Größen, Größenkontraste, zentralperspektivische Raumkonstruktion, Auflösung, Umkehrung, Verfremdung der Zentralperspektive, Bedeutungsperspektive, Betrachterperspektive: Normalsicht, Vogel- und Froschperspektive),
- Fläche (z. B. Flächenkontraste, Binnengliederung der Flächen, Figur-Grund-Beziehungen),
- Linien (Richtung, Verlauf, Bewegung, Funktion, Formbezug von Linien),
- Hell-Dunkel (z. B. Intensität des Hell-Dunkel-Kontrasts, Abgrenzung zwischen Hell-Dunkel, Verhältnis heller und dunkler Bildteile, Licht und Beleuchtungseffekte, Ort der Lichtquelle, Akzente, Fokussierungen durch Lichteffekte),
- Komposition (z. B. Bildaufbau, Bedingungszusammenhang und Zusammenwirken der Gestaltungselemente, Farb- und Formzusammenhänge, Verhältnisse der Bildteile zueinander und zum Ganzen).

Im Verlaufe der immanenten Analyse sind die pädagogischen Fragestellungen zu überprüfen und ggf. zu ändern.

4. Einbeziehen von bildexternen Kontexten

Auch bei diesem Schritt orientieren sich die pädagogischen Fragestellungen an der Auswahl und Vertiefung der einbezogenen Analyseaspekte.

Zu solchen bildexternen Aspekten können gehören: die (kunst-)historische und stilistische/stilgeschichtliche Einordnung des Bildes; Bildgenre (Landschaft, Stillleben, Porträt o. a.); Entstehung des Bildes; Äußerungen des Künstlers zu seinem Bild; Bezug des Bildes auf andere Bilder; mythologische, historische und politische Bezüge; zeitgenössische Rezeption.

5. Interpretation aus pädagogischer Perspektive

Zusammenfassende Interpretation des Bildes aus pädagogischer Perspektive durch Beantwortung der pädagogischen Fragestellungen; Charakterisierung der pädagogischen Bedeutung des Bildes für die Entstehungszeit und für heute.

Sie kennen bereits aus dem ersten Band Pranges Ausführungen über das Zeigen als Form pädagogischen Handelns (siehe Heft 1, Seite 43). In diesem Text will er zeigen, dass das Zeigen nicht eine Form von vielen ist, sondern *die* Grundoperation der Pädagogik.

Bevor Sie den folgenden Text lesen, können Sie die Geste des Zeigens selbstständig untersuchen.

Aufgaben

1. Sammeln Sie möglichst unterschiedliche Beispiele aus verschiedenen Bereichen des Alltagslebens, in denen jemand anderen etwas zeigt.
2. Sammeln Sie Bilder, in denen jemand anderen etwas zeigt. Arbeiten Sie heraus, was das Gemeinsame an den verschiedenen Zeige-Situationen ist.
3. Formulieren Sie anschließend Fragen und Erwartungen, die Sie an den Text haben.

M4 Zeigen und Lernen (Klaus Prange)

Abb. 2.4

Worin besteht nun das eigentümlich pädagogische Verhalten, sozusagen die „einheimische Operation" des Erziehens, um eine berühmte Formulierung Herbarts abzuwandeln? Es ist das Zeigen. Überall wo erzogen wird, wird etwas gezeigt. Damit wird allerdings das Feld der Selbstverständlichkeiten verlassen, auch wenn dieser Gedanke selber sehr naheliegend erscheinen mag. Zunächst soll deshalb diese Behauptung: ohne Zeigen keine Erziehung, nur illustriert werden, um sie dann etwas gründlicher zu erörtern. Was mit dem Zeigen gemeint ist und wie es beim Erziehen vorkommt, kennen wir aus der alltäglichen und allgemeinen Lebenserfahrung. Wir sagen den Kindern, wie die Dinge heißen, die sich ihnen zeigen; wir erklären, wie man mit fremden Tieren umgeht, vor welchen man sich in acht nehmen sollte und welche man streicheln darf; wir machen vor, wie man Löffel und Gabel hält; wir warnen vor Gefahren, damit sie sich selber schützen können, wenn wir nicht mehr dabei sind; wir üben, wie man sicher über die Straße kommt, und wir sagen ihnen, was sie anfassen dürfen und was nicht; wir erzählen ihnen Geschichten, aus denen sie lernen, um es etwas großformatiger zu formulieren, wie die Welt sich darstellt. Das ist in der Tat die herkömmliche und keineswegs überholte Vorstellung dessen, worum es in der Erziehung geht: Darstellung der Welt […], um sich in ihr einigermaßen selbstständig behaupten zu können.

Das gilt nicht nur für Kinder und Heranwachsende, sondern heute vermehrt auch für Erwachsene und selbst für die Alten. Darstellung der Welt – das ist, wie der Altmeister Herbart gesagt hat – das Hauptgeschäft der Erziehung. Fehlt das Darstellen und das Zeigen, dann keine Erziehung. Damit soll ausgedrückt sein, dass die Gebärde des Zeigens für alle Erziehung die Minimalbedingung ist, nicht aber, dass es nicht noch weiterer Vorkehrungen und Rücksichten bedarf, damit pädagogische Prozesse in Gang kommen und ihr Gelingen wahrscheinlicher wird. Um Missverständnissen vorzubeugen, ist erstens hinzuzufügen, dass zum Zeigen auch das Verbergen und Vorenthalten gehört, und zweitens, dass das Zeigen keineswegs nur der pädagogischen Praxis eigentümlich ist.
In der Gebärde des Zeigens, also wenn wir jemandem etwas zeigen, kommen drei Komponenten zusammen: die personale, die soziale und die thematische. Werden wir gefragt, was wir gestern Nachmittag getan haben, wäre es sonderbar, wenn die Antwort lautete: „Ich habe gezeigt." Man muss schon angeben, was und wie man etwas gezeigt hat und wer der Adressat des Zeigens ist, sonst bleibt die Antwort unvollständig. Etwas formaler ausgedrückt: Zeigen ist ein Prädikat mit drei Leerstellen, anders als das Lernen. Lernen ist primär ein zweistelliges Prädikat. „Ich lerne etwas." Das ist eine vollständige Aussage. Man lernt zum Beispiel „schwimmen" oder „segeln", oft genug von allein und auch ohne Lehrer. Meine Vermutung ist, dass wir ohnehin das meiste auf eigene Hand lernen, auch wenn die neuere Entwicklung dahin geht, für alles und jedes Trainer und Coachs, Moderatoren und ausgebildete Lehrerinnen und Lehrer ins Spiel zu bringen. Das Erziehen, so könnte man sagen, bemächtigt sich des Lernens, um es zu beschleunigen, zu kontrollieren und vor allem auch: um es zu begrenzen. Für diese Operation gibt es ein Subjekt des Zeigens, ein Thema und einen Adressaten.

Diese triadische[1] Struktur hat in der Pädagogik den Namen „didaktisches Dreieck" erhalten. […] Im Schema sieht das wie folgt aus:

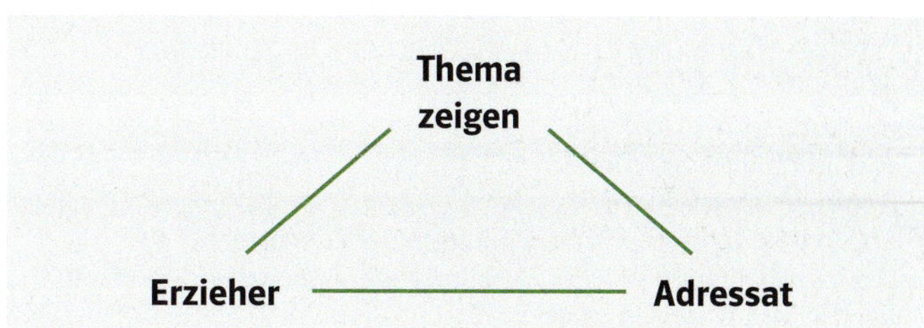

Das Zeigen ist die Form, diese drei Komponenten zusammenzubringen. […] Zu welchem Zweck? Erstens, um das Lernen zu beschleunigen, zweitens um es zu lenken, damit es sich nicht an Allotria[2] und andere Bedenklichkeiten verliert. Bei alledem gilt: das Erziehen ist auf das Lernen angewiesen. Wir Pädagogen brauchen das Lernen wie der

Zahnarzt die Karies. Und weiter: das Erziehen als Zeigen folgt dem Lernen nicht ohne Weiteres, sondern operiert mit Absichten und Vorgaben. Wer kommt schon von allein darauf, Latein zu lernen oder sich auf die Abgründe der Epsilontik[3] einzulassen, ganz zu schweigen von den Geboten üblicher Gesittung und so anspruchsvoller Themen wie den großen Erzählungen, mit denen wir uns im Leben orientieren sollen. Kurz gefasst: das Zeigen nimmt das Lernen gewissermaßen in die Mache.

Diese Zeigestruktur der Erziehung findet sich sinnfällig ausgedrückt in der überlieferten Ikonografie[4]. Der Zeigefinger und mehr noch der Zeigestock dienen seit altersher als Standes- und Erkennungszeichen der Erzieher von Beruf. Der Zeigestock ist die verlängerte Hand, und überhaupt ist das Zeigen ein Hand-Werk im wörtlichen Sinn. Er bringt tatsächlich und symbolisch die Kombination von Belehrung und Aufforderung zum Ausdruck. Wir wollen als Erziehende ja nicht nur gleichsam unschuldig „informieren", sondern die nachwachsende Generation so unterrichten, dass sie auch tun, was wir ihnen sagen. Zugleich enthält der Zeigestock einen Hinweis auf die Machtstruktur der Erziehung, sei es in der starken Form als Mittel der Disziplinierung, sei es in der gedämpften Form als Mittel, die Vorstellungen zu steuern und auf das aufmerksam zu machen, was thematisch präsentiert wird. Auf jeden Fall ist die Beziehung asymmetrisch und artikuliert sich als Differenz von alt und jung, groß und klein, wissend und unwissend, Meister und Lehrling, Dozent und Student, eingeweihter Spiritual[5] und lernender Akolyth[6].

Zusammengefasst enthält die Gebärde des Zeigens in pädagogischer Absicht zweierlei: den Hinweis auf das, was [...] gezeigt wird, und die Aufforderung, auch hinzusehen und zu lernen. Diese Kombination des Zeigens mit der Aufforderung, das Gezeigte auch zu beachten, kann wie folgt gefasst werden: Wir handeln ausdrücklich pädagogisch, indem wir einem anderen etwas so zeigen, dass er oder sie es wieder zeigen kann und auch bewegt wird, eben dies zu tun. Das ist nebenher bemerkt auch der Grund, weshalb zum Erziehen unvermeidlich das Prüfen gehört. Es genügt ja nicht, den Kindern zu erklären, wie sie einigermaßen allein den Schulweg bewältigen können, man muss sich auch davon überzeugen, dass sie die Erklärung beherzigen. Sonst muss man sie weiter beaufsichtigen und selber zur Schule bringen. In jedem Falle gilt: Wenn wir erziehen, kommen wir nicht darum herum, einem anderen etwas zu zeigen.

Anmerkungen

1 triadische: dreigliedrige
2 Allotria: Unfug
3 Epsilontik: mathematische Definition der Grenzwerte
4 Ikonografie: Lehre von der Beschreibung, Analyse und Deutung von Bildern bzw. Bildwerken
5 Spiritual: Amt, das in der katholischen Kirche nur von einem geweihten Priester ausgeübt werden kann
6 Akolyt: Begleiter, Gefolgsmann; in der katholischen Kirche ein Laie, der Hilfsdienste bei Gottesdiensten leisten kann

M5 Lernen und Erziehen: die pädagogische Differenz (Klaus Prange)

Was das Lernen angeht, auf das das Erziehen sich bezieht, so haben wir es mit einer für die Pädagogik selbstverständlichen Vorgegebenheit zu tun. Es gibt das Lernen, und wo überhaupt gelernt wird, wird etwas gelernt. Das wollen wir als einen elementaren, nichtnegierbaren Sachverhalt ansehen. Er zeigt sich besonders und unbezweifelbar gerade bei Kindern, und hier wiederum bei den kleinen mehr als bei den größeren Kindern, und vollends stärker als bei Jugendlichen und Erwachsenen. Dabei ist schier unabsehbar, was alles Thema für das Lernen wird, unabhängig davon, ob es gelingt oder scheitert. Und es dürfte auch nur begrenzt kontrollierbar sein, was die Kinder und die Heranwachsenden lernen und was nicht, gerade weil deren Lernen von uns nicht hervorgebracht wird, sondern immer schon als gegeben vorausgesetzt wird. Welche Sitten und Gewohnheiten sie annehmen, welche Neigungen und Vorlieben sie ausbilden, was sie mögen und was nicht, was sie kennenlernen und wofür sie sich interessieren, was ihnen durch Übung gelingt und was sie gar nicht erst versuchen, das geschieht zuerst einmal und erscheint wie ein Wunder oder ein Verhängnis. Man kann sich vorstellen und mag sich in Fällen des erfolgreichen Lernens womöglich schmeicheln, an den Ergebnissen wesentlich mitgewirkt zu haben, aber zunächst ist festzuhalten: Das Lernen ist unabhängig vom Erziehen da. Wir bewegen uns, genau genommen, wenn wir allein auf das Lernen sehen oder es allein untersuchen wollten, noch gar nicht im Bereich des Erziehens und nicht in der Pädagogik.
Deshalb: Lernen und Erziehen sind zweierlei; zwei unterschiedliche Operationen, die wir gedanklich scharf auseinanderzuhalten haben, auch wenn sie in dem, was wir „Erziehung" nennen, unlösbar verbunden erscheinen. Diese pädagogische Differenz hat zunächst nicht mehr zu bedeuten als eben dies: Es gibt das Lernen und es gibt das Erziehen, je für sich; und weiter: Es gibt das Lernen anders als das Erziehen. Das erste von Natur und sozusagen unausweichlich, das zweite als ein Tun und Verhalten, das man auch lassen kann; das erste als nicht hintergehbares Phänomen, das zweite als Konstruktion. Kinder lernen unvermeidlich, aber deshalb werden sie noch nicht erzogen; und es gibt vielerlei Bemühungen, die sich als erzieherisch verstehen, aber weder kommt erst dadurch in Gang, was wir Lernen nennen, noch wird ohne Weiteres eben das gelernt, wovon wir als Erziehende wünschen, dass es gelernt werde.

Aufgaben

Sie können sich den Texten M4 und M5 auf verschiedene Weise nähern:

1. Prange schreibt, in der Erziehung gehe es um die Darstellung der Welt, „um sich in ihr einigermaßen selbstständig behaupten zu können" (Zeile 34–35).
   Erläutern Sie diese These. Ziehen Sie dazu auch selbst ausgewählte oder entwickelte Beispiele heran.
2. Prange stellt klar, „dass das Zeigen keineswegs nur der pädagogischen Praxis eigentümlich ist" (Zeile 48–49). Erklären Sie diesen Satz.
3. Nach Prange gehört zum Zeigen „auch das Verbergen und Vorenthalten" (Zeile 47). Das ist ein Widerspruch. Können Sie ihn mit Bezug auf Pranges Text auflösen?
4. „Das Erziehen […] bemächtigt sich des Lernens, um es zu beschleunigen, zu kontrollieren und vor allem auch: um es zu begrenzen" (Zeile 66–69). Erläutern und prüfen Sie diesen Satz genau: Wieso „bemächtigt" sich das Erziehen des Lernens? Was heißt: es „beschleunigt" das Lernen? Was heißt: es „kontrolliert" es? Wieso „begrenzt" es das Lernen? Beantworten Sie die Fragen mit Bezug zum Text.
5. Beim (pädagogischen) Zeigen gibt es nach Prange ein Subjekt, ein Thema und einen Adressaten. Konkretisieren Sie das mithilfe von anschaulichen Beispielen.
6. „Wir Pädagogen brauchen das Lernen wie der Zahnarzt die Karies" (Zeile 79–80). Erklären Sie, wie Prange diesen Satz versteht.
7. Der Zeigestock, schreibt Prange, enthält „einen Hinweis auf die Machtstruktur der Erziehung" (Zeile 100). Erläutern Sie das Verhältnis von Zeigen und Macht mit Bezug auf den Text und mithilfe eigener Beispiele.
8. Wenn in pädagogischer Absicht gezeigt wird, so Prange, enthält die Gebärde des Zeigens zweierlei: „den Hinweis auf das, was gezeigt wird, und die Aufforderung, auch hinzusehen und zu lernen" (Zeile 109–111). Konkretisieren Sie besonders das Auffordern als Teil des pädagogischen Zeigens.
9. Wieso gehört zu pädagogischem Zeigen nach Prange immer das Prüfen?
10. Erklären Sie mithilfe von selbst gewählten Beispielen, was Prange unter „pädagogischer Differenz" versteht.
11. Erläutern Sie Pranges Darstellung des Verhältnisses von Zeigen und Lernen mithilfe der Texte von Ulla Hahn und Helen Keller (siehe Kapitel 1, M2, M3, M4).
12. Geben Sie wieder, wie Prange die Begriffe „Erziehen", „Zeigen", „Lernen" und „Erziehung" bestimmt und gegeneinander abgrenzt.
13. Ziehen Sie auch Pranges Ausführungen über das Zeigen als pädagogische Handlungsform (siehe Heft 1, S. 43) heran, um diesen Text zu analysieren.

Weiterführende Aufgaben

Sie haben Chardins Bild „Die junge Schulmeisterin" interpretiert (M3, S. 17).

1. Blicken Sie vor dem Hintergrund von Pranges Ausführungen erneut auf das Bild und ergänzen oder verändern Sie ggf. Ihre Interpretation.
2. Beachten Sie dabei auch den folgenden Text.

M6 Lehren und Lernen in Chardins „Die junge Schulmeisterin" (Andreas Gruschka)

Der Maler Chardin hatte die Logik des Missverhältnisses von Lehren und Lernen bereits 1738 in seiner Strukturalität vor Augen geführt, indem er in seinem Bild zeigt, wie eine Lehrerin angestrengt versucht, in den Kopf des Schülers zu blicken, aber nur dessen Angestrengtsein sieht, nicht jedoch erkennen kann, was in diesem Kopf sich abspielt. Als Bildmetapher macht der Maler die von der Lehrerin fokussierte Gesichtshälfte undeutlich. Die Lehrerin versucht, etwas zu verstehen und zu erkennen, was ihr verborgen bleiben muss. Währenddessen richtet sie den Schüler mit der Zeigegeste einer Stricknadel auf den Gegenstand im Lehrbuch. Diese stellt insofern einen Lernanlass dar, als dass das Kind daraufblickt, stumm die Sache betrachtet, wohl nachdenkt. Dabei wird gezeigt, dass es noch nicht weiß, was es lernend zu seinem Wissen und Können machen soll. Wiederum als Bildmetapher zeigt Chardin die Sache so, wie sie als nicht gewusste dem Kind erscheinen muss, als undeutliches Bild von einer Aufgabe, deren Sinn erst klar werden kann, nachdem die Aufgabe gelöst wurde. Das Kind sucht etwas zu finden, von dem es nicht weiß, was es ist. Es steht vor der Aufgabe des Übergangs vom Nichtwissen zum Wissen und zugleich vor einer brückenlosen Differenz. Es müsste von irgendwo das erlösende Wort kommen, der Groschen müsste fallen. Die Lehrerin

sieht nicht, was das Kind sieht. Sie zeigt auf einen Punkt im Heft und merkt dabei nicht, dass das Kind auf einen anderen Punkt verweist. Sie sucht mit Blick und Zeigegeste etwas zu vermitteln, von dem sie nicht weiß, wie es sich im Kopf des Schülers darstellt. Ihr ist die Sache so klar, dass sie dessen Ungeklärtheit nicht verstehen kann.
Was Chardin nicht zeigt, was aber mit dem Bild kompositorisch als Alternative nahegelegt ist, das ist der Weg, wie aus dieser mehrfachen Undeutlichkeit herauszukommen wäre. Die Lehrerin müsste lernen, so zu schauen wie das Kind. Sie müsste das Kind in der Weise verstehen, wie dieses versucht zu lernen. Das bedeutet, dass das Lehren sich für das Lernen zu interessieren hätte, und gleichzeitig wäre eine Aufgabe zu stellen, deren geistig zu erschließende Voraussetzungen dem Lehrer voll bewusst sind. Denn was sollte eine Einfühlung ins Lernen, wenn keine Vorstellung diese Einfühlung begleitet, die zur Sache führen kann?
Wer so schaut wie das Kind, erkennt die Lernprobleme des Kindes, aber zugleich reagieren diese Probleme auf die mit der Erkenntnis der Sache verbundenen Voraussetzungen, das Kind arbeitet sich an der Sache ab.

Aufgaben

1. Geben Sie Gruschkas Interpretation mit genauem Bezug auf das Bild wieder.
2. Beziehen Sie seine Interpretation auf Pranges Ausführungen.
3. Vergleichen Sie Gruschkas Interpretation mit Ihrer eigenen.
4. Sind Sie mit seiner Interpretation einverstanden?

Weiterführende Aufgabe

Fassen Sie den Stand Ihrer Erkenntnisse zu den pädagogischen Vorstellungen zum Lernen zusammen. Beachten Sie dabei auch die Aspekte des pädagogischen Lernverständnisses, das Klika/Schubert vorstellen M1.

2.3 Bildung und Lernen

Sie haben den pädagogischen Grundbegriff der Bildung bereits in Heft 1 kennengelernt.
Greifen Sie auf diese Erkenntnisse zurück. Sie finden die entsprechenden Texte im ersten Heft vor allem im 2. Kapitel (S. 16–18, 21–25, 28) sowie an anderen Stellen (S. 119–120, 123–125).

Die Frage ist: Was genau ist der Mehrwert von Bildung, wenn es um Lernen geht? In welchem Verhältnis stehen Bildung und „Zeigen"?

Abb. 2.5

M7 Bildsamkeit und Selbsttätigkeit als pädagogische Grundprinzipien (Jürgen Rekus/Dieter Hintz/Volker Ladenthin)

Mit dem Begriff der Bildsamkeit[1] wird […] die Unbestimmtheit der menschlichen Anlagen zum Ausgangspunkt pädagogischen Handelns erhoben. Zwar wird nicht geleugnet, dass die Menschen bezüglich ihrer Anlagen unterschiedlich sein mögen; für die pädagogische Praxis spielt das aber insofern keine grundsätzliche Rolle, als es in dieser um die Bestimmbarkeit und nicht um die vorgängige Bestimmtheit des Menschen geht. Das Prinzip der Bildsamkeit fungiert – wie alle Prinzipien – zunächst als negative Kategorie. Es besagt, dass wir anderen Menschen pädagogisch so begegnen sollen, dass wir ihnen weder bestimmte Anlagen und Begabungen zu- oder absprechen und sie nicht so behandeln, als könnten wir durch unsere Einwirkungen bestimmte Anlagen und Begabungen zur Entfaltung bringen. […]

Positiv beinhaltet das Prinzip der Bildsamkeit deshalb den Anspruch, jedem der Erziehung Bedürftigen so zu begegnen, dass ihm eine universelle Selbstbestimmung grundsätzlich möglich ist und er zugleich dazu bestimmt ist, diese in eigenen Akten zu vollziehen. Unter diesem Anspruch sind pädagogische Situationen immer so zu gestalten, dass sie das situativ mögliche Maß an Selbstbestimmung tatsächlich befördern. […]

Mit dem Prinzip der Bildsamkeit ist das Prinzip der Selbsttätigkeit eng verknüpft. Wenn es dem Prinzip der Bildsamkeit widerspricht, den Lernenden als Objekt von Beeinflussung zu behandeln, dann kann „Lernen" im pädagogischen Verstande nur in eigener Aktivität, d. h. nur als selbsttätiger Bildungsprozess stattfinden. Selbsttätigkeit stellt demnach eine denknotwendige Voraussetzung für alles Lernen dar, gleich, ob es schulisch oder außerschulisch stattfindet. […]

Die Selbsttätigkeit gilt in jedem Fall als Möglichkeitsbedingung eines bildenden Lernens, bei dem Wissen, Urteilsfähigkeit und Entscheidungskraft entfaltet werden. Folgt man dem Geltungsanspruch des Prinzips der Selbsttätigkeit, dann darf pädagogisches Handeln – im Prinzip – nichts anderes tun, als zur Selbsttätigkeit auffordern. Nur durch eine solche Handlungsmaxime kann das sogenannte „pädagogische Paradox" aufgelöst werden, wonach der Schüler etwas tun soll, was er noch nicht kann, es aber nur erlernen kann, indem er es tut […]. Denn das Prinzip besagt nicht, dass der Lernende schon etwas können soll, was er eigentlich erst noch erlernen müsste. Vielmehr besagt das Prinzip zum einen, dass das Subjekt in seiner Potenz, in seinen Entfaltungsmöglichkeiten, endlich in seinem Menschsein ausdrücklich anerkannt werden soll, ohne dass diese Möglichkeiten schon konkret entfaltet sein müssten. Zum anderen besagt dieses Prinzip, dass es nur dem Subjekt zukommt, diese Möglichkeiten zu entfalten und zwar auf einem methodischen Weg, den es nur selbst beschreiten kann.

Anmerkung

1 Der Begriff Bildsamkeit darf nicht im Sinne einer Formbarkeit missverstanden werden, so als sei der Mensch ein unbeschriebenes Blatt und könne nach Belieben von den „Erziehern" geprägt werden […]. Aber auch die gegenteilige Vorstellung, dass der Mensch schon „von Natur" aus vorgeprägt sei, über einen „inneren Bauplan" verfüge, widerspricht als Biologismus dem hier vertretenen Begriffsverständnis von Bildsamkeit.

Aufgaben

1. Ziehen Sie zunächst Ihre Erkenntnisse zum Begriff der Bildsamkeit aus Heft 1 heran (S. 21–22, 28, 94–95).
2. Geben Sie wieder, was in den Texten kritisch gegen das psychologische Verständnis von Lernen vorgebracht wird.
3. Arbeiten Sie heraus, welche besonderen Merkmale für das pädagogische Verständnis von Lernen genannt werden und erläutern Sie diese. Greifen Sie dazu auch auf die Texte aus dem ersten Kapitel zurück.

M8 Lernen als eigenes Erkennen (Marian Heitger)

In der Umgangssprache wird Lernen in sehr verschiedenem Bedeutungszusammenhang gebraucht; er bezieht sich auf verschiedene Bereiche, auf Fertigkeiten und Fähigkeiten, Einstellungen und Emotionen.
Auch in der Pädagogik wird häufig von einem engen oder weiten Lernbegriff gesprochen. Hier wird Lernen als Erwerb von Wissen, also im Sinne des Kognitiven gebraucht. Wenn Lernen in diesem Verständnis pädagogisch begründet sein soll, wenn es der Bildung des Menschen zu entsprechen hat, dann kann es von der eigenen Erkenntnis der Lernenden grundsätzlich nicht getrennt sein; wie weit der Lernende diesen Prozess im Einzelnen auch bringt.
Nur wenn das Gelernte vom Lernenden selbst für wahr gehalten wird, dient es seiner Bildung. Lernen als eigenständiges Erkennen ist deshalb unabdingbar, zumal, wenn intellektuelle Autonomie pädagogisches Ziel unterrichtlicher Führung ist. Wenn Lernen nicht eigenes Für-Wahrhalten bedeutet, dann wird es Dressur, dann wird es mechanisches Speichern, dann kann an den Inhalt des Gelernten nicht mehr die Frage nach wahr oder falsch gerichtet werden. Dadurch hebt das Lernen seine Bedeutung für Individuum und Gesellschaft, für Tradition und Fortschritt selbst auf. Lernen muss an eigenes Erkennen gebunden bleiben. Wo das nicht geschieht, macht sich der Lernende von unbegründeten Autoritäten, Machtansprüchen und modischen Zufälligkeiten abhängig. Statt sich zu überzeugen, lässt er sich überreden. Er weiß nur zum Schein, nicht aus Gründen. Er kann sein Wissen nicht anwenden, er kann es nicht weiterentwickeln, er kann es nicht korrigieren, weil er nicht einmal seinen Irrtum einsehen kann.

Aus der Bindung des Lernens an eigenes Erkennen und Einsehen ergibt sich die nächste Konsequenz. Wenn lernen ohne eigene Einsicht nicht möglich ist, dann gehört zum Lernen das Begründen. Erst im Argumentieren lässt sich eigenes Fürwahrhalten fassen und rechtfertigen, sowohl vor dem Du im Dialog als auch vor dem Ich selber. Das Argumentieren ermöglicht Einsicht, verhindert willkürliches Fürwahrhalten und voreilige Antworten. Wollte man das Begründen ausschließen, so müsste man auf das Lernen von Wahrheit verzichten, das heißt dann aber auch das Lernen überhaupt aufgeben.
Der Verzicht auf Argumente im Lernprozess bedeutet Entpersönlichung, bedeutet Entfremdung. Dem Lernenden werden Inhalte aufgezwungen, sein Gedächtnis wird als formaler Behälter gesehen, in den Wissensbrocken unverbunden eingespeichert werden. Er selbst ist zu bewusstseinsloser Passivität verurteilt.
Das Begründen kann im Lernprozess nicht abgeschafft werden. Lernen ohne Argumentation ist nicht möglich, ja im Lernen soll sich ausdrücklich die Fähigkeit entfalten, Argumente zu prüfen, ihre Zugehörigkeit und Reichweite zu sehen oder ihren falschen Schein aufzuzeigen. Lernen heißt Argumentieren lernen, und das heißt Lernen lernen.

Lernen als eigenständiges Erkennen ist deshalb die notwendige Antwort auf die Forderung nach permanentem Lernen. In diesem Lernprozess wird nicht nur Wissen vermittelt, sondern gleichzeitig im konkreten Vollzug die Entfaltung der Urteilsfähigkeit und die Mehrung von konkreter Vernunft im Ich besorgt. […]

Wenn wir in pädagogischer Absicht vom Lernen sprechen, so meinen wir den Erwerb von Wissensinhalten durch eigene Einsicht und mithilfe des Lehrenden. Es ist der Erwerb von Kenntnissen, die von anderen bereits entwickelt wurden, die in der Kultur und Tradition enthalten und überliefert sind.
Ihr Lernen, d.h. ihr Nachvollzug, ist nicht ohne eigene Einsicht zu leisten, nicht ohne Argumentation und produktive Erkenntnis. Dennoch unterscheidet sich der Lernende vom Forscher. Beide kennen das Ergebnis des Prozesses nicht. Der Lernende weiß aber, dass das Ergebnis schon vorliegt, während der Forscher Neuland betritt. Der Lernende geht den Weg zum Ziel des neuen Wissens in dem Bewusstsein, dass er beim Auftreten von Schwierigkeiten Hilfe von denen erwarten kann, die das Ergebnis schon wissen. Diese Hilfe wird im Unterricht und Lehren geboten.
Lernen ist ein Prozess des Wissenserwerbes unter planmäßiger Hilfe des schon Wissenden. Schafft diese Hilfe aber nicht wieder eine neue Form der Abhängigkeit, durch die die Eigenständigkeit des Erkennens und Denkens behindert wird? Wie kann jenes Lehren vor sich gehen, das den Argumenten ihr volles Recht lässt, und nicht Personen und ihre Meinungen an deren Stelle setzt? […]

Argumentation gilt für beide, für Lehrende und Lernende. Der Bezugspunkt ihrer Argumentation aber ist jeweils ein anderer. Der Schüler sucht von seinem Wissensstand weiterzukommen. Er kennt das Ende des Lernprozesses nicht, er weiß sich aber geführt. Der Schüler geht auf ein nicht gewusstes Ende zu, während der Lehrer sich gerade dadurch auszeichnet, dass er das Ende des Lernprozesses kennt. Dadurch gewinnt seine Argumentation eine andere Dimension. Der Lehrer argumentiert mit dem Schüler vom gewussten Ende her, vermag ihm zu helfen, indem er Zusammenhänge aufdeckt, auf mögliche Konsequenzen und Widersprüche hinweist. Der Schüler setzt sich mit den Argumenten des Lehrers auseinander, noch besser, der Lehrer setzt sich mit den Argumenten des Schülers oder der Klasse auseinander. Wenn die Auseinandersetzung stockt, greift er ein, zeigt im Hinblick auf die Individuallage seiner Schüler neue Zusammenhänge, oder zeigt, dass ein eingeschlagener Weg sich als Irrweg oder Sackgasse erweist. Der Lehrakt hat gegenüber dem Lernakt folgende Bestimmung: Er definiert sich vom gewussten Ende her und in Ansehung der Individuallage der Schüler. Der Lehrer überschaut die gegenständlichen Zusammenhänge, er kennt die möglichen Argumentationen. Aus dieser Überschau kann er ordnend in die Argumentation eingreifen. Nicht, indem er dogmatische Setzungen vollbringt, sondern indem er seinerseits Argumente und Gegenargumente vorbringt.

Aufgaben

1. Erläutern Sie das Verhältnis von Bildung, Lernen, Erkennen, Argumentieren und Begründen.
2. Setzen Sie Heitgers Position in Beziehung zu Ihnen bekannten Vorstellungen bzw. Begriffen von Bildung.
3. Erklären Sie, welche Bedeutung das „individuelle Für-Wahrhalten" beim Lernen im pädagogischen Sinne hat. Stellen Sie dar, inwiefern es mit dem Begründen und Argumentieren zusammenhängt und sich von dem unterscheidet, was alltagssprachlich „meine Meinung" genannt wird.
4. Erläutern Sie Heitgers Lernbegriff mithilfe von Ulla Hahns Texten (siehe Kapitel 1, M2, M3). Beachten Sie dazu auch die Ausschnitte aus ihrem Roman „Aufbruch" (siehe Heft 1, S. 57–61).
5. Erklären Sie, wieso „Dressur" das Gegenteil des Lernens im pädagogischen Sinne darstellt.
6. Setzen Sie Heitgers pädagogischen Lernbegriff in Beziehung zu den Begriffen „Bildsamkeit" und „Bildung".
7. Erklären Sie Heitgers pädagogischen Lernbegriff so, dass er für pädagogische Laien verständlich wird.

2.4 Pädagogische Kompetenz

Anregungen zur Weiterarbeit

Stellen Sie Ihre Erkenntnisse zum pädagogischen Lernbegriff zusammen.

Dazu können Sie z. B. eine Concept Map anlegen (siehe Heft 1, S. 125).

Sie können die Bestandteile des pädagogischen Lerngriffs dann als Kriterien nutzen, um die Leistungen und Grenzen der Zugänge anderer Wissenschaften zum Lernen kritisch zu prüfen.

Pädagogische Urteilsbildung

Sie haben in Heft 1 eine Einführung in die pädagogische Urteilsbildung erhalten (siehe Heft 1, S. 82–83). Eine wichtige Rolle spielen dabei die Kriterien für pädagogische Urteile.

Die folgenden Fragen können Sie dabei unterstützen, solche Kriterien im Hinblick auf das Lernen zu gewinnen. Sie können sie in die Schrittfolge bei der Urteilsbildung einbauen.

Fragen an Situationen, Konzeptionen und Theorien des Lernens, die eine pädagogische Urteilsbildung vorbereiten können:

	trifft voll zu	trifft teilweise zu	trifft nicht zu
Wird das Lernen vom Lehren/Zeigen aus konzipiert?			
Sind (andere) pädagogisch verantwortete Einwirkungen auf das Lernen konzipiert?			
Wird das selbstständige Lernen unterstützt?			
Werden Lernstrategien aufgebaut, die das selbstständige Lernen fördern?			
Werden Metakognitionen aufgebaut, die das selbstständige Lernen fördern?			
Werden Lernsituationen so gestaltet, dass selbstständiges Lernen möglich wird?			
Wird die/der Heranwachsende zur Selbsttätigkeit aufgefordert?			
Ist Ziel des Lernens, das eigene Erkennen zu fördern?			
Ist Ziel des Lernens, Geltungsansprüche von Autoritäten, Traditionen und Konventionen kritisch zu prüfen?			
Wird der Heranwachsende zu eigenständiger, methodisch überprüfbarer Begründung seiner Positionen aufgefordert?			
Ist Ziel des Lernens, die selbstbestimmten Handlungsmöglichkeiten des Heranwachsenden zu erhöhen?			
Kann die/der Heranwachsende auf der Basis dieser Lerntheorie manipuliert oder indoktriniert werden?			

Kompetenzcheck

Hier finden Sie eine Übersicht über die Kompetenzen, die Sie in den Kapiteln 1 und 2 erwerben konnten. Versuchen Sie selbst einzuschätzen, wie gut Sie sie beherrschen.

Für den ersten Kompetenzcheck bieten wir Ihnen online eine mögliche Lösung an: PP-Code 3xi2h6.

Sachkompetenz

Ich …	… sicher	… noch nicht sicher genug	Hier kann ich nachschlagen:
… erkläre den Zusammenhang zwischen Erziehung und Lernen.			
… stelle pädagogische Praxisbeispiele zu den Lerntheorien dar.			
… stelle den Einfluss pädagogischen Handelns auf Lernprozesse exemplarisch dar.			
… beschreibe pädagogisches Handeln vor dem Hintergrund von Erziehung und Bildung.			
… stelle den steuernden Einfluss von Erziehungszielen auf pädagogisches Handeln in Fallbeispielen dar.			

Urteilskompetenz

Ich …	… sicher	… noch nicht sicher genug	Hier kann ich nachschlagen:
… bewerte mein Vorverständnis von Lernen mithilfe wissenschaftlicher Theorien.			
… beurteile in Ansätzen die pädagogische Relevanz des psychologischen Verständnisses von Lernen.			
… beurteile einfache Fallbeispiele für Lernprozesse hinsichtlich der Möglichkeiten, Grenzen und Folgen darauf bezogenen Handelns aus den Perspektiven verschiedener Akteure.			
… beurteile pädagogisches Handeln mithilfe der pädagogischen Grundbegriffe Erziehung und Bildung.			

Methodenkompetenz

Ich …	… sicher	… noch nicht sicher genug	Hier kann ich nachschlagen:
… beschreibe mithilfe der Fachsprache pädagogische Praxis und ihre Bedingungen.			
… ermittle pädagogisch relevante Informationen aus Nachschlagewerken oder im Internet.			
… ermittle Absichten der jeweiligen Autoren und benenne deren Interessen.			
… analysiere Texte, insbesondere Fallbeispiele.			
… analysiere die erziehungswissenschaftliche Relevanz von Erkenntnissen aus der Psychologie.			

Handlungskompetenz

Ich …	… sicher	… noch nicht sicher genug	Hier kann ich nachschlagen:
… entwickle Handlungsvarianten für Einwirkungen auf Erziehungs- und Lernprozesse.			

3. Psychologische Zugänge zum Lernen in pädagogischer Perspektive

Welche grundlegenden Erkenntnisse der Lernpsychologie gibt es? Welchen Einfluss auf pädagogisches Denken und Handeln haben sie? Ist der Einfluss pädagogisch gerechtfertigt?

Dieses Kapitel bietet Ihnen Möglichkeiten, diesen Fragen nachzugehen. Dabei liegt der Schwerpunkt auf den lernpsychologischen Erkenntnissen über Lernen. In einem weiteren Kapitel kommen die Neurowissenschaften und die Biologie hinzu.

3.1 Klassisches Konditionieren

M1 Die bedingten Reflexe (Iwan Petrowitsch Pawlow)

Nehmen wir irgendein höheres Tier, z. B. den Hund. Wenn er auch nicht das höchste Tier ist (der Affe steht in der zoologischen Stufenfolge höher), so ist der Hund dafür dem Menschen am meisten vertraut wie kein anderes Tier, er ist ein Tier, das den Menschen seit vorgeschichtlicher Zeit begleitet. [...] Stellen Sie sich einen Wachhund, einen Jagdhund, einen Haushund, einen Hofhund usw. vor, wir haben seine gesamte Tätigkeit vor uns, all seine höheren Äußerungsformen oder, wie die Amerikaner es so gern sagen, sein ganzes Verhalten. Wenn ich den Wunsch hätte, diese höhere Tätigkeit des Hundes zu studieren, also die Erscheinungen seines Lebens zu systematisieren und die Gesetze sowie die Regeln zu suchen, nach denen diese Erscheinungen entstehen, so würde vor mir die Frage auftauchen: Wie soll ich vorgehen, was für einen Weg soll ich wählen? Allgemein gesprochen gibt es hier zwei Wege. Entweder ist es der gewöhnliche Weg, den alle gehen. Das ist der Weg der Übertragung unserer eigenen Innenwelt auf das Tier, also die Annahme, dass das Tier ungefähr genauso denkt wie wir, genauso fühlt, wünscht usw. Folglich kann man darüber Mutmaßungen anstellen, was im Inneren des Hundes vor sich geht und daraus sein Verhalten verstehen. Oder aber es ist ein ganz anderer Weg, der Weg der Naturwissenschaft, die die Erscheinungen, die Tatsachen nur von außen her betrachtet und im gegebenen Fall ihre Aufmerksamkeit nur darauf konzentrieren würde, welche Agenzien der Außenwelt wirken und mit welchen sichtbaren Reaktionen der Hund darauf antwortet, was er macht. [...]
Vor einigen Jahrzehnten beschäftigte sich mein Laboratorium mit der Verdauung und studierte speziell die Tätigkeit der Verdauungsdrüsen, die die Verdauungssäfte liefern. Mit deren Hilfe wird die Nahrung verändert, sie geht weiter in das Innere des Organismus über und dient dort für die lebenswichtigen chemischen Prozesse. Unsere Aufgabe bestand darin, alle Bedingungen zu studieren, unter denen die Arbeit dieser Drüsen vor sich geht. Ein bedeutender Teil der Forschung entfiel auf die erste Drüse, auf die Speicheldrüse. Das detaillierte, systematische Studium dieser Drüse zeigte, dass ihre Arbeit außerordentlich fein, außerordentlich dem angepasst ist, was in den Mund gelangt, die Menge des Speichels und seine Qualität variieren äußerst stark je nachdem, was in den Mund gerät. Wenn trockene Nahrung hineinkommt, so fließt daraufhin viel Speichel, da die Nahrung stark angefeuchtet werden muss. Gelangt Nahrung in den Mund, die reich an Wasser ist, so fließt weniger Speichel. Wenn es sich um Nahrung handelt, die in den Magen gleiten muss, so fließt ein schleimreicher Speichel, der diese Masse bedeckt, und die Nahrung lässt sich auf diese Weise leicht schlucken. Wenn aber ein Stoff in den Mund gelangt, der ausgespien werden muss, so fließt ein dünner, wässriger Speichel, um diesen Stoff aus dem Mund hinauszuspülen. [...]
Da es um die Vollständigkeit der Erforschung ging, musste man alle Bedingungen erfassen, denen man dabei begegnet [...] Die in den Mund gelangenden Stoffe wirken auf die Speicheldrüse. Wie aber dann, wenn sich das Futter vor dem Hund befindet, d. h., gibt es auch eine Wirkung auf Distanz? Wir wissen doch, wenn wir hungrig sind und essen wollen und dann eine Speise sehen, so fließt Speichel. Darauf bezieht sich der Ausdruck „das Wasser läuft einem im Mund zusammen". Man musste bei der Forschung auch diese Erscheinung erfassen. Was bedeutet das aber? Hier findet doch keinerlei Berührung statt. Hinsichtlich dieser Tatsachen sagte die Physiologie, dass es außer der gewöhnlichen Reizung auch eine psychische Reizung der Speicheldrüse gibt. Gut. Was bedeutet das aber, wie soll man das verstehen, wie sollen wir Physiologen das behandeln? Weglassen kann man es nicht, wenn es an der Sache teilhat. Aus welchem Grunde hätten wir es vernachlässigen sollen? Vor allen Dingen untersuchen wir die nackte Tatsache der psychischen Reizung. Es hat sich gezeigt, dass die psychische Reizung, d. h. die Wirkung eines Stoffes auf Distanz, vollkommen mit der identisch ist, bei der der Stoff in den Mund gelangt. In jeder Beziehung sind sie vollkommen gleich. Je nachdem, was für Futter man vor den Hund hinstellt, je nachdem ob er trockene oder flüssige Nahrung sieht, genießbare oder zum Fressen völlig untaugliche, arbeitet seine Drüse genauso, wie in dem Fall, wenn das gleiche Futter in sein Maul gelangt. Bei der psychischen Reizung werden genau dieselben Beziehungen beobachtet, nur in einem etwas kleineren Maßstab. Wie soll man das

aber studieren? Wenn man einen Hund betrachtet, wie er irgend etwas schnell frisst, sich das Maul füllt und lange kaut, so kommt man unwillkürlich auf den Gedanken, dass er diesmal sehr hungrig gewesen ist und sich darum so auf das Futter stürzt, so danach strebt, so zuschnappt. Er hat das starke Verlangen, zu fressen. Ein anderes Mal sind seine Bewegungen langsamer, lustlos, dann könnte man sagen, dass er nicht so hungrig ist. Wenn er frisst, so sehen Sie nur die Arbeit der Muskeln, alles ist bestrebt, das Futter ins Maul zu bringen, durchzukauen und weiterzubefördem. Nach allem zu urteilen, kann man sagen, dass ihm das angenehm ist. Wenn ein untauglicher Stoff ins Maul gelangt, wenn der Hund diesen ausspuckt, mit der Zunge hinausschiebt, wenn er den Kopf schüttelt, so kommt man unwillkürlich in Versuchung zu sagen, dass es ihm unangenehm ist. Als wir beschlossen, uns mit der Klärung, mit der Analyse dieser Tatsache zu beschäftigen, stellten wir uns anfangs auf diesen schablonenhaften Standpunkt. Wir begannen, die Gefühle, Wünsche, Vorstellungen usw. unseres Tieres in Betracht zu ziehen. Es ergab sich ein vollkommen unerwartetes, ein vollkommen ungewöhnliches Resultat: Ich geriet mit meinem Mitarbeiter in einen unversöhnlichen Widerspruch. Wir konnten nicht einig werden, wir konnten einander nicht beweisen, wer recht hat. [...] Wahrscheinlich hatten wir nicht den richtigen Weg gewählt.

Je weiter wir über dieses Thema nachdachten, um so mehr festigte sich die Überzeugung, dass man nach einer anderen Art des Vorgehens suchen muss. So schwer es die erste Zeit auch war, so gelang es mir doch schließlieh nach langer Mühe und durch konzentrierte Aufmerksamkeit zu erreichen, dass ich im wahren Sinne des Wortes objektiv wurde. Wir untersagten uns streng (im Laboratorium war sogar eine Strafe angesetzt), solche psychologischen Ausdrücke zu benutzen, wie „der Hund erriet“, „wollte“, „wünschte“ usw. Endlich begannen sich uns alle Erscheinungen, die uns interessierten, in einer anderen Form zu zeigen.

Worum handelt es sich nun dabei? Was wurde von den Physiologen als psychische Reizung der Speicheldrüse bezeichnet? Natürlich blieben wir bei dem Gedanken: Ist das nicht jene Form der Nerventätigkeit, die schon lange von der Physiologie festgestellt worden ist und an die sich die Physiologen gewöhnt haben, ist das nicht ein Reflex? Was ist der Reflex der Physiologen? Er besteht aus drei Hauptelementen. Erstens muss ein äußeres Agens[1] da sein, das zu einer Reizung führt. Dann ist eine bestimmte Nervenbahn notwendig, auf der der äußere Anstoß sich dem ausführenden Organ zu erkennen gibt. Das ist der sogenannte Reflexbogen, eine Kette, die aus einem sensiblen Nerven, einem zentralen Teil und einem zentrifugalen oder abführenden Nerven besteht.

Schließlich aber wird das Ganze von festen Gesetzen beherrscht; es gibt keinen Zufall, keine Launenhaftigkeit, sondern nur eine strenge Gesetzmäßigkeit. Unter bestimmten Bedingungen läuft unweigerlich immer die gleiche Reaktion ab. Es ist verständlich, dass man das nicht im Sinne einer absoluten Unveränderlichkeit verstehen darf, als ob es nie Bedingungen geben würde, unter denen das Agens nicht wirkt. Selbstverständlich gibt es Bedingungen, bei denen die Wirkung getarnt sein kann. Nach dem Gesetz der Schwerkraft muss doch auch alles nach unten fallen, aber stützen Sie es ab, so wird es nicht fallen.

Jetzt wenden wir uns dem zu, was uns beschäftigt hat. Worum handelt es sich nun bei der psychischen Reizung der Speicheldrüse? Wenn sich Futter vor dem Tier befindet, vor seinen Augen, so wirkt es natürlich auf das Tier, wirkt auf sein Auge, sein Ohr, seine Nase.

Hier besteht gegenüber der Wirkung vom Maul aus kein wesentlicher Unterschied. Es gibt auch Reflexe vom Auge und vom Ohr aus. Wenn ein Laut ertönt, zuckt der Mensch reflektorisch zusammen. Bei einer Reizung mit starkem Licht verkleinert sich reflektorisch die Pupille. Folglich kann das nicht die Vorstellung stören, dass das, was wir als psychische Reizung bezeichnen, einen Reflex darstellt. Das zweite Element, die Nervenbahn, ist hier offensichtlich ebenfalls vorhanden, aber wenn der Hund die Nahrung sieht, so beginnt die Nervenbahn statt bei den Nerven des Mauls bei den Nerven des Auges. Sie verläuft dann in das Zentralnervensystem, und von hier aus wird die Tätigkeit der Speicheldrüse hervorgerufen. Einen wesentlichen Unterschied gibt es auch hier nicht, auch hier kann nichts die Vorstellung stören, dass es sich um einen Reflex handelt. Nehmen wir jetzt das dritte Element, die Gesetzmäßigkeit. Hier muss man Folgendes sagen: Diese Reizung ist weniger sicher, sie wirkt nicht so oft wie dann, wenn der Stoff sich im Maul befindet. Jedoch kann man den Sachverhalt so studieren, sich mit ihm so vertraut machen, dass man schließlich alle jene Bedingungen, von denen die Wirkung des Stoffes auf Distanz abhängt, in seinen Händen hat. Wenn wir das erreicht haben (und das ist heute tatsächlich der Fall), so bestätigt dies das Vorhandensein einer Gesetzmäßigkeit.

In der „psychischen“ Reizung ist aber noch ein weiterer Zug enthalten. Wenn wir diese Erscheinungen näher betrachten, so stellt sich heraus, dass die Agenzien, die auf Distanz wirken, sich dadurch auszeichnen, dass sich unter ihnen solche befinden, die früher nicht da waren. Nehmen wir ein Beispiel. Setzen wir den Fall, dass der Wärter das erste Mal das Zimmer betritt, wo sich der Hund befindet, ihm das erste Mal Futter bringt. Das Futter beginnt zu wirken, sobald er es dem Hund vorlegt. Wenn dieser Wärter das Futter einige Tage lang gebracht hat, morgen, übermorgen, so genügt es schließlich, wenn der Wärter die Tür öffnet und nur den Kopf durchsteckt, und schon setzt die Wirkung ein. Hier ist ein neues Agens aufgetreten. Wenn das lange genug fortdauert, so genügt später das Geräusch der Schritte des Wärters, damit sich Speichel absondert. Somit entstehen hier Reize, die es früher nicht gab. Anscheinend ist das ein sehr großer und wesentlicher Unterschied: Dort, bei der physiologischen Reizung, sind die Reize beständig, hier sind sie veränderlich. Jedoch auch diesen Punkt kann man von folgendem Gesichtspunkt aus betrachten. Wenn es sich zeigt, dass dieser neue Reiz jetzt wieder unter ganz bestimmten Bedingungen zu wirken beginnt, die wir alle registriert haben, so heißt das, dass die ganze Erscheinung wieder gesetzmäßig ist. Das kann nicht als Widerspruch erscheinen. Mögen die Reize auch neue sein, aber unter bestimmten Bedingungen entstehen sie konstant. Es gibt keine Zufälligkeit. Die Erscheinungen sind wiederum durch ein Gesetz verbunden. Ich kann sagen, wenn wir den Re-

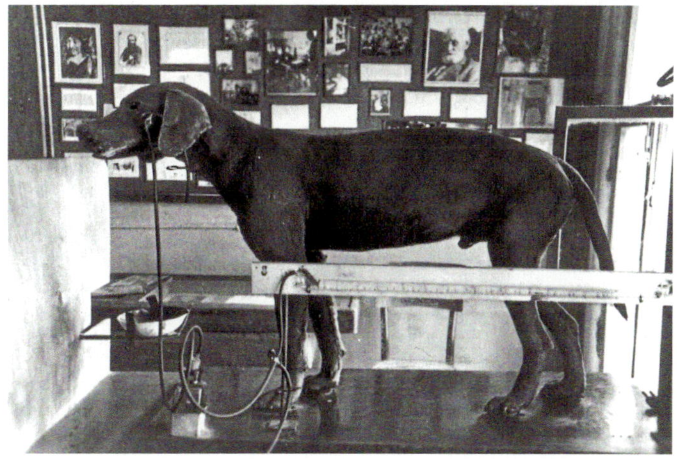
Abb. 3.1: Pawlow'scher Hund

flex vorhin dadurch charakterisiert haben, dass ein Reiz vorhanden ist, der eine bestimmte Bahn durchläuft und unsere Erscheinung unter bestimmten Bedingungen hervorruft, so entsteht auch hier die Erscheinung unter ganz bestimmten Bedingungen. Das Wesen des Begriffs, der Inhalt des Reflexbegriffs hat sich in keiner Wiese verändert. Es zeigte sich, dass man alles Beliebige der Außenwelt zu einem Reiz für die Speicheldrüse machen kann. Beliebige Laute, Gerüche usw. kann man zu Reizen machen, und sie werden ganz genauso die Speicheldrüse reizen, wie das Futter sie auf Distanz reizt. In Bezug auf die Exaktheit der Erscheinung herrscht keinerlei Unterschied, man muss nur die Bedingungen in Betracht ziehen, unter denen sie zustande kommt. Was sind das für Bedingungen, die alles zu einem Reiz für die Speicheldrüsen machen können? Die Hauptbedingung ist das zeitliche Zusammenfallen. Man stellt den Versuch so an. Man nimmt z. B. einen beliebigen Laut, der keinerlei Beziehung zur Speicheldrüse hat. Dieser Laut wirkt auf den Hund, und dann gibt man ihm zu fressen oder aber man gießt Säure in sein Maul. Nach einigen Wiederholungen dieser Prozedur wird der Laut allein, ohne jede Nahrung und Säure, die Speicheldrüse reizen. […] Wenn das so ist und wenn er bei einer bestimmten Reihe von Bedingungen dazu gemacht wurde, so wird er mit Sicherheit immer in gleicher Weise wirken wie das Futter oder eine anwidernde Substanz, die ins Maul gerät. Wenn jedes Agens der Außenwelt unter bestimmten Bedingungen unbedingt zu einem Reiz für die Speicheldrüse wird und danach konstant wirkt, was gibt es dann für einen Grund, hier zu sagen, dass es sich hier im Grunde genommen um etwas anderes handelt und nicht um einen Reflex? Dies ist eine gesetzmäßige Reaktion des Organismus auf ein äußeres Agens, die unter Teilnahme eines bestimmten Abschnitts des Nervensystems zustande gekommen ist. […]

Wenn der junge Hund, der schon einige Monate gelebt hat, erstmalig ein Stück Fleisch vor sich hat, so hat es auf die Speicheldrüse keinerlei Wirkung, weder durch sein Aussehen noch durch seinen Geruch. Das Fleisch musste zumindest einmal ins Maul gelangt sein, es musste ein einfacher, reiner Leitungsreflex entstehen, und erst danach bildete sich allmählich ein neuer Reflex auf das Aussehen und den Geruch des Fleisches. Auf diese Weise, meine Damen und Herren, sehen Sie, dass man die Existenz zweier Arten von Reflexen anerkennen muss. Der eine ist ein fertiger Reflex, mit dem das Tier zur Welt kommt; es ist ein reiner Leitungsreflex. Der andere bildet sich ständig, ununterbrochen im Laufe des individuellen Lebens mit genau derselben Gesetzmäßigkeit; er beruht aber auf einer anderen Eigenschaft unseres Nervensystems, auf der Schließung. Den einen kann man als angeborenen Reflex bezeichnen, den anderen als erworbenen, und dementsprechend auch den einen als arteigenen, den anderen als individuellen Reflex. Den angeborenen, arteigenen, beständigen, stereotypen haben wir als unbedingten Reflex bezeichnet, den anderen, da er von vielen Bedingungen abhängig ist, ständig in Abhängigkeit von verschiedenen Bedingungen Schwankungen unterworfen ist, als bedingten Reflex. Auf diese Weise haben wir sie von praktischen Gesichtspunkten, vom Gesichtspunkt der Laboratoriumsforschung aus charakterisiert. Der bedingte Reflex ist ebenfalls unvermeidlich, und er ist demzufolge ebenso wie der unbedingte Reflex, gänzlich eine Errungenschaft und ein Besitz der Physiologie. Mit einer solchen Formulierung gewinnt die Physiologie natürlich eine riesige Fülle neuen Materials, weil es solche bedingten Reflexe massenhaft gibt. Unser Leben besteht aus einer Unzahl angeborener Reflexe. Es besteht gar kein Zweifel, dass es nur eine schulmäßige schematische Phrase ist, wenn man sagt, dass es drei Reflexe gibt: den Selbsterhaltungsreflex, den Nahrungsreflex und den Geschlechtsreflex. Es gibt ihrer eine große Zahl, man muss sie einteilen und nochmals einteilen. Auf diese Weise gibt es schon von diesen einfachen, angeborenen Reflexen viele. Dann aber kommt noch eine unendliche Anzahl bedingter Reflexe hinzu.

Anmerkung

1 Agens: von außen einwirkender Stoff/einwirkende Kraft

Aufgaben

1. Erklären Sie den von Pawlow vorgenommenen Unterschied zwischen physiologischen und psychologischen Reizen.

2. Pawlow versuchte mit seinen Mitarbeitern, die eigenen Forschungsarbeiten und -ergebnisse zu „objektivieren" (vgl. auch **M2**). Was meinen die Forscher damit?

3. Gelernte Verhaltensweisen nennt Pawlow „bedingte Reflexe". Definieren Sie in einer Gegenüberstellung bedingte und unbedingte Reflexe.

4. Erweitern Sie mithilfe der folgenden Materialien Ihre Begriffsdefinitionen zu einem Glossar zu dem als klassisches Konditionieren bezeichnetem Lernen, wie es Pawlow in Russland und John B. Watson in den USA erforscht haben.

M2 Der angeborene Reflex als Ausgangspunkt klassischer Konditionierung (Gerhard Mietzel)

Wie bei seinen früheren Forschungen blieb der Reflex der Ausgangspunkt der Arbeiten Pawlows. Bei einem Reflex handelt es sich um eine automatische Reaktion auf einen jeweils spezifischen Reiz. Die reflexhafte Reiz-Reaktionsverbindung ist angeboren; sie stellt also kein Ergebnis des Lernens dar. Den Reiz, der reflexhaft eine bestimmte Reaktion auslöst, bezeichnet man auch als unkonditionierten Reiz (UCS; UC für *un*-konditioniert [engl.: *unconditioned*] und S für Stimulus). Diesem UCS folgt eine unkonditionierte Reaktion (UCR; R für *Response).*

Vom neutralen zum konditionierten Reiz. Pawlow achtete in seinen Experimenten darauf, dass alle Einflüsse hochgradig kontrolliert blieben. Offenbar war es möglich, dass die Speicheldrüsen nicht nur auf ihre natürlichen, sondern auch auf andere Reize ansprachen. Damit nichts auf die Versuchstiere einwirkte, was sich dem Einfluss Pawlows entzog, erfolgte die Durchführung der Experimente fortan in einem schallisolierten Raum. Die Versuchstiere wurden an einem speziell entwickelten Gestell festgeschnallt [...]. Durch eine kleine Röhre konnte der Speichelfluss eines Tieres direkt abgeleitet und einem Gefäß zugeführt werden, das eine Skala zur Messung der jeweils abgeflossenen Menge besaß. Pawlow wollte wissen, ob einer unkonditionierten Reaktion, also der Speichelsekretion, ausnahmslos der unkonditionierte Reiz vorausgehen muss oder ob auch andere Reize die Auslöserfunktion übernehmen können. Zu Beginn des Experiments hatte Pawlow sich davon überzeugt, dass die Speicheldrüsen nach Darbietung eines Klingelreizes nicht in Funktion traten; in Hinblick auf diese besondere Reaktion war der akustische Reiz also ein neutraler Reiz (NS; engl.: *neutral Stimulus).* Das Tier reagierte auf das Klingeln lediglich mit einer gewissen Unruhe, aber nicht mit einer Speichelabsonderung. Nach dieser Prüfung bot Pawlow das Klingelzeichen (den neutralen Reiz) und unmittelbar darauf das Futter (den unkonditionierten Reiz) dar, das den Speichelfluss auf natürliche Weise auslöste. Er wiederholte diese Aufeinanderfolge (→ UCS → UCR) mehrere Male. Schließlich führte er eine entscheidende Neuerung ein: Er bot nur das Klingelzeichen dar, ohne diesem aber Futter (UCS) folgen zu lassen. Nach dieser Veränderung der experimentellen Bedingung machte Pawlow eine aufschlussreiche Beobachtung: Die Speichelreaktion erfolgte nunmehr auch nach dem Ertönen der Klingel. Damit hatte der ursprünglich neutrale Reiz die Funktion eines konditionierten Reizes (CS; C für konditioniert nach dem englischen Begriff *conditioned)* erworben. [...]

Durch kleine Veränderungen der experimentellen Bedingungen stellte Pawlow fest, dass eine Konditionierung nur stattfindet, wenn der neutrale Reiz (NS) während der Lernphase dem unkonditionierten Reiz zeitlich vorausgeht (also NS → UCS), und zwar nur um ein sehr kurzes Zeitintervall: eine halbe bis eine Sekunde. Wenn NS und UCS gleichzeitig dargeboten werden, ist nur mit einer schwachen Konditionierung zu rechnen. Es ist wie bei einem Warnsignal vor einem unbeschrankten Bahnübergang, das seine Funktion nur erfüllt, wenn es vor dem Eintreffen des Zuges blinkt. Ein neutraler Reiz wird niemals zu einem konditionierten Reiz, wenn er zeitlich nach dem unkonditionierten Reiz auftritt; [...]

> BEISPIEL
> Seit Langem wird bereits davon Gebrauch gemacht, nächtliches Bettnässen mithilfe der klassischen Konditionierung zu behandeln. Man legt das Kind zu diesem Zweck auf eine spezielle Matratze, in der sofort ein Stromkreis geschlossen wird, sobald Urin ins Innere gelangt; dadurch wird ein von einer Batterie betriebener Alarmton ausgelöst. Der Alarm, der die Funktion eines UCS besitzt, weckt das Kind (UCR), das daraufhin die Toilette aufsucht. Vor dem Alarm dürften jeweils Reize aufgetreten sein, die eine gefüllte Blase anzeigten; sie waren zunächst neutrale Reize (NS), denn durch sie wurde das Kind nicht geweckt. Nach mehreren Abfolgen wird aus dem Blasenreiz ein CS, der das Kind rechtzeitig weckt. Noch heute handelt es sich bei dieser Technik um die wirksamste Methode, nächtliches Bettnässen zu behandeln

Eine klassische Konditionierung lässt sich bei allen Arten der Tierwelt, sogar bei Würmern erreichen. Es handelt sich somit um einen wirklich grundlegenden Prozess des Lernens, der sich – wie bereits Pawlow entdeckt hat – durch weitere Prinzipien kennzeichnen lässt: Auslöschung, Konditionierung höherer Ordnung, Reiz-Generalisation und Reiz-Diskrimination.

Aufgaben

1. Das klassische Konditionieren wird auch als „Reiz-Reaktions-Lernen" (kurz: S-R-Lernen) bezeichnet. Versuchen Sie, mithilfe der verschiedenen Fachbegriffe bzw. deren Abkürzungen (NS, UCS, CS, NR – als neutrale Reaktion auf den NS –, UCR und CR) das Lernen des Pawlow'schen Hundes schematisch darzustellen, indem Sie die einzelnen Schritte des Experiments aufgreifen.
2. Übertragen Sie die schematische Darstellung auf das Beispiel der Behandlung des Bettnässens.
3. Ab 2016 sollen auf Zigarettenpackungen EU-weit Schockbilder die schriftlichen Warnungen vor den Folgen des Rauchens ablösen. Versuchen Sie, den von dieser Initiative erhofften Rückgang des Rauchens mithilfe des klassischen Konditionierens zu erklären.
4. Diskutieren Sie, ob es sich bei den letzten beiden Beispielen um pädagogische „Eingriffe" handelt.

Experiment

Andreas Krapp/Siegfried Prell

Definition des Experiments

Die Bezeichnung Experiment wird weder in der Pädagogik noch in den Nachbardisziplinen Psychologie und Soziologie einheitlich gebraucht. Einige Autoren fassen den Begriff sehr großzügig und rechnen die systematische Beobachtung, die Erhebung und selbst Tests und Schulversuche zu den experimentellen Verfahren. Andere Autoren verwenden in Anlehnung an naturwissenschaftliche Forschungen sehr enge Definitionen, in denen beispielsweise die Überprüfung eines Kausalzusammenhanges als wichtigstes Kennzeichen angegeben wird.

Mit Experiment bezeichnen wir [...] einen planmäßig und wiederholbar hervorgerufenen Vorgang, bei dem beobachtet wird, in welcher Weise sich unter Kontrolle anderer Bedingungsfaktoren mindestens eine abhängige Variable (AV) ändert, wenn mindestens eine unabhängige Variable (UV) variiert wird.

In dieser Definition sind die wesentlichen Bestimmungsstücke eines Experiments enthalten:

a) es muß eine Annahme über den Zusammenhang von mindestens zwei variablen Größen vorliegen, die beobachtbar (meßbar) sein müssen (Hypothese über eine „Wenn-dann-Beziehung").
b) die UV muß in einer planmäßig gestalteten Untersuchungssituation willkürlich hergestellt und ebenso willkürlich durch den Versuchsleiter (VL) variiert werden können. Dabei ist es prinzipiell nicht nötig, daß in einem Experiment nur eine unabhängige Variable variiert wird, es können durchaus mehrere sein.
c) die experimentellen Bedingungen sind so festzulegen, daß eine optimale Kontrolle der Störvariablen gewährleistet ist.
d) um die Wiederholung des Experiments mindestens prinzipiell möglich zu machen, muß das Vorgehen sorgfältig geplant und in einer Versuchsbeschreibung ausführlich dargestellt werden.

Die Analyse funktionaler Zusammenhänge

Ziel eines Experiments ist der Nachweis einer funktionalen Relation zwischen mindestens zwei Größen, d.h., es wird untersucht, ob der Ausprägungsgrad einer Variablen vom Ausprägungsgrad einer anderen in systematischer Weise abhängt. [...] Wenn man z.B. davon ausgeht, daß der Erziehungsstil der Eltern die emotionale Stabilität des Kindes beeinflußt, oder daß der kognitive Entwicklungsstand eines Kindes zu Beginn der Schulzeit zumindest teilweise für die Schulleistungen am Ende der 1. Klasse verantwortlich ist, so wird hier eine Größe als Bedingung oder auch Ursache der anderen aufgefaßt. [...]

Die Variablen im Experiment

In jeder Analyse, die einen funktionalen Zusammenhang untersuchen will, kann man zunächst zwei Arten von Merkmalen (Variablen) unterscheiden: die „unabhängige Variable" (UV) und die „abhängige Variable" (AV).

Die AV ist dasjenige Merkmal, das als Ergebnis von Einflußgrößen gedacht wird. Abhängig nennt man diese Variable deshalb, weil ihr Ausprägungsgrad von anderen Größen bestimmt wird. Dasjenige Merkmal, das als vermutete Einflußgröße auf die AV einwirkt und diese verändert, nennt man UV. (Die UV ist das Gegenstück der AV; nur so ist die Kennzeichnung als „unabhängige" Variable zu verstehen.) In Experimenten wird die UV durch den Experimentator eingeführt und variiert. Neben der Bezeichnung UV findet man verschiedene Umschreibungen: z.B. Bedingungsfaktor, experimentelle Bedingung, Vorhersagevariable oder Prediktor. Die AV wird auch als Kriteriumsvariable bezeichnet.

Die Variation der AV kann auch durch andere Größen als die in der Untersuchung als UV definierte Größe hervorgerufen werden. Allgemein bezeichnet man die Variablen, die in einer Untersuchung neben der unabhängigen Variablen unbemerkt auf die AV einwirken und auf diese Weise eine Variabilität der AV erzeugen, die irrtümlicherweise der unabhängigen Variablen zugeschrieben wird, als Störvariablen. Welche Arten von Störvariablen in einer Untersuchung auftreten können, läßt sich nicht verallgemeinernd bestimmen. In jedem Fall sind es solche Einflußgrößen, die in der Untersuchung ungewollt und meist vom Untersucher unbemerkt die abhängige Variable systematisch beeinflussen.

Aufgaben

1. Erstellen Sie ein Glossar (eine Liste von Wörtern mit Definitionen und Erklärungen) der wichtigen Begriffe zum Experiment.

2. Erläutern Sie die Methode des Experiments am Beispiel der Forschungen Pawlows.

Das Bettnässen und das Rauchen deuten bereits an, dass das von Pawlow an Hunden untersuchte klassische Konditionieren auch auf Menschen übertragen wurde. John B. Watson führte dazu in der modernen Psychologie ebenfalls als klassisch geltende Experimente durch, die das Lernen und Löschen von Gefühlen untersuchen.

M3 Gefühle erzeugen und Gefühle wieder „löschen" (Walter Edelmann)

Die beiden folgenden Studien stammen aus der Frühzeit der Lernpsychologie und sind „Klassiker" der Verhaltensforschung.

In der Untersuchung von Watson & Rayner wird hauptsächlich der Aufbau einer bedingten Reaktion beschrieben und erklärt.

In dem Versuch von Jones geht es um den Abbau einer gelernten Reiz-Reaktions-Verbindung. Im Mittelpunkt steht die Anwendung des Prinzips der Gegenkonditionierung.

(1) *Der Fall Albert*

Watson, J. B. & Rayner, R. (1920). [...]

Watson ging davon aus, daß sehr wenige emotionale Verhaltensweisen beim Kinde angeboren sind, so etwa Angst, Zorn, Liebe. Andererseits war bis dahin die Vielzahl der Komplexität emotionaler Reaktionen beim Erwachsenen lerntheoretisch nicht zu erklären. [...]

1. Der Aufbau einer bedingten Reaktion

Im Alter von 11 Monaten wurde dem kleinen Albert eine weiße Ratte gezeigt. In dem Augenblick, als das Kind mit der linken Hand nach der Ratte greifen wollte, wurde hinter seinem Rücken auf die Eisenstange geschlagen. Das Kind zuckte heftig zusammen, fiel nach vorn und verbarg sein Gesicht in der Matratze. Als später die rechte Hand die Ratte berührte, wurde wieder auf die Eisenstange geschlagen. Das Kind erschrak wieder sehr und begann zu wimmern. Nach einer Woche wurde eine ähnliche Versuchsserie durchgeführt, an deren Ende Albert sofort zu schreien begann, sobald die Ratte nur gezeigt wurde.

2. Gibt es einen „Transfer" auf andere Objekte?

Nach fünf Tagen entwickelte Albert ähnliche (teilweise schwächere) Angstreaktionen auch beim Anblick eines Kaninchens, eines Hundes, eines Pelzmantels, bei Baumwolle usw. Die Reaktion konnte wohlgemerkt ausgelöst werden, ohne daß in diesem Versuchsdurchgang auf die Eisenstange geschlagen wurde.

3. Nachuntersuchung

Nach einem Monat wurde Albert noch einmal untersucht. Dabei konnte man feststellen, daß sich die bedingten emotionalen Reaktionen erhalten hatten. Lediglich war die Stärke mancher Reaktionen etwas geringer geworden.

4. Der Abbau der bedingten emotionalen Reaktionen

Albert wurde aus dem Hospital genommen. Deswegen konnte ein Abbau nicht ausprobiert werden. [...]

(2) *Der Fall Peter*

Jones, M. C. (1973). [...]

Peter, ein Junge von knapp drei Jahren, hat Furcht vor weißen Ratten. Durch Generalisation sind Furchtreaktionen, z. B. auch gegenüber Kaninchen und pelzigen Gegenständen wie Pelzmänteln, Federn, Baumwolle usw., entstanden. Diese Furcht soll dem Jungen durch systematische „Entkonditionierung" (Jones) genommen werden.

Der Versuch könnte also als Fortsetzung des Falles „Albert" bezeichnet werden. [...]

Versuchsdurchführung: Über mehrere Monate hinweg erfolgte ein schrittweiser Abbau der Furchtreaktionen gegenüber dem Objekt „Kaninchen", vor dem der Junge die stärksten Furchtreaktionen zeigte. Es wurde ein Versuchsplan aufgestellt, bei dem die einzelnen Situationen in graduellen Abstufungen eine engere Fühlungnahme mit dem Kaninchen erforderten. Die Reaktionen des Jungen bei der Konfrontation mit diesen Situationen zeigen seine zunehmende Toleranz gegenüber dem ursprünglichen Furchtobjekt Kaninchen und geben das Ausmaß seiner Besserung an:

Abb. 3.2

1. Kaninchen irgendwo im Käfig im Raum verursacht Furchtreaktionen
2. Kaninchen 12 Fuß entfernt im Käfig, toleriert
3. Kaninchen 4 Fuß entfernt im Käfig, toleriert
4. Kaninchen 3 Fuß entfernt im Käfig, toleriert
5. Kaninchen im Käfig nahe herangerückt, toleriert
6. Kaninchen frei im Raum, toleriert
7. Kaninchen berührt, wenn Versuchsleiter es hält
8. Kaninchen berührt, wenn frei im Zimmer
9. Kaninchen trotzig abgelehnt, indem es bespuckt, mit Dingen beworfen und imitiert wird
10. Kaninchen zugelassen auf Ablagebrett des Kinderstuhls
11. kauert neben dem Kaninchen in wehrloser Stellung
12. hilft Versuchsleiterin, Kaninchen in Käfig zu tragen
13. hält Kaninchen auf dem Schoß
14. bleibt im Raum allein mit Kaninchen
15. duldet Kaninchen im Spielstall
16. liebkost Kaninchen
17. läßt Kaninchen an seinen Fingern knabbern.

Die Behandlungsphase gliedert sich in zwei Teile, da sie wegen einer zweimonatigen Krankheit von Peter unterbrochen werden musste.

1. Phase: Peter konnte drei furchtfreie Kinder beobachten, die unbefangen mit dem Kaninchen spielten. Jones bezeichnet dieses Verfahren als „soziales Imitationslernen". Die ersten Erfolge dieses Abschnitts (Toleranzgrade 1–8) wurden dadurch zunichte gemacht, daß der Junge sich kurz vor Beginn seiner Krankheit heftig vor einem großen Hund erschrak, so dass er auf sein altes Furchtniveau zurückfiel.

2. Phase: Während des zweiten Abschnitts wandte die Autorin ein anderes Verfahren an: die sogenannte „Gegenkonditionierung". Jetzt wurde Peter auf seinen Stuhl gesetzt und bekam etwas Leckeres zu essen, während die Distanz zwischen ihm und dem Kaninchen langsam verringert wurde.

Auf diese Weise bekam das Kaninchen allmählich eine Art Signalwert für etwas dem Jungen Angenehmes, nämlich Leckereien. „Da bei jedem Vorzeigen des Hasen ein erfreulicher Reiz (Nahrung) vorhanden war, wurde die Furcht allmählich zugunsten einer positiven Reaktion abgebaut." Diese Methode wurde so lange fortgesetzt, bis der Junge während des Essens das Kaninchen auf dem Schoß behielt (Toleranzgrade 10–17).

Ergebnis: Peters Furcht vor dem Kaninchen konnte vollkommen abgebaut werden. Außerdem berichtet die Autorin, daß der Junge bei ihrem letzten Gespräch auch keine Furcht mehr vor Pelzmänteln, Federn, Baumwolle usw. zeigte.

Aufgaben

1. Erklären Sie mithilfe des klassischen Konditionierens, wie es gelingen kann, bei dem einen Jungen (Albert) Angst zu erzeugen und bei dem anderen Jungen (Peter) Angst abzubauen.
2. Nehmen Sie kritisch Stellung zu den Vorgehensweisen im Umgang mit den Jungen. Setzen Sie sich auch mit der Frage auseinander, ob es unter bestimmten Umständen gerechtfertigt sein kann, solche Verfahren einzusetzen.

M4 Neo-Pawlow'sche Normungssäle in der Dystopie „Brave new world" (Aldous Huxley)

Der Direktor öffnete die Tür. Sie betraten einen großen, kahlen, sehr hellen und sonnigen Raum; die ganze Südwand bestand aus einem einzigen Fenster. Ein halbes Dutzend Pflegerinnen, vorschriftsmäßig in Anzüge aus weißen Hauben verborgen, war soeben dabei, Schalen voller Rosen in langer Reihe auf den Boden zu stellen. Große Schalen, die dicht gefüllt waren. Tausende von Blütenblättern, prall und seidenglatt wie die Pausbäckchen unzähliger Englein, aber nicht lauter rosig arischer, sondern auch mattgelb mongolischer und mexikanischer Bäckchen. […]

Die Pflegerinnen standen stramm, als der Bund eintrat.

„Stellen Sie die Bücher auf!", befahl er kurz.

Schweigend gehorchten sie. Zwischen den Rosenschalen wurden Bücher gestellt, eine Reihe Kinderbücher, jedes einladend aufgeschlagen auf einer Seite mit dem bunten Bild eines Vierbeiners, Fisches oder Vogels.

„Nun bringen Sie die Kinder!"

Die Pflegerinnen eilten hinaus und kehrten nach ein paar Minuten zurück; jede schob so etwas wie einen hohen stummen Diener vor sich her, dessen vier drahtvergitterte Fächer mit acht Monate alten Kindern beladen waren, alle genau gleich (eine Bokanowsky-Gruppe[1] offenbar) und alle, da sie der Deltaklasse angehörten, in Khaki gekleidet.

„Setzen Sie sie auf den Boden!"

Die Kinder wurden abgeladen.

„Nun wenden Sie sie so, dass sie die Blumen und Bücher sehen können!"

Kaum war das geschehen, verstummten die Kinder und begannen auf die Sträuße mit ihren seidig schimmernden Farben, auf die so fröhlich auf den weißen Buchseiten leuchtenden Figuren loszukrabbeln. Die Sonne, einen Augenblick verdunkelt, kam hinter einer Wolke hervor. Die Rosen flammten auf, wie von jäh erwachter Leidenschaft durchglüht; neue, tiefere Bedeutsamkeit schien die bunten Bilder zu erfüllen. Aus den Reihen der krabbelnden Kinder ertönten kleine aufgeregte Schreie, freudiges Lallen und Zwitschern.

Der Direktor rieb sich die Hände. „Großartig!", sagte er. „Fast wie auf Bestellung!"

Die flinksten Babys waren schon am Ziel. Unsicher streckten sich Händchen aus, berührten, ergriffen und entblätterten die vom Sonnenlicht verklärten Rosen, zerknitterten die Buchseiten. Der Direktor wartete, bis alle vergnügt beschäftigt waren. „Und nun passen Sie auf!", sagte er und gab mit erhobener Hand ein Zeichen.

Die Oberpflegerin, die am anderen Ende des Saales vor einem Schaltbrett stand, drückte einen kleinen Hebel herunter.

Ein heftiger Knall. Gellendes und immer gellenderes Sirenengeheul. Rasendes Schrillen von Alarmglocken.

Die Kinder fuhren zusammen. Sie begannen zu schreien, die Gesichtchen von Entsetzen verzerrt.

„Und jetzt", brüllte der Direktor, denn der Lärm war ohrenbetäubend, „werden wir ihnen die Lektion mit einem kleinen elektrischen Schlag einbläuen."

Er winkte abermals, die Oberpflegerin drückte einen zweiten Hebel. Das Schreien der Kinder hörte sich plötzlich ganz anders an. Verzweiflung, fast Wahnsinn klang aus diesen durchdringenden Schreikrämpfen. Die kleinen Körper zuckten und erstarrten, ihre Arme und Beine bewegten sich ruckartig, wie von unsichtbaren Drähten gezogen.

Abb. 3.3

„Wir können diesen Teil des Fußbodens unter Strom setzen", brüllte der Direktor erklärend. „Aber jetzt genug!", bedeutete er der Pflegerin.

Die Detonationen hörten auf, die Klingeln verstummten, das Sirenengeheul erstarb nach und nach. Die zuckenden Kinderleiber lösten sich aus ihrem Krampf, das irre Stöhnen und Schreien ebbte zu einem gewöhnlichen Angstgeplärr ab.

„Geben Sie ihnen noch mal die Blumen und Bücher!"

Die Pflegerinnen gehorchten, aber beim bloßen Anblick der Rosen, der bunten Bilder mit den Miezekatzen, Hottehüpferdchen und Bählämmern wichen die Kinder schaudernd zurück; ihr Geplärr schwoll sogleich wieder zu Entsetzensgeschrei an. […]

Ein Student hob den Finger: Er sehe ja ein, dass es nicht gehe, Angehörige der niederen Kasten ihre, der Allgemeinheit gehörende Zeit mit Büchern vergeuden zu lassen, ganz abgesehen von der Gefahr, dass sie etwas lesen könnten, das unerwünschterweise einen ihrer angenormten Reflexe beeinflussen könnte, und doch – nein, er verstehe das mit den Blumen nicht. Warum mache man sich die Mühe, die Psyche der Deltas darauf zu normen, dass sie keine Freude an Blumen hatten? [...]
„Wir normen den Massen den Hass gegen landschaftliche Schönheiten an ..., doch zugleich auch die Liebe zum Freiluftsport. Dabei achten wir darauf, dass jeder Sport den Gebrauch komplizierter Geräte nötig macht. Sie benutzen also nicht nur die Verkehrsmittel, sondern auch die Fabrikerzeugnisse. Und darum diese elektrischen Schläge."
„Ich verstehe", sagte der Student und schwieg, von Bewunderung übermannt.

Anmerkung

1 Bokanowsky ist im Roman ein Wissenschaftler, dem die Vervielfältigung menschlicher Eizellen zu identischen Menschen gelungen ist, den Bokanowsky-Gruppen.
Durch Manipulation an den Embryonen und Föten werden in der *Schönen neuen Welt* Menschen unterschiedlicher Intelligenz und unterschiedlichen Körperbaus geschaffen: von Alpha-plus-Menschen, die die höchste Kaste (die Elite) bilden, bis zu den gesellschaftlich niedrigsten Epsilon-minus-Menschen.

M5 Watsons erzieherische Vorstellungen (Watson nach Bonin)

John B. Watson hat die Möglichkeiten der Konditionierung sehr optimistisch eingeschätzt: „Gebt mir ein Dutzend gesunde, gut gebaute Kinder und meine eigene spezifizierte Welt, um sie darin großzuziehen, und ich garantiere, daß ich irgendeines aufs Geratewohl herausnehme und es so erziehe, daß es irgendein beliebiger Spezialist wird, zu dem ich es erwählen könnte – Arzt, Jurist, Künstler, Kaufmann, ja sogar Bettler und Dieb, ungeachtet seiner Talente, Neigungen, Absichten, Fähigkeiten und Herkunft seiner Vorfahren."

Aufgaben

1. Erläutern Sie die Maßnahmen in dem Romanauszug aus Huxleys „Schöne neue Welt" mithilfe Ihrer Kenntnisse des klassischen Konditionierens nach Pawlow.
2. Diskutieren Sie die pädagogischen Grenzen, Möglichkeiten und Probleme der Anwendung des klassischen Konditionierens auch auf dem Hintergrund des Watson-Zitats.

3.2 Operantes Konditionieren

Der wohl bekannteste Vertreter des Neobehaviorismus war Burrhus Frederic Skinner (1904–1990). Während er die pädagogische Allmachtsfantasie Watsons *über die erzieherischen Möglichkeiten* (vgl. M5) 1978 in seinem Werk „Was ist Behaviorismus?" als „etwas übertrieben" beurteilte, so entwarf er doch eine positive Gegenutopie zu Huxleys negativer Utopie (vgl. M4), die Gesellschaft Futurum Zwei (engl.: *Walden Two*). In dieser Gesellschaft werden die Mitglieder mithilfe des operanten Konditionierens, genauer: der positiven Verstärkung, gesteuert, wie es der Leiter dieser fiktiven Gesellschaft in Skinners Roman beschreibt.

M6 Die Gesellschaft von Futurum II (B. F. Skinner)

„Ich glaube, Sie nannten mich ein primum mobile, eine Initialzündung – nicht ganz korrekt, wie ich feststellte, als ich gestern Nacht noch den Ausdruck nachschlug. Aber entworfen habe ich Futurum Zwei. Nicht wie ein Architekt ein Gebäude entwirft, sondern wie ein Wissenschaftler, der ein Experiment auf weite Sicht durchführt, ohne Kenntnis der Bedingungen, die er vorfinden wird, aber in dem Vertrauen, dass er sie meistert, wenn sie auftreten. Futurum Zwei ist in gewissem Sinne vorherbestimmt, determiniert, aber nicht wie ein Bienenvolk determiniert ist. Intelligenz, unabhängig davon, wie sie von unserem Erziehungssystem geprägt und erweitert wird, wird stets als Intelligenz funktionieren. Sie wird Probleme lösen, denen ein Bienenvolk ohne Weiteres unterläge. Durch den Plan wird die Intelligenz auf der rechten Bahn gehalten, nicht zum Nutzen des intelligenten Individuums, sondern zum Nutzen der Gemeinschaft, oder anders ausgedrückt, nicht zum augenblicklichen, sondern zum endgültigen Wohl des Individuums. Und das geschieht, indem der Plan das Individuum vom Wert seines persönlichen Einsatzes zum Wohle des Ganzen überzeugt. [...]
Wir können eine Art Aufsicht ausüben, unter der die Beaufsichtigten sich frei fühlen, obgleich sie einem Kodex gehorchen, der viel genauer ist, als es je zuvor in dem alten System der Fall war. Dennoch fühlen sie sich frei. Sie tun, was sie zu tun wünschen, nicht, was ihnen zu tun auferlegt wird. Das ist die Wurzel der ungeheuren Kraft, die in der positiven Verstärkung liegt – hier gibt es kein Sträuben und keine Revolte. Durch eine sorgsam ausgearbeitete Kulturaufsicht überwachen und lenken wir nicht das definitive Verhalten, sondern die Voraussetzungen dazu – die Motive, Wünsche, Neigungen."

Aufgaben

1. In dem Romanauszug scheint der Leiter ein Erziehungssystem zu entwerfen: Er hat einen Kulturplan, also Erziehungsziele und -mittel (positive Verstärkung), mit dessen Hilfe er die Kinder, Jugendlichen, Mitglieder der Gesellschaft auf die „rechte Bahn" lenken möchte.
Diskutieren Sie diese Vorstellungen. Berücksichtigen Sie dabei, dass der Plan auf eine aggressionsfreie Gesellschaft zielt und der von Skinner für möglich gehaltene Einsatz der positiven Verstärkung auch anderen Zwecken dienen könnte.
2. Erkundigen Sie sich mithilfe der folgenden Materialien, was Skinner mit positiver Verstärkung meint und wie er zu seiner Theorie der Verhaltenssteuerung gelangt ist.

Abb. 3.5: Skinnerbox im Labor

M7 Operantes Konditionieren (Guy Lefrancois)

Bei seinen Untersuchungen über die Wirkung von Verstärkungsarten und Verstärkungsplänen auf das Verhalten benutzte Skinner hauptsächlich Ratten als Versuchstiere. Die Versuchsapparatur, die später auch als *Skinnerbox* bekannt wurde, besteht aus einem Käfig, der mit einem Druckhebel, einem Licht, einem Futtermagazin, einem Futterauslieferungsmechanismus und möglicherweise auch mit einem elektrifizierbaren Rost ausgerüstet ist. Das Ziel eines typischen Experiments besteht darin, eine sich im Versuchskäfig befindende Ratte darauf zu konditionieren, den Hebel zu drücken. Wir beschreiben nun eine Reihe experimenteller Varianten, um Bestrafung und Verstärkung zu veranschaulichen.

Positive Verstärkung (1)

Wenn die Ratte den Hebel drückt und der Futterauslieferungsmechanismus daraufhin eine Futterpille in das Futtermagazin wirft, so kann die Wirkung darin bestehen, daß sich die Wahrscheinlichkeit der Frequenz des Hebeldrückens erhöht. In diesem Falle dient das Futter als positive Verstärkung.

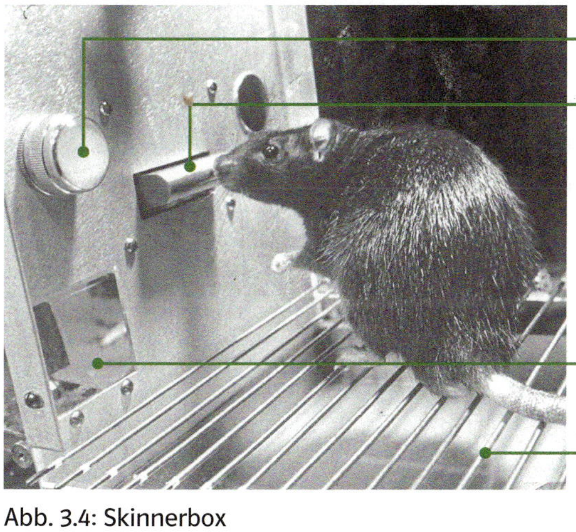

Abb. 3.4: Skinnerbox

Bestrafung (2)

Wenn die Ratte, die auf dem elektrifizierbaren Rost steht, den Hebel drückt und dabei jedes Mal einen leichten elektrischen Schock bekommt, so wird sie zukünftig wahrscheinlich den Hebel vermeiden. Der Schock ist in diesem Fall eine Art der Bestrafung und dürfte zu Vermeidungs- oder Fluchtlernen führen.

Bestrafung (3)

Wenn die Ratte, die gerade ihre Futterpille frisst, eine kleine Pause einlegt, um sich zu putzen, und ein sadistischer Versuchsleiter ihr die Futterpille wegnimmt, so wird dadurch die Wahrscheinlichkeit des Putzens vermindert. Entfernt nun der Versuchsleiter die Futterpille jedesmal, wenn die Ratte sich putzt, so hört die Ratte letztlich auf, sich überhaupt zu putzen. Eine Ratte mit unanständigen Tischmanieren ist eine Rarität, die eine psychologische Untersuchung ohne weiteres wert wäre. Dies also ist ein weiteres Beispiel für Bestrafung.

Negative Verstärkung (4)

Wenn der Rost dauernd unter Strom steht, ein Hebeldruck aber diesen Strom abstellt, so lernt die Ratte wahrscheinlich sehr schnell, den Hebel unmittelbar, nachdem sie in den Käfig gebracht wird, zu drücken. Die elektrische Spannung ist in diesem Falle eine negative Verstärkung.

Das Menschen-Beispiel

Die folgenden Beispiele für Bestrafung und Verstärkung entstammen dem reichen Fundus meiner Beobachtungen des menschlichen Verhaltens. Die Versuchsperson war mein 3 Jahre alter Sohn. Im Verlaufe eines Tages ereignete sich folgendes:

Positive Verstärkung (1)

Früh am Morgen ging der Junge zu seinem Vater und umarmte ihn; beide Eltern lobten den Jungen ausgiebigst für sein liebes Verhalten. Dieses Lob ist, vorausgesetzt, daß es die Wahrscheinlichkeit dieses Verhaltens erhöht, ein Beispiel für positive Verstärkung.

Bestrafung (2)
Einige Zeit später trat unser junger Freund seine ältere Schwester in ihr Hinterteil. Die schallende Ohrfeige, die diese ihm verabreichte, veranschaulicht wahrscheinlich die erste Art der Bestrafung. Vermutlich, wenn auch nicht ganz sicher, wird er seine Schwester demnächst in ähnlichen Situationen nicht so unüberlegt treten.
Bestrafung (3)
Nach dem Mittagessen erhielt der Junge einige Bonbons. Er aß eines davon sofort, an dem zweiten leckte er herum, um damit anschließend eine Wand zu beschriften, das dritte warf er nach seiner Schwester. Die restlichen Bonbons nahm ihm seine Mutter weg. Dies ist ein weiteres Beispiel für Bestrafung, daß die Wahrscheinlichkeit, daß er seine Bonbons demnächst wieder durch die Gegend wirft oder anderweitig mißbraucht, senken könnte.
Negative Verstärkung (4)
Für ein etwas schwerwiegenderes Fehlverhalten wurde der Junge auf sein Zimmer geschickt und mußte solange dort bleiben, bis er aufhörte zu weinen. Die Erlaubnis, sein Zimmer zu verlassen, nachdem das Weinen aufgehört hatte, ist ein Beispiel für negative Verstärkung. […]

Aufgaben

1. Beschreiben Sie die Anlage und Durchführung des Experiments mit der Skinnerbox.
2. Erklären Sie den Unterschied zwischen Verstärkung und Bestrafung und erläutern Sie diese Unterschiede mithilfe der Ratten-Experimente.
3. Sie finden im Internet leicht filmische Darstellungen des operanten Konditionierens – auch mit Skinner selbst als Versuchsleiter.
   Präsentieren Sie Ihren Mitschülerinnen und Mitschülern solch einen Film und erklären Sie die Lernvorgänge.
4. Erörtern Sie, ob bzw. inwiefern es sachlich gerechtfertigt ist, Einsichten aus Beobachtungen an Tieren unter Experimentalbedingungen auf Menschen zu übertragen.
5. Stellen Sie die Methoden dar, die Sie selbst bei der Dressur eines Hundes oder eines Pferdes eingesetzt haben. Vielleicht kann ein Kursmitglied einen Hund mit in die Schule bringen und einmal die eigene Dressur vorführen (ggf. können Sie sich Dokumentationen über die Dressur von Tieren ansehen).
   Wie lassen sich Ihre Methoden mithilfe des klassischen oder operanten Konditionierens erklären?
6. Arbeiten Sie auch mithilfe Ihrer Beispiele zur Dressur von Tieren die wesentlichen Unterschiede zwischen dem operanten und dem klassischen Konditionieren heraus, indem Sie etwa im folgenden Text die Einübung des verbalen Lobes oder des Befehles „Sitz!“ erläutern.

M8 Erziehung und Ausbildung des Hundes (Celina del Amo)

Den Hund zu erziehen, ist eine Notwendigkeit, ohne die ein reibungsloses Zusammenleben zwischen Mensch und Hund nicht funktionieren kann. Je mehr Kommandos und Übungen Sie mit Ihrem Hund erarbeiten, desto mehr Möglichkeiten stehen dem Hund offen, Ihre Anerkennung zu bekommen. Mit fortschreitendem Trainingsniveau kommt der Hund immer mehr auf seine Kosten, denn er wird gefordert und beschäftigt. Aber auch für Sie lohnt sich die Erziehung Ihres Hundes in vielfacher Hinsicht. Je mehr Aufgaben ihm vertraut sind, desto mehr Freude wird Ihr Hund Ihnen bereiten, weil es viel weniger problematisch ist, einen wohlerzogenen Hund ins Leben einzubinden. […]
Man erreicht bei Hunden schon durch ein Minimum an investierter Zeit und Mühe ein Maximum an Erfolg, wenn man es richtig angeht und dabei stets darauf achtet, auch den Bedürfnissen des Hundes gerecht zu werden. […]
Das Erlernen und Beherrschen eines Befehls kann man im Wesentlichen in drei Phasen aufteilen:

- In der **ersten Phase** gilt es, dem Hund den Befehl zu erklären. Hat er ihn verstanden, beginnt die
- **Phase 2**, in der der Befehl in allen möglichen, auch ungewohnten Situationen geübt wird und der Hund lernt, trotz jedweder Ablenkung den Befehl zu befolgen. Diese Phase überschneidet sich mit
- **Phase 3**, die Phase des vollständigen Beherrschens des Befehls, sodass man eine saubere Ausführung erwarten kann. In dieser Phase kann man die Einsatzmöglichkeiten des Befehls variieren, um die Übung weiterhin spannend zu gestalten.

Die Beschreibung der drei Phasen ist individuell von der Übung oder dem Befehl abhängig; manchmal werden nur die erste oder die ersten beiden Phasen beschrieben. Der Text ist zur besseren Orientierung an den entsprechenden Stellen mit dem jeweiligen Symbol hinterlegt:

• Phase 1
•• Phase 2
••• Phase 3

[…] Erziehungsfehler und Fehlverhalten lassen sich in vielen Fällen darauf zurückführen, dass ein Tadel oder ein Lob zur falschen Zeit ausgesprochen wurde, sodass es beim Hund zu Fehlverknüpfungen gekommen ist. Da Hunde immer lernen und nicht nur in den Trainingseinheiten, passiert es leicht, dass sie nicht das gewünschte Verhalten lernen, sondern sich eine Marotte aneignen. Das Gleiche gilt für unsauber ausgeführte Befehle. Geben Sie sich nicht damit zufrieden und achten Sie darauf, diesen Fehler nicht noch durch Wiederholung zu festigen. Mit der Zeit wird jeder, der sein Tier ehrlich und konsequent und durch Zuwendung zu erziehen versucht, auch Erfolge sehen, weil ein Hund einem vieles verzeiht, auch wenn es aus Hundesicht dem Besitzer oft an „Hundelogik“ mangelt.

Lob und Strafe

Die Erziehung des Hundes sollte auf Lob und Erfolgserlebnissen aufbauen. Da es verschiedene Möglichkeiten gibt, dem Hund eine Freude zu machen, kann man auch beim Loben variieren und dadurch in jeder Situation und für jeden einzelnen Charaktertyp die ideale Form der Belohnung finden.

Bedenken Sie, dass Sie immer mit einer Belohnung arbeiten müssen, die den Hund ausreichend motiviert mitzuarbeiten!

Formen der Belohnung

Ein *kleiner Leckerbissen* ist bei fast allen Hunden sehr willkommen und auch durchaus ein adäquates Erziehungsmittel. Auch hier gilt aber, dass jeder Hund unterschiedliche Vorlieben hat. Arbeiten Sie mit kleinen, aber besonders begehrten Leckerbissen. Besonders für das Anlernen einer neuen Übung ist es günstig, mit einer Futterbelohnung zu arbeiten. Auf diese Weise sporntman den Hund an mitzuarbeiten. Es spricht nichts dagegen, Futterbelohnungen häufig einzusetzen. Achten Sie hierbei aber auf das Gewicht Ihres Hundes. Ziehen Sie notfalls etwas von der gewohnten Futterration ab, damit Ihr Hund schlank und agil bleibt.

Die zweite hervorragende und beim Hund besonders beliebte Form der Belohnung ist der Einsatz seines *Lieblingsspielzeugs*, mit dem er sich nach einer ordentlich ausgeführten Übung dann eine Zeit lang beschäftigen darf. Ebenso gut als Belohnung und als kleine Zerstreuung ist eine Aufforderung zum *Spiel*, bei dem der Hund seine Energie austoben und geistige Anspannungen abbauen kann. Das ist besonders wichtig, denn die Übungen machen dem Hund zwar sicherlich großen Spaß, erfordern jedoch auch ein hohes Maß an Konzentration.

Eine weitere Form der Belohnung ist das *verbale Lob*. Entscheidend ist, dass ein Lobwort vor dem Einsatz gezielt trainiert worden ist. Durch die Stimmlage muss ersichtlich sein, dass es sich um ein Lob handelt. Durch die Stimme kann man den Hund auch noch in einiger Entfernung loben und der Hund wird durch den Stimmkontakt noch stärker auf den Besitzer fixiert. […]

Man kann auch ein *taktiles Lob* – Anerkennung durch Körperkontakt in Form von Streicheleinheiten – einsetzen. Der Besitzer muss selbst herausfinden, was seinem Hund am angenehmsten ist. Die meisten Hunde lieben es, seitlich unterm Kinn, hinter den Ohren sowie auf der Kruppe gekrault zu werden. […]

Bedenken Sie, dass es in der Anlernphase notwendig ist, jede gelungene Übung umgehend zu belohnen. Später, wenn eine Übung schon hundertprozentig „sitzt", wird nicht mehr jedesmal überschwänglich gelobt. Auf diese Weise bleibt die Übung für den Hund spannend, denn er weiß nicht so genau, ob er sich ein Lob verdienen kann oder nicht. […]

Abb. 3.6

„Sitz!"

„Sitz!" ist einer der Befehle, die Sie am häufigsten geben werden. Ziel ist es, den Hund dazu zu bringen, dass er sich nach dem Befehl umgehend hinsetzt und dort so lange sitzen bleibt, bis der Befehl wieder aufgehoben wird, und zwar ausschließlich von Ihnen. Zum Erlernen des Befehls „Sitz!" ist es ratsam, ihn zu bestimmten Anlässen zu verwenden, z.B. vor dem Anlegen des Halsbandes oder bevor Sie die Tür zum Spaziergang öffnen. Viele Hundebesitzer lassen den Hund auch an jedem Bordstein absitzen, um eine innere Barriere vor der Straße aufzubauen.

Als Sichtzeichen eignet sich der erhobene Zeigefinger. Eine länger andauernde Sitz-Stellung ist dem Hund meist weniger angenehm als die Platz-Stellung. Berücksichtigen Sie das, wenn Sie mit dem Hund üben. Die Aufhebung des Befehls sollte also verhältnismäßig bald erfolgen. Wollen Sie später mit Ihrem Hund Prüfungen ablegen, gewöhnen Sie ihm gleich an, sowohl an Ihrer linken Seite als auch frontal abzusitzen.

- Besonders bei Welpen und Junghunden, aber auch bei erwachsenen Hunden, die gut auf eine Belohnung mit Leckerchen ansprechen, gibt es eine sehr elegante Möglichkeit, den Befehl beizubringen. Dabei müssen Sie nicht mit Körperhilfen arbeiten. Es ist also nicht notwendig, den Po des Hundes auf den Boden zu drücken, um zu erreichen, dass er sich setzt.

Wecken Sie das Interesse des Hundes, indem Sie ihn an einem Leckerchen schnüffeln lassen. Wenn Sie hierbei den Zeigefinger erhoben haben und das Leckerchen mit den restlichen Fingern umschließen, trainieren Sie ihn gleichzeitig auch auf ein Sichtzeichen. Führen Sie, sobald der Hund Interesse zeigt, die Hand mit dem Leckerchen langsam nach oben und leicht über den Kopf des Hundes, sodass er sich hinsetzt, weil es für ihn die bequemste Möglichkeit ist, um ihre Hand noch mit seinen Blicken oder der Nase verfolgen zu können. Genau in diesem Moment sagen Sie das Lautzeichen „Sitz!" und geben ihm das Leckerchen. Schon nach wenigen Wiederholungen wird sich

Ihr Hund sowohl auf Ihr Sichtzeichen als auch auf den verbalen Befehl hin setzen.

Üben Sie den Befehl „Sitz!“ nach und nach nicht nur in der frontalen Stellung (Vorsitzen), sondern auch an Ihrer Seite. Bei korrekter Ausführung darf ein kräftiges Lob nicht fehlen.

• • Lassen Sie Ihren Hund, nachdem er schon weiß, was der Befehl bedeutet, in den verschiedensten Situationen immer wieder einmal „Sitz!“ machen. Erschweren Sie nach und nach die Übung, beispielsweise indem Sie ihn durch das Knistern mit einer Leckerchentüte dazu verleiten, seine Stellung zu verlassen.

• • • Mit dem fortgeschrittenen Hund sollte das Kommando auch in der Entfernung trainiert werden. Hierzu gibt es folgende Vorübung: Schaffen Sie eine Barriere zwischen sich und dem Hund oder nutzen Sie einen Zaun. Geben Sie dann über diese Barriere hinweg den Befehl „Sitz!“ und belohnen Sie den Hund sofort, wenn er den Befehl brav ausführt. Arbeiten Sie hier ruhig mit dem Sichtzeichen und dem gesprochenen Kommando. Steigern Sie nach und nach die Entfernung zum Hund. Die Barriere dient zur Verhinderung von Fehlern, denn viele Hunde haben die Tendenz „aufzurutschen“, um dann bei Ihnen „Sitz!“ zu machen.

Aufgaben

1. Nehmen Sie dazu Stellung, dass del Amo für ihre Spiel- und Spaßschule für Hunde den Begriff „Erziehung“ reklamiert.
   Ersetzen Sie dazu im Text **M 8** probeweise den Begriff „Hund“ durch den Begriff „Kind“.
   Del Amo bezeichnet die erste „Erziehungs“-phase in ihrem Buch auch als „Erklären“ (des Hundetrainers) und „Verstehen“ (des Hundes). Vgl. Sie diesen Sprachgebrauch mit dem tatsächlichen Ablauf der ersten Phase beim Beibringen des „Sitz!“-Befehls.
2. Diskutieren Sie, ob bzw. wann es gerechtfertigt ist, die Methoden des klassischen oder operanten Konditionierens bei Kindern anzuwenden.
3. Erstellen Sie ein kleines Glossar, indem Sie die im Kontext des Konditionierens verwendeten Begriffe Dressur, Abrichtung, Verhaltensmodifikation, Manipulation und Indoktrination klären.
4. Skinner war der Überzeugung, man könne mithilfe der Verhaltenssteuerung die Auftretenswahrscheinlichkeit oder Häufigkeit von (gewünschten) Verhaltensweisen erhöhen und von (nicht gewünschten) Verhaltensweisen reduzieren.
   Benennen Sie genau, auf welche Verhaltensweisen in den Menschen-Beispielen des Lefrancois-Textes **M 7** jeweils abgezielt wird.

M 9 Zwei Beispiele zum Nachdenken

Mark, 10 Jahre alt, kommt gegen 14 Uhr aus der Schule, wirft Mantel und Mütze auf den Boden, geht ins Esszimmer und fragt: „Was gibt's denn heute?“ Seine Eltern ärgern sich über dieses Verhalten.

Sina, 8 Jahre alt, hat am Samstagmorgen in der nahe gelegenen Bäckerei zum ersten Mal Brötchen für die ganze Familie geholt. Die Eltern freuen sich sehr.

Aufgaben

1. Wie würden Sie in diesen Situationen als Eltern handeln?
2. Begründen Sie Ihre Wahl.
3. Stellen Sie dar, welche Konsequenzen das operante Konditionieren den Eltern zur Verfügung stellt, und malen Sie die möglichen Verhaltensänderungen der Kinder aus.
4. Lesen Sie den folgenden Text **M 10** und erläutern Sie, wie die Eltern oben im ersten Beispiel dem operanten Konditionieren angemessen reagieren könnten, ohne Mark zu bestrafen.

M 10 Löschung (Walter Edelmann)

Wenn eine gewisse Minimumverstärkung nicht gewährleistet ist, schwächt sich das Verhalten ab und erreicht irgendwann die gleiche Auftretenswahrscheinlichkeit wie vor Beginn der Verstärkungsprozedur. Wir können also festhalten: Nicht-Verstärkung einer gelernten Verhaltensweise führt zur Löschung (Extinktion). […]

BEISPIEL
Das Töchterchen sagt beim Abendessen laut und vernehmlich: „Scheiße.“ Wenn die Eltern nicht wünschen, dass das Kind diesen Ausdruck gebraucht, dann tun sie gut daran, weder zu lachen noch zu schimpfen, sondern dieses Wort konsequent nicht zu beachten.

Ein gewisses Problem bildet die Abgrenzung der Löschung von der Bestrafung. Eine Form der Bestrafung besteht im Entzug positiver Konsequenzen (sogenannte negative Bestrafung). Diese unterscheidet sich von der Löschung dadurch, dass ihr Hinweisreize (diskriminative Stimuli) vorangehen. Bestrafung hat immer Verbotscharakter. Bei der Löschung dagegen signalisiert kein Hinweisreiz das Ausbleiben positiver Verstärkung.

BEISPIEL

Ein Kind wird in der Schule ermahnt, Unterrichtsstörungen in Form von Clownerien zu unterlassen, und im Wiederholungsfall wird ihm das Privileg, Blumen zu gießen, entzogen (Bestrafung).

In einem anderen Fall verabredet der Lehrer ohne Wissen des betreffenden Kindes mit den anderen Schülern, dass diese den Clownerien keine Beachtung schenken und vor allen Dingen nicht mehr lachen sollen. Er selbst übersieht konsequent das unerwünschte Verhalten (Löschung).

Verstärker erhalten erwünschtes und unerwünschtes Verhalten aufrecht. Eigentlich wäre nun die Nicht-Verstärkung (Löschung) das optimale Verfahren zur Eliminierung unerwünschter Verhaltensweisen. Alle Probleme, die im Zusammenhang mit Bestrafung besprochen wurden, könnten vermieden werden. Bei dieser Prozedur wäre es nur notwendig, die Darbietung von Verstärkern zu vermeiden.

Im Gegensatz zum Laborexperiment stehen dem aber in der Praxis größte Schwierigkeiten entgegen. Wie wir gehört haben, bewirken in der Phase der Stabilisierung gelegentliche Verstärkungen eine größere Widerstandsfähigkeit gegenüber Löschung als Immerverstärkung. Das heißt, gerade seltene Verstärkungen verhindern die Extinktion. Es ist nun außerordentlich schwierig, ein Verhalten überhaupt nicht zu verstärken. Eltern mögen vielleicht ein Extinktionsprogramm durchführen können, dann kommt die Großmutter zu Besuch und alle Bemühungen sind umsonst. In der Schule können die Bemühungen des Klassenlehrers durch das Verhalten von Fachlehrern oder Mitschülern zunichte gemacht werden usw.

Erschwerend kommt noch hinzu, dass auch bei Ausbleiben äußerer Verstärkung das Verhalten durch Selbstverstärkung aufrechterhalten werden kann. Nicht wenige instrumentelle Verhaltensweisen enthalten zudem bereits eine Verstärkung in der Ausführung selbst. Beispiele sind: das häufige Singen einer Melodie („Ohrwurm"), das laute Hämmern auf Metall oder Holz, das Kippeln mit dem Stuhl.

Neben den Schwierigkeiten, Verstärkungen wirklich auszuschalten, beobachtet man zu allem Überfluss bei der Löschungsprozedur meist auch noch, dass die Verhaltensrate zunächst ansteigt. Der Lerner macht den Eindruck, als sei er über das Ausbleiben der Verstärkung irritiert und als versuche er, durch gesteigerte Aktivität diese positiven Konsequenzen doch noch herbeizuführen. Erst nach einer gewissen Zeit pflegt sich das Verhalten dann abzuschwächen und unterbleibt am Ende ganz.

Dies sind vermutlich die Gründe dafür, dass die Löschung wenig Ansehen genießt. Zum Abbau von Verhalten ist sie jedoch ein überaus wirkungsvolles Verfahren.

Die Wirksamkeit der Löschung wird ganz analog zur Bestrafungswirkung noch erhöht, wenn gleichzeitig ein mit dem unerwünschten Verhalten unvereinbares (inkompatibles) Verhalten aufgebaut wird. Das unerwünschte Verhalten wird dann durch ein erwünschtes abgelöst.

BEISPIEL

Ein Kind hat sich angewöhnt, nach dem Zubettgehen durch lautes Schreien die Eltern in das Kinderzimmer zu holen. Die Eltern begreifen, dass diese Art der Zuwendung als Verstärkung des unerwünschten Verhaltens aufgefasst werden kann. Nach einiger Überwindung beschließen sie, das Schreien konsequent nicht mehr zu verstärken und stattdessen beim Zubettbringen des Kindes angenehme und beruhigende Spiele mit einer Puppe und Aufziehen einer Spieldose einzuüben. Das Kind wird ermuntert, diese Tätigkeit noch eine Weile fortzuführen.

ZUSAMMENFASSUNG

- Der psychologische Begriff der Bestrafung ist sehr weit gefasst. Er umfasst jede Art von aversiver Konsequenz, die einem instrumentellen Verhalten folgt und dessen Auftretenswahrscheinlichkeit oder Intensität reduziert.
- Die Bestrafung ist nur wirksam, wenn das Verhalten nicht hoch motiviert ist, wenn möglichst sofort, stark und jedes Mal gestraft wird und wenn ein alternatives Verhalten verstärkt werden kann. Daraus folgt, dass Strafen häufig nicht wirksam sind. Sie haben zudem eine Reihe von Nebenwirkungen.
- Löschung bedeutet Ausschaltung aller Verstärkerquellen.

Projektvorschlag

1. Wie Skinner in seinem utopischen Roman „Futurum II" betrachtet Edelmann den Einsatz von Bestrafung als kritisch.
   Recherchieren Sie pädagogische Diskussionen zum Einsatz von Strafe in der Erziehung und stellen Sie einige unterschiedliche Positionen in einer Mindmap zusammen.
2. Ausbildungsleiter etwa in der amerikanischen Armee werden als „drill instructor" bezeichnet. Sehen Sie sich exemplarisch den Antikriegsfilm „Full Metal Jacket" von Stanley Kubrick an und erläutern Sie die Drill-Methoden des Gunnery Sergeant Hartmann auf dem Hintergrund der Konditionierungsansätze. Erarbeiten Sie Argumente für und wider einen militärischen Drill zum unbedingten Gehorsam in der Armee.

Elemente der behavioristischen Verhaltenssteuerung werden nicht allein bei der Tierdressur oder der militärischen Ausbildung genutzt. Wie in einigen Beispielen zuvor angedeutet, lassen sich auch erzieherische Alltagsphänomene mithilfe des klassischen oder operanten Konditionierens erklären. Die Erziehungswissenschaftlerin Sigrid Tschöpe-Scheffler hat Konzepte der Elternbildung kritisch untersucht, beispielsweise das im Folgenden dargestellte Triple P, die mitunter sehr deutlich auf Elemente des Behaviorismus zurückgreifen.

M11 The Positive Parenting Program (Triple P) – Ursachen für das Verhalten von Kindern

Triple P – Positives Erziehungsprogramm (Positive Parenting Program) – wurde am Parenting and Family Support Centre der University of Queensland in Australien entwickelt. Viele der in diesem Buch dargestellten Ideen und Prinzipien der Positiven Erziehung basieren auf den Erfahrungen und Rückmeldungen der Eltern und Kinder, die an Studien, Therapie- und Elternangeboten teilgenommen haben. Alle diesen Familien möchten die Autoren herzlich danken. Ihnen ist Triple P gewidmet. […]

Was ist Positive Erziehung?

Positive Erziehung hat das Ziel, die kindliche Entwicklung zu fördern und auf konstruktive und nicht verletzende Art und Weise mit kindlichem Verhalten umzugehen. Sie basiert auf der Stärkung einer guten Beziehung zu Kindern und dem Einsatz positiver Erziehungsfertigkeiten zur Förderung ihrer Entwicklung. Kinder, die mit Positiver Erziehung aufwachsen, haben bessere Chancen, ihre Fähigkeiten zu entwickeln und ein positives Selbstbild aufzubauen. Außerdem entwickeln sie mit geringerer Wahrscheinlichkeit Problemverhalten. Es gibt fünf Grundprinzipien Positiver Erziehung:

- Für eine sichere und interessante Umgebung sorgen […]
- Eine positive und anregende Lernatmosphäre schaffen […]
- Sich konsequent verhalten […]
- Realistische Erwartungen entwickeln […]
- Die eigenen Bedürfnisse beachten […]

M12 The Positive Parenting Program (Triple P) – Ziele der Erziehung und Verhaltensbeobachtung

Ziele für Veränderungen

Überlegen Sie, welche Veränderungen Sie in Ihrem eigenen und im Verhalten Ihres Kindes bewirken möchten. Versuchen Sie, nicht zu viel auf einmal zu verändern. Suchen Sie sich ein oder zwei Dinge aus und setzen Sie sich einfache und realistische Ziele, die Sie erreichen können. Klare und eindeutige Formulierungen helfen Ihnen, sich auf das Ziel zu konzentrieren, darauf hinzuarbeiten und zu beurteilen, wann Sie es erreicht haben.

Es liegt an Ihnen als Eltern zu entscheiden, welche Fertigkeiten Sie bei Ihrem Kind fördern wollen und wann ein guter Zeitpunkt dafür ist. Hilfreich ist, insbesondere Fertigkeiten zu fördern, die Kindern helfen, selbstständig zu werden und gut mit anderen zurechtzukommen.

Mit anderen kommunizieren und gut zurechtkommen

- Eigene Meinungen, Ideen und Bedürfnisse angemessen ausdrücken
- Um Unterstützung und Hilfe bitten
- Aufforderungen nachkommen
- Gemeinsam mit anderen Kindern spielen
- Die Gefühle von anderen wahrnehmen
- Erkennen, wie sich das eigene Handeln auf andere Menschen auswirkt

Mit eigenen Gefühlen umgehen

- Gefühle so ausdrücken, dass andere nicht verletzt werden
- Überlegen, bevor man etwas tut, um andere nicht zu verletzen
- Positive Gefühle gegenüber sich selbst und anderen entwickeln
- Regeln und Grenzen akzeptieren

Unabhängig werden

- Dinge selbstständig tun
- Sich selbst ohne die ständige Aufmerksamkeit eines Erwachsenen beschäftigen
- Verantwortung für das eigene Handeln übernehmen

Probleme lösen

- Interesse und Neugier an alltäglichen Dingen zeigen
- Fragen stellen und eigene Ideen entwickeln
- Über Lösungsalternativen nachdenken
- Verhandeln und Kompromisse machen
- Entscheidungen treffen und lösen […]

Verhalten von Kindern systematisch beobachten

Damit Sie verfolgen können, ob Sie Ihren Zielen näher kommen, ist es sinnvoll, das Verhalten Ihres Kindes und auch Ihr eigenes Verhalten systematisch zu beobachten. Eine Verhaltensbeobachtung ist aus vielen Gründen hilfreich:

- Es ermöglicht Ihnen zu überprüfen, ob Ihr Kind sich tatsächlich so verhält, wie Sie es wahrnehmen (Bekommt Ihr Kind z. B. wirklich jedes Mal einen Wutanfall, wenn Sie den Raum verlassen?).
- Mithilfe der Verhaltensbeobachtung können Sie Ihre Reaktionen auf das Verhalten Ihres Kindes erfassen und erkennen, wann und warum das problematische Verhalten auftritt.
- Sie erlaubt es Ihnen zu überprüfen, ob sich das Verhalten Ihres Kindes ändert (d. h. ob es sich verbessert, verschlechtert oder gleich bleibt).
- Sie signalisiert Ihnen, wann Sie Ihr Ziel erreicht haben.

Es gibt verschiedene Beobachtungsbögen, mit denen Sie das Verhalten Ihres Kindes systematisch beobachten können.

Verhaltenstagebuch

In einem Verhaltenstagebuch schreiben Sie auf, wann und wo ein Problemverhalten aufgetreten ist, was davor geschah (wodurch es hervorgerufen wurde) und was danach passierte (wie Sie darauf reagiert haben). Dies wird Ihnen helfen zu erkennen,

- ob es bestimmte Muster oder Regelmäßigkeiten im Verhalten Ihres Kindes gibt,
- wie konsistent Sie auf das Verhalten Ihres Kindes reagieren,
- welche risikoreichen Zeiten oder Situationen es gibt,
- was mögliche Auslöser oder Gründe für das Problemverhalten sind und
- ob Ihr Kind möglicherweise zufällige Belohnungen für das Problemverhalten erhält.

Beispiel für ein Verhaltenstagebuch […] Verhalten: *Wutanfälle* Tag: *Freitag, 10. Mai*

Problem	Wann und wo trat das Problem auf?	Was passierte vorher?	Was passierte nachher?	Bemerkungen
Weinend auf dem Fußboden gewälzt	7:30 Uhr Wohnzimmer	Er sollte sich anziehen	Er durfte etwas länger fernsehen	
Mit den Füßen getrampelt, geschrien	8:00 Uhr Wohnzimmer	Fernseher ausgestellt, er sollte sich anziehen	Habe ihn ins Zimmer getragen, beim Anziehen geholfen	Zu spät losgekommen, ärgerlich gewesen
Gebrüllt, geschrien, mit den Füßen getrampelt	10:30 Uhr Supermarkt	Er wollte ein neues Spielzeug haben und sollte es nicht bekommen	Nachgegeben und gekauft	Peinlich, hätte alles gemacht, damit er aufhört
Geschmollt, laut geweint	18:00 Uhr draußen	Er sollte aufhören zu spielen und zum Essen kommen	Klaps auf den Po, ins Zimmer geschickt, kein Essen	Schuldgefühle, habe ihm später Fernsehen erlaubt und ihm ein Eis gegeben

Abb. 3.7

M13 The Positive Parenting Program (Triple P) – Ratschläge für „gute" Erziehung

Wünschenswertes Verhalten unterstützen

Die Wahrscheinlichkeit, dass Kinder sich kooperativ verhalten, ist größer, wenn sie für wünschenswertes Verhalten unterstützt werden, positive Aufmerksamkeit erhalten und wenn sie viele interessante und anregende Beschäftigungen haben. Im Folgenden finden Sie einige Ideen, wie Sie wünschenswertes Verhalten bei Ihrem Kind unterstützen können. Denken Sie daran, dass sich die Wahrscheinlichkeit, dass das erwünschte Verhalten erneut auftritt, erhöht, wenn Sie Ihr Kind darin bestärken. […]

Ihr Kind loben (jedes Alter)

Eine wichtige Möglichkeit, wünschenswertes Verhalten zu unterstützen, besteht darin, Ihr Kind zu loben. Achten Sie auf das Verhalten Ihres Kindes und loben Sie es, wenn es etwas tut, das Sie mögen. Lob kann eine allgemeine Zustimmung ausdrücken (z. B. *„Prima, Paula!", „Klasse, gut gemacht!")* oder eine genaue Beschreibung dessen sein, was Ihnen gut gefallen hat (z. B. *„Danke, dass du sofort getan hast, worum ich dich gebeten habe!", „Es freut mich, dass du sofort nach dem Spielen aufgeräumt hast!")*. Vermeiden Sie es, in einem Lob indirekt Problemverhalten anzusprechen (*„Es ist schön, dass ihr beide zur Abwechslung endlich mal friedlich spielt und euch nicht streitet!", „Danke, dass du mich nicht schon wieder beim Telefonieren gestört hast!")*. Beschreibendes Lob ist besser dazu geeignet als eine allgemeine Zustimmung, wenn Sie Ihr Kind für ein bestimmtes Verhalten motivieren möchten. Beschreiben Sie daher genau, was Ihnen am Verhalten Ihres Kindes gefallen hat. Lob kommt am besten an, wenn Sie es begeistert aussprechen und wenn Sie auch wirklich meinen, was Sie sagen. […]

Ihrem Kind Aufmerksamkeit schenken (jedes Alter)

Es gibt viele Möglichkeiten, Kindern Aufmerksamkeit zu schenken. Ein Lächeln, Zuzwinkern, ein Nicken oder einfach nur Zusehen sind Formen von Aufmerksamkeit, die Kinder genießen und die das gezeigte Verhalten verstärken können. All diese Dinge unterstreichen Ihr Lob und zeigen Ihrem Kind, wie sehr Ihnen sein Verhalten gefallen hat. Sie können Ihrem Kind auf diese Weise auch in Situationen Aufmerksamkeit schenken, in denen ein Lob ungünstig erscheint, z. B. wenn Ihr Kind in einer Gruppe von Freunden steht und es ihm peinlich sein könnte, gelobt zu werden. […]

Eine Punktekarte benutzen (2–12 Jahre)

Manchmal müssen Kinder besonders motiviert werden, um ein Verhalten zu ändern, eine neue Fertigkeit zu üben oder an sie gestellte Aufgaben zu bewältigen. In diesen Fällen ist eine Punktekarte nützlich. Eine Punktekarte ist eine hilfreiche Methode, die für einige Wochen angewendet und dann ausgeschlichen werden kann. Bei dieser Erziehungsfertigkeit kann Ihr Kind sich Punkte, Sterne oder Smileys für wünschenswertes Verhalten verdienen, die in eine Punktekarte geklebt oder gestempelt werden (vgl. Abbildung 3.8). So können Sie Ihrem Kind zeigen, dass Ihnen sein Verhalten gefällt und Sie seine Versuche anerkennen. Auf diese Weise fühlt es sich für sein Verhalten und seine Bemühungen belohnt und baut ein positives Selbstbild auf. Die motivierende Wirkung einer Punktekarte kann noch gesteigert werden, wenn Ihr Kind sich bei einer bestimmten Anzahl von Punkten oder Sternen eine besondere Belohnung verdienen kann. Diese muss nicht teuer sein. Die besten Belohnungen sind meistens Aktivitäten (z. B. beim Kochen helfen, einen Fahrradausflug mit der ganzen Familie machen, ganz alleine Zeit mit Mama oder Papa verbringen, gemeinsam picknicken oder etwas anderes, das Ihrem Kind Spaß macht). Belohnungen können auch aus einer Süßigkeit, einem neuen Buch, einer Zeitschrift, einem kleinen Spielzeug, der Auswahl des Abendessens oder dem Ausleihen einer DVD bestehen. Suchen Sie die Belohnungen mit Ihrem Kind aus. Fragen Sie Ihr Kind, auf welche Belohnung es gerne hinarbeiten würde. Auf jeden Fall aber sollte die Belohnung in einem vernünftigen Rahmen liegen. Die folgende Punktekarte wurde eingesetzt, um ein Kind zu motivieren, die ganze Nacht im eigenen Bett zu bleiben. Am Anfang wurde jede Nacht im eigenen Bett belohnt. Später, als das Kind dieses Ziel einige Male ohne Probleme erreicht hatte, wurde nur noch jede zweite und dann jede fünfte Nacht im eigenen Bett belohnt, für die das Kind einen Smiley bekommen hatte. […]

Meine Punktekarte: Die ganze Nacht in meinem eigenen Bett schlafen

Montag ☺ Belohnung	Dienstag ☺ Belohnung	Mittwoch	Donnerstag ☺	Freitag ☺ Belohnung	Samstag ☺	Sonntag
Montag ☺ Belohnung	Dienstag ☺	Mittwoch ☺	Donnerstag ☺	Freitag	Samstag ☺	Sonntag ☺ Belohnung

Abb. 3.8

Mit Problemverhalten umgehen

Kinder müssen lernen, Grenzen zu akzeptieren und mit Enttäuschungen umzugehen, wenn sie ihren Willen nicht durchsetzen können. Solche Situationen können eine Herausforderung für Eltern sein, doch es gibt positive und wirksame Wege, mit denen Sie ruhig auf Problemverhalten reagieren können. Kinder lernen Selbstkontrolle am besten, wenn ihre Eltern sofort und konsistent (also mit gleichartigen Reaktionen in vergleichbaren Situationen) mit Konsequenzen auf ein Problemverhalten reagieren. […].

In diesem Kapitel werden Erziehungsfertigkeiten vorgestellt, mit denen Sie Kindern helfen können, Grenzen zu akzeptieren und mit Enttäuschung umzugehen. Einige davon werden Ihnen sicher bekannt sein oder Sie wenden sie sogar bereits an. Andere sind dagegen vielleicht neu für Sie. Nutzen Sie die Gelegenheit, um über Ihren Gebrauch von Konsequenzen nachzudenken und ihn anzupassen. Stellen Sie sich dabei bitte die folgenden Fragen: *„Verfüge ich über Methoden zum Umgang mit Problemverhalten? Habe ich Alternativen, wenn der erste Versuch nicht zum gewünschten Ergebnis führt? Wie wirksam ist meine Vorgehensweise? Lernt mein Kind dabei, welches Verhalten ich von ihm erwarte?"* Überlegen Sie bei jeder Erziehungsfertigkeit, wie und an welcher Stelle sie in Ihrer Familie angewendet werden könnte.

Bedenken Sie, dass alle Erziehungsfertigkeiten ihre Grenzen haben und dass es keine gibt, die in allen Situationen wirkt. Manchmal ist es sinnvoll, mehrere Erziehungsfertigkeiten miteinander zu kombinieren. Damit die Fertigkeiten aus diesem Kapitel wirken können, müssen sie in Verbindung mit denen zur Unterstützung wünschenswerten Verhaltens aus Woche 2 angewendet werden.

Klare Familienregeln aufstellen (3–12 Jahre)

Kinder brauchen Grenzen, damit sie wissen, was von ihnen erwartet wird und wie sie sich verhalten sollen. Einige wenige Familienregeln (vier oder fünf) können dabei hilfreich sein. Regeln sollten Kindern sagen, was sie tun sollen (statt was sie nicht tun sollen). *„Im Haus gehen"*, *„Mit ruhiger Stimme sprechen"* und *„Beim Spielen abwechseln"* sind bessere Regeln als *„Nicht rennen"*, *„Nicht schreien"* und *„Nicht streiten"*. Regeln wirken am besten, wenn sie gerecht sowie leicht zu verstehen und zu befolgen sind. Außerdem sollte es möglich sein, eine Konsequenz anzuwenden, wenn die Regeln nicht eingehalten werden. Versuchen Sie, Ihr Kind beim Aufstellen der Familienregeln mit einzubeziehen, z. B. während einer Familiensitzung. […]

Mit direktem Ansprechen auf die Nichtbeachtung von Regeln reagieren (3–12 Jahre)

Direktes Ansprechen ist eine nützliche Erziehungsfertigkeit, mit der Sie Kindern helfen können, sich an Regeln zu halten. Sie eignet sich am besten, wenn ein Kind ab und zu eine Regel vergisst oder missachtet.

Dazu gehört, das Kind kurz an die Regel zu erinnern und ihm die Möglichkeit zu geben, das vereinbarte Verhalten zu üben. Gewinnen Sie die Aufmerksamkeit Ihres Kindes und sagen Sie ihm kurz, was das Problem ist und warum es ein Problem ist. Bitten Sie Ihr Kind zu sagen, was es stattdessen hätte tun sollen. Sagen Sie es ihm, wenn es sich nicht erinnern kann. Lassen Sie es dann üben, was es hätte tun sollen. Zum Beispiel: *„Jan, du läufst hier drinnen mit deinen Straßenschuhen und machst dabei die Wohnung dreckig. Was hatten wir vereinbart, welche Schuhe wir im Haus tragen? … Richtig, Hausschuhe. Gut, dann zieh dir jetzt deine Hausschuhe an."* Sie können die Wirkung des direkten An-

Abb. 3.9: „Erzieh mich doch, erzieh mich doch!"

sprechens noch erhöhen, wenn Sie Ihr Kind das vereinbarte Verhalten zwei Mal üben lassen. Wenden Sie die Stille Zeit an, wenn Ihr Kind die Anweisung verstanden hat, sich aber weigert, die Regel zu befolgen […].

Bei leichtem Problemverhalten absichtliches Ignorieren verwenden (1–7 Jahre)
Absichtliches Ignorieren bedeutet, ein Kind bewusst nicht zu beachten, wenn ein geringfügiges Problemverhalten auftritt. Dies ist besonders hilfreich, wenn ein Kind sich nur deshalb daneben zu benehmen scheint, weil es eine Reaktion oder Aufmerksamkeit bekommen möchte, indem es z. B. quengelt, Grimassen schneidet und alberne oder unangemessene Geräusche macht. Wenn ein geringfügiges Problemverhalten ignoriert wird, lernen Kinder, dass sie nicht länger eine Reaktion auf dieses Verhalten bekommen.
Ein Problemverhalten zu ignorieren, bedeutet, dass Sie Ihr Kind nicht anschauen und nicht mit ihm sprechen. Es kann passieren, dass Ihr Kind sich zunächst noch mehr daneben benimmt, um Ihre Aufmerksamkeit zu erlangen. Ignorieren Sie es einfach weiter und wenn nötig, drehen Sie sich um und gehen weg. Versuchen Sie, ruhig zu bleiben und achten Sie auf eine ruhige Körpersprache. Atmen Sie gegebenenfalls ein paar Mal langsam und tief durch – dies kann Ihnen helfen, ruhig zu bleiben, auch wenn Sie genervt oder wütend sind. Ignorieren Sie Ihr Kind so lange, wie das Problemverhalten andauert. Sobald es damit aufhört und sich angemessen verhält, loben Sie es und schenken Sie ihm Aufmerksamkeit. Schwerwiegenderes Problemverhalten sollten Sie dagegen nicht ignorieren. Wenn Ihr Kind z. B. jemandem wehtut oder etwas kaputt macht, sollten Sie sofort und entschieden reagieren […].

Klare, ruhige Anweisungen geben (2–12 Jahre)
Es ist wichtig, Kindern mit ruhiger Stimme klare Anweisungen zu geben und sicherzustellen, dass diese befolgt werden. Allerdings ist es nicht sinnvoll, jedes Mal darauf zu bestehen, dass Ihr Kind sofort tut, was Sie möchten. Wenn Sie möchten, dass Ihr Kind mit einer neuen Aktivität beginnt, lassen Sie es, wenn möglich, seine Beschäftigung zunächst beenden (z. B. ein Bild zu Ende malen oder eine Fernsehsendung zu Ende sehen) oder warten Sie, bis es eine Pause macht (z. B. nachdem es gewürfelt und seine Figur gesetzt hat), bevor Sie Ihre Anweisung geben. Reagieren Sie jedoch sofort, wenn Ihr Kind sich danebenbenimmt.
Wenn Sie möchten, dass Ihr Kind etwas Bestimmtes tut, gehen Sie folgendermaßen vor:

Gehen Sie zu Ihrem Kind und gewinnen Sie seine Aufmerksamkeit
Unterbrechen Sie Ihre Tätigkeit und nähern Sie sich Ihrem Kind bis auf Armeslänge. Gehen Sie auf Augenhöhe mit Ihrem Kind und sprechen Sie es mit Namen an, um seine Aufmerksamkeit zu erlangen.

Sagen Sie Ihrem Kind, was es tun soll
Sagen Sie Ihrem Kind mit ruhiger Stimme genau, was es tun soll: *„Anna, es ist Zeit zum Abendessen. Setz dich bitte an den Tisch."* Wenn Sie möchten, dass Ihr Kind mit etwas aufhört, achten Sie darauf, dass Sie ihm sagen, was es stattdessen tun soll: *„Theo, hör sofort auf, deinen Bruder zu hauen. Behalte deine Hände bei dir."*

Lassen Sie Ihrem Kind Zeit, um zu tun, was Sie ihm gesagt haben
Geben Sie Ihrem Kind etwa 5 Sekunden Zeit, um zu tun, was Sie ihm gesagt haben. Bleiben Sie dabei in seiner Nähe und beobachten Sie es.

Loben Sie Ihr Kind, wenn es tut, was Sie ihm gesagt haben
Loben Sie Ihr Kind, wenn es tut, wozu Sie es aufgefordert haben: *„Danke, dass Du sofort getan hast, was ich gesagt habe!"*

Wiederholen Sie Ihre Anweisung
Wenn Sie Ihr Kind aufgefordert haben, mit einer neuen Tätigkeit zu beginnen (z. B. sich für's Bett fertig zu machen) und Ihr Kind innerhalb von fünf Sekunden nicht reagiert hat, wiederholen Sie Ihre Anweisung noch einmal (Start-Situation). Wenn Sie Ihr Kind jedoch aufgefordert haben, mit einem Problemverhalten aufzuhören, wiederholen Sie Ihre Anweisung nicht (Stopp-Situation).

Setzen Sie eine Konsequenz ein, wenn Ihr Kind nicht tut, was sie ihm gesagt haben […]

Logische Konsequenzen bei nicht befolgten Anweisungen (2–12 Jahre)
Logische Konsequenzen sind am besten bei leichtem Problemverhalten geeignet, das eher selten auftritt. Wenn Ihr Kind eine Regel oder klare Anweisung nicht beachtet, wählen Sie eine passende Konsequenz aus. Entfernen Sie die Dinge, durch die das Problemverhalten ausgelöst wurde, oder unterbrechen Sie Ihr Kind in seiner Tätigkeit. Konsequenzen sind am wirksamsten, wenn sie kurz andauern (5 bis 30 Minuten sind normalerweise lang genug, wenn das Problem zum ersten Mal auftritt).
Gehen Sie folgendermaßen vor, wenn Ihr Kind sich danebenbenimmt und nicht auf Ihre Anweisung oder direktes Ansprechen reagiert:

Unterbrechen Sie die Beschäftigung Ihres Kindes
Handeln Sie sofort, sobald das Problem auftritt. Diskutieren oder streiten Sie nicht mit Ihrem Kind und ignorieren Sie, wenn es quengelt. Erklären Sie ihm, warum Sie seine Aktivität unterbrechen oder ihm etwas wegnehmen, z. B. *„Du lässt deinen Bruder nicht wie vereinbart mitspielen, deshalb lege ich das Spielzeug jetzt für 5 Minuten weg"* oder *„Du trägst keinen Fahrradhelm, so wie ich es dir gesagt habe, also stelle ich das Fahrrad für 30 Minuten weg"* oder *„Ihr streitet euch immer noch über das Fernsehprogramm, deshalb bleibt der Fernseher jetzt für 10 Minuten aus"* oder *„Weil du weiterhin mit Sand wirfst, gehst du jetzt für 5 Minuten nicht mehr in den Sandkasten"*.

Lassen Sie Ihr Kind die Beschäftigung wieder aufnehmen
Halten Sie sich an die Vereinbarung. Stellen Sie die Aktivität wieder zur Verfügung, sobald die Zeit vorüber ist.

Nur so kann Ihr Kind wünschenswertes Verhalten üben. Versuchen Sie zu vermeiden, dass das gleiche Problem wieder auftritt, indem Sie Ihrem Kind helfen, sein Problem zu lösen (z.B. indem Sie gemeinsam besprechen, wer beim Spielen zuerst an der Reihe ist).

Setzen Sie, wenn nötig, andere Konsequenzen ein
Wenn das Problemverhalten nach einer logischen Konsequenz erneut auftritt, unterbrechen Sie die Tätigkeit, bei der das Problem auftritt, für eine längere Zeitspanne (z.B. für den Rest des Tages). Alternativ können sie die Stille Zeit anwenden. […]

Stille Zeit einsetzen, um mit Problemverhalten umzugehen (18 Monate – 10 Jahre)
Die Stille Zeit ist eine kurzfristige und wirksame Möglichkeit, mit der Sie wünschenswertes Verhalten bei Ihrem Kind fördern können. Setzen Sie diese Erziehungsfertigkeit ein, wenn Ihr Kind sich danebenbenimmt oder nicht tut, worum Sie es aufgefordert haben. Stille Zeit bedeutet, dass Ihr Kind die Beschäftigung, bei der das Problemverhalten aufgetreten ist, unterbricht und sich für kurze Zeit ruhig am Rande des Geschehens aufhält. Sie kommt normalerweise dort zum Einsatz, wo das Problem aufgetreten ist. Ältere Kinder können während der Stillen Zeit auf dem Boden oder auf einem Stuhl sitzen, jüngere Kinder können die Stille Zeit auch in einem Gitterbett oder Laufstall verbringen. Kurze Dauern von Stiller Zeit sind wirksamer als lange. Eine Minute bei zweijährigen Kindern, zwei Minuten bei drei- bis fünfjährigen Kindern sollten nicht überschritten werden.
Sie schenken Ihrem Kind während der Stillen Zeit keine Aufmerksamkeit. Es soll sich während dieser Zeit ruhig verhalten. Wenn es so lange ruhig war, wie es sollte, lassen Sie es seine Beschäftigung wieder fortführen.
Es ist wichtig, dass Ihr Kind weiß, was die Stille Zeit bedeutet, bevor Sie sie zum ersten Mal anwenden. Setzen Sie sich in einer ruhigen Minute mit Ihrem Kind zusammen, erklären Sie ihm, wann die Stille Zeit zum Einsatz kommt, und gehen Sie den Ablauf mit ihm Schritt für Schritt durch. Erklären Sie ihm die Regeln der Stillen Zeit. Vergewissern Sie sich, dass Ihr Kind verstanden hat, dass es sich eine bestimmte Zeit ruhig verhalten muss, bevor es mit seiner Beschäftigung weitermachen darf. Halten Sie sich an die folgenden Schritte, sobald ein Problemverhalten auftritt:

Sagen Sie Ihrem Kind, was es tun soll
Reagieren Sie sofort, wenn Sie ein Problemverhalten bemerken. Gehen Sie nah an das Kind heran, gewinnen Sie seine Aufmerksamkeit. Sagen Sie ihm, womit es aufhören und was es stattdessen tun soll, z.B. *„Daniel, hör auf, deine Schwester anzuschreien. Sprich ruhig mit ihr."* Loben Sie Ihr Kind, wenn es tut, wozu Sie es aufgefordert haben.

Untermauern Sie Ihre Anweisung mit der Stillen Zeit
Wenn das Problemverhalten weiter anhält oder kurz darauf erneut auftritt, sagen Sie Ihrem Kind, was es falsch gemacht hat (*„Du hast nicht aufgehört zu schreien"*), und nennen Sie ihm die Konsequenz (*„Deswegen hast du jetzt zwei Minuten Stille Zeit"*). Bleiben Sie ruhig, aber bestimmt. Bringen Sie Ihr Kind, wenn nötig, in die Stille Zeit (am Rande des Geschehens). Ignorieren Sie Quengeln und streiten oder schimpfen Sie nicht mit Ihrem Kind.

Erinnern Sie Ihr Kind an die Regeln
Während Sie Ihr Kind in die Stille Zeit bringen, erinnern Sie es daran, dass es mit seiner Beschäftigung fortfahren darf, sobald es die festgelegte Zeit ruhig geblieben ist. Wenn sich Ihr Kind während der Stillen Zeit nicht ruhig verhält, bringen Sie es in die Auszeit. […]

Nach der Stillen Zeit
Sprechen Sie den Vorfall nach der Stillen Zeit nicht mehr an. Helfen Sie Ihrem Kind, eine Beschäftigung zu finden oder wiederholen Sie Ihre ursprüngliche Anweisung, wenn Ihr Kind eine neue Tätigkeit beginnen sollte. Achten Sie auf wünschenswertes Verhalten und loben Sie Ihr Kind nach der Stillen Zeit so bald wie möglich dafür. Wenn sich das Problemverhalten wiederholt, gehen Sie die Schritte der Stillen Zeit erneut durch. […]

Die Auszeit einsetzen, um mit schwerwiegenderem Problemverhalten umzugehen (2–10 Jahre)
Die Auszeit ist eine positive Erziehungsfertigkeit, die Sie anwenden können, wenn Ihr Kind sich in der Stillen Zeit nicht ruhig verhalten hat, oder als eine Konsequenz für schwerwiegenderes Problemverhalten (z.B. Wutanfälle, anderen wehtun). Richtig eingesetzt ist die Auszeit ein positiver und sehr wirksamer Weg, um Kindern zu helfen, Selbstkontrolle und wünschenswertes Verhalten zu erlernen. Außerdem hilft die Auszeit Eltern, ruhig zu bleiben, wenn ihr Kind sich danebenbenommen hat, statt es anzuschreien, ihm zu drohen oder es z.B. zu schlagen. Das ist ein großer Vorteil, denn wenn Sie wütend werden, besteht die Gefahr, dass Sie die Geduld verlieren und Ihrem Kind wehtun. Eine Auszeit gibt in einer eskalierenden Situation jedem die Möglichkeit, sich zu beruhigen.
Im Wesentlichen wird die Auszeit genau wie die Stille Zeit angewendet. Der Unterschied besteht darin, dass Sie Ihr Kind für kurze Zeit in einen anderen Raum bringen, in dem sich niemand sonst befindet. Es ist entscheidend, wie der Ort beschaffen ist, an dem Sie die Auszeit durchführen. Der Raum sollte sicher, hell, gut belüftet sein und dem Kind keine Angst einflößen. Bereiten Sie den Raum, den Sie für die Auszeit nutzen, vor. Wenn Sie z.B. das Badezimmer nutzen wollen, vergewissern Sie sich, dass es kindersicher ist, indem Sie alle Gegenstände entfernen oder wegschließen, die gefährlich oder zerbrechlich sind. Außerdem sollte der Raum möglichst uninteressant sein. Wenn das Kinderzimmer voller interessanter Spielzeuge und Beschäftigungsmöglichkeiten ist, sollten Sie also über einen anderen Ort für die Auszeit nachdenken.

Schenken Sie Ihrem Kind während der Auszeit keine Aufmerksamkeit – auch nicht, wenn es nach Ihnen ruft. Es ist eine Zeit, um sich zu beruhigen und nicht, um zu reden oder Aufmerksamkeit zu bekommen. Wenn Ihr Kind vorzeitig aus der Auszeit kommt, können Sie die Tür schließen

oder es einfach immer wieder zurückschicken. Wenn ihr Kind sich für die festgelegte Zeit ruhig verhalten hat, lassen Sie es aus der Auszeit kommen. Bei der Auszeit sind kurze Zeitspannen wirkungsvoller als längere. Zweijährige Kinder sollten sich in der Auszeit eine Minute lang ruhig verhalten, drei- bis fünfjährige zwei Minuten und fünf- bis zehnjährige Kinder maximal fünf Minuten.
Es ist wichtig, dass Ihr Kind weiß, was die Auszeit bedeutet, bevor Sie sie zum ersten Mal anwenden. Setzen Sie sich in einer ruhigen Minute mit Ihrem Kind zusammen, erklären Sie ihm, wann Sie die Auszeit einsetzen werden und wie die einzelnen Schritte aussehen. Erklären Sie ihm die Regeln der Auszeit. Vergewissern Sie sich, dass Ihr Kind verstanden hat, dass es sich eine festgelegte Zeit ruhig verhalten muss, bevor es aus der Auszeit kommen darf.
Das Vorgehen bei der Auszeit ist ähnlich wie bei der Stillen Zeit. Halten Sie sich an diese Schritte, wenn ein schwerwiegendes Problemverhalten auftritt:

Sagen Sie Ihrem Kind, was es tun soll
Reagieren Sie sofort, wenn Sie ein Problemverhalten bemerken. Gehen Sie nah an Ihr Kind heran und gewinnen Sie seine Aufmerksamkeit. Sagen Sie ihm, womit es aufhören und was es stattdessen tun soll, z. B. *Daniel, hör auf, deine Schwester zu hauen. Behalte deine Hände bei dir."* Loben Sie Ihr Kind, wenn es tut, wozu Sie es aufgefordert haben.

Untermauern Sie Ihre Anweisung mit der Auszeit
Wenn das Problemverhalten nicht innerhalb von fünf Sekunden aufhört, sagen Sie Ihrem Kind, was es falsch gemacht hat (*„Du hast nicht aufgehört, deine Schwester zu hauen"*) und nennen Sie ihm die Konsequenz (*„Deswegen gehst du jetzt für zwei Minuten in die Auszeit"*). Bleiben Sie ruhig, aber bestimmt. Ignorieren Sie Quengeln und streiten Sie nicht mit Ihrem Kind. Wenn Ihr Kind sich weigert, bringen Sie es in die Auszeit (z. B. indem Sie es tragen).

Erinnern Sie Ihr Kind an die Regeln der Auszeit
Während Sie Ihr Kind in die Auszeit bringen, erinnern Sie es daran, dass es wiederkommen darf, sobald es sich die festgelegte Zeit ruhig verhalten hat. Lassen Sie die Tür offen. Wenn Ihr Kind nicht im Auszeit-Raum bleibt, können Sie die Tür schließen oder es immer wieder ruhig in den Raum zurückbringen.

Ignorieren Sie Problemverhalten während der Auszeit
Ignorieren Sie jegliches Problemerhalten, während Ihr Kind in der Auszeit ist. Es kann sein, dass es sich weiter danebenbenimmt, z. B. indem es tritt oder schreit. Wenn Sie diesem Verhalten Beachtung schenken, wird die Auszeit nicht funktionieren. Ihr Kind wird sich wahrscheinlich das nächste Mal wieder so verhalten und nicht lernen, sich zu beruhigen. Seien Sie also darauf vorbereitet, die Auszeit trotz des Problemverhaltens fortzusetzen und sich an die Regeln der Auszeit zu halten. Sprechen Sie während der Auszeit nicht mit Ihrem Kind und schenken Sie ihm keinerlei Aufmerksamkeit. Warten Sie einfach, bis es sich beruhigt hat und für die festgelegte Zeit ruhig geblieben ist. Danach können Sie ihm sagen, dass es aus der Auszeit kommen darf.

Nach der Auszeit
Sprechen Sie den Vorfall nach der Auszeit nicht mehr an. Helfen Sie Ihrem Kind, eine Beschäftigung zu finden. Achten Sie auf wünschenswertes Verhalten und loben Sie Ihr Kind, so bald wie möglich. Wenn sich das Problemverhalten wiederholt, wiederholen Sie die Schritte der Auszeit.

Beobachten Sie den Einsatz der Auszeit
Wenn Sie beginnen, die Auszeit zu nutzen, ist es wichtig, zu beobachten, welche Veränderungen sich ergeben. Notieren Sie jedes Mal, wenn Sie die Auszeit angewendet haben, wie lange Ihr Kind gebraucht hat, um sich zu beruhigen. [...] Sobald Ihr Kind den Ablauf der Auszeit verinnerlicht hat, sollte es sich schneller beruhigen und Sie sollten die Auszeit seltener anwenden müssen. Wenn während der Auszeit Probleme auftauchen oder wenn sich nach zwei Wochen noch keine Verbesserung abzeichnet, suchen Sie sich professionelle Unterstützung bei jemandem, der Ihnen bei der Lösung des Problems helfen kann [...].

Aufgaben

1. Verschaffen Sie sich mithilfe eines Ablaufdiagramms eine Übersicht über die verschiedenen Erziehungsvorschläge des Triple-P-Konzeptes. Suchen Sie im Internet nach weiteren Informationen zu dem Konzept.
2. Arbeiten Sie die Maßnahmen heraus, die sich an die Konzepte der behavioristischen Lerntheorien anlehnen.
3. Welche Erziehungsschritte des Konzepts gehen über die Lernvorstellungen der Behavioristen hinaus?
4. Beurteilen Sie die Möglichkeiten und Grenzen der vorgeschlagenen Erziehungsmethoden und bewerten Sie das Programm anhand pädagogischer Maßstäbe.

Projektvorschlag

Skinner selbst hat über Erziehungsmaßnahmen hinaus auch Einsatzmöglichkeiten des operanten Konditionierens beim Unterrichten und Lehren gesehen. Für seine Verhaltenstheorie hat er beispielsweise gemeinsam mit James G. Holland ein Lehrprogramm entwickelt, bei dem die Leser sich das behavioristische Grundwissen aktiv, aber gelenkt aneignen. *(Holland, James G./Skinner, B. F. (1971): Analyse des Verhaltens. München u. a.: Urban & Schwarzenberg.)*

Informieren Sie sich über solche Lehr- bzw. Lernprogramme, stellen Sie diese im Kurs vor und diskutieren Sie die Einsatzmöglichkeiten mit heutigen technischen Mitteln.

3.3 Lernen am Modell

M14 Beobachtungslernen/Lernen an Modellen (Gerhard Mietzel)

Viele Mädchen und Jungen rauchen zu Beginn ihrer Adoleszenz die erste Zigarette. Wenn man sie nachträglich über diese ersten Erfahrungen befragt, antworten die meisten, dass diese sehr unangenehm waren. Sie haben den Rauch eingeatmet, mussten daraufhin kräftig husten und verspürten Übelkeit. Nach der Theorie der operanten Konditionierung wäre zu vermuten, dass sie das Rauchen nach dieser unangenehmen Konsequenz eingestellt hätten. Viele Befragte geben jedoch zu Protokoll, dass sie sich trotz der ersten negativen Erfahrungen mit Zigaretten früher oder später weitere angezündet haben. Wie ist es zu erklären, dass viele Menschen eine Verhaltensweise häufiger zeigen, obwohl diese zunächst mit unangenehmen Konsequenzen verbunden war? Die Antwort lautet, dass die Mädchen und Jungen andere beim Rauchen beobachtet haben und von dem Anblick beeindruckt waren. Vielleicht erschien ihnen Rauchen als „cool" und das wiederum hat ihren Wunsch geweckt, selbst vor anderen als „cool" zu erscheinen. Weitere Versuche mit Zigaretten ermöglichten ihnen allmählich, die Technik des Einatmens von Zigarettenrauch zu verbessern. Es ist offenbar nicht die operante Konditionierung, sondern das Beobachtungslernen, das vielen Jugendlichen den Weg zum Rauchen geebnet hat.

Abb. 3.10

Aufgaben

1. Erläutern Sie das Beispiel und setzen Sie sich mit der Frage auseinander, ob es als Beleg gegen die Richtigkeit der Annahme, Menschen könnten über operantes Konditionieren nachhaltig beeinflusst werden, angeführt werden kann.
2. Sammeln Sie Beispiele für Vorbilder (Verhaltensmodelle) von Jugendlichen und untersuchen Sie deren Wirkungen.

Albert Bandura hat das Konzept des Lernens am Modell, das auch kurz als Modell-, Nachahmung- oder Imitationslernen bezeichnet wird, erforscht. Es wird von vielen als sozial-kognitiver Erklärungsansatz bezeichnet, greift aber auch auf Aspekte des operanten Konditionierens zurück.

Aufgaben

1. Kennzeichnen Sie bei der Bearbeitung der nächsten Materialien die Stellen in Banduras Experimenten und Ergebnissen, wo er die Black Box der Behavioristen öffnet und Belege für kognitive Prozesse beim Lernen behauptet.
2. Beachten Sie zu den Aufgaben auch Banduras Aussagen zu den Subprozessen des Modelllernens (vgl. PP-Code 6t5j2c). Klären Sie, inwieweit es sich beim Modelllernen um einen sozialen Erklärungsansatz des Lernens handelt.
3. Arbeiten Sie heraus, an welchen Stellen Banduras Konzept Aspekte des operanten Konditionierens übernimmt.

M15 Lernen am Modell (Albert Bandura)

Eines der wesentlichsten Mittel, neue Verhaltensweisen zu erwerben und bestehende Verhaltensmuster zu modifizieren, sind modellierende und stellvertretende Prozesse. Schon informelle Beobachtung macht offenkundig, dass menschliches Verhalten in hohem Grad sozial vermittelt wird, und zwar – absichtlich oder unabsichtlich – durch das beispielhafte Verhalten einflussreicher Modelle. Wie Reichard (1938) vor einigen Jahrzehnten bemerkte, ist tatsächlich in vielen Sprachen „das Wort für ‚lehren' dasselbe wie das Wort für ‚zeigen'".

Abb. 3.11: Albert Bandura

Es gibt mehrere Gründe, weshalb Modellierungseinflüsse bei den Lernprozessen des täglichen Lebens eine wichtige Rolle spielen. Wo Fehler kostspielig oder gefährlich sind, können richtige Verhaltensweisen ohne unnötige Irrtümer etabliert werden, indem kompetente Modelle zur Verfügung gestellt werden, die demonstrieren, auf welche Art und Weise die erforderlichen Aktivitäten ausgeführt werden sollen. Wenn Lernen ausschließlich durch unmittelbare Erfahrung vor sich ginge, würden die meisten Menschen niemals ihre Entwicklungsjahre überleben, weil Fehler häufig fatale Konsequenzen haben. Einige komplexe Verhaltensweisen können bekanntlich nur durch den Einfluss von Modellen hervorgerufen werden. Wenn Kinder beispielsweise keine Gelegenheit hätten, andere sprechen zu hören, so wäre es praktisch unmöglich, ihnen die linguistischen Fähigkeiten beizubringen, die die Sprache konstituieren. Wo bestimmte Verhaltensformen nur durch soziale Hinweisreize vermittelt werden können, stellt die Modellierung einen unentbehrlichen Lernaspekt dar. Selbst in Fällen, in denen es möglich ist, neue Fertigkeiten auf andere Art und Weise aufzubauen, kann der Prozess, nach dem sie erworben werden, beträchtlich verkürzt werden, indem geeignete Modelle bereitgestellt werden. [...]

M16 Experimentelles Erforschen von Modellierungsprozessen (Albert Bandura)

Die experimentelle Analyse aggressiver Modellierungsprozesse

Die soziale Übermittlung aggressiven Verhaltens durch die Wirkung von Vorbildern wurde einwandfrei in kontrollierten experimentellen Situationen nachgewiesen. Diese Untersuchungen verwenden normalerweise ein Modellierungsparadigma, das zuerst von Bandura, Ross und Ross (1961) benutzt wurde, und bei dem Kinder Modelle beobachteten, die sich einer großen aufgeblasenen Plastikpuppe gegenüber in einer körperlich und verbal aggressiven Art und Weise verhielten. Da sich die Untersuchungen vorwiegend mit Fragen des Lernens befaßten, wurden vorwiegend aggressive Verhaltensweisen modelliert, die fast niemals von Kindern gezeigt werden, denen solche Handlungsweisen *nicht* dargeboten worden sind. Nachdem sich das Modell streitlustig der Puppe zugewandt hat, schlägt es unter anderem die Puppe mit einem Hammer auf den Kopf, wirft sie um, setzt sich auf sie und boxt sie wiederholt auf die Nase, kickt sie im Raum umher, schleudert sie in die Luft und bombardiert sie mit Bällen. Dieses körperliche Angriffsverhalten wird von ausgesprochen feindseligen Bemerkungen begleitet. Nach der Darbietung solcher Modellierungseinflüsse bekommen die Kinder Gelegenheit zu zeigen, was sie gelernt haben: Sie werden in einen Raum gebracht, der Gegenstände enthält, die teils für aggressive, teils für nonaggressive Zwecke verwendet werden können. Lerneffekte werden gemessen, indem entweder das Spontanverhalten der Kinder registriert wird oder indem man sie bittet, all die modellierten aggressiven Verhaltensweisen und Bemerkungen zu reproduzieren, an die sie sich erinnern können. Das letztere Maß liefert den besseren Index des Beobachtungslernens, weil Menschen im allgemeinen mehr lernen, als sie spontan ausführen. [...]

Kindergartenkinder wurden individuell je nach ihrer zwischenmenschlichen Aggressivität zu gleichwertigen Gruppen zusammengestellt; jede dieser Gruppe wurde einer von fünf Bedingungen ausgesetzt: Eine Gruppe beobachtete erwachsene Modelle, die sich einer Plastikpuppe gegenüber aggressiv verhielten. Eine zweite Gruppe sah einen Film, in dem dieselben Modelle dieselben aggressiven Verhaltensweisen ausführten. Die Hälfte der Kinder in jeder Bedingung sah gleichgeschlechtliche aggressive Modelle, der anderen Hälfte wurden gegengeschlechtliche Modelle gezeigt. Eine dritte Gruppe beobachtete ein Modell, das als Katze aus einem Zeichentrickfilm verkleidet war und dieselben aggressiven Reaktionen auf dem Bildschirm eines Fernsehgerätes darstellte. Damit sollte überprüft werden, ob die Tendenz der Kinder, modelliertes Verhalten nachzuahmen, tatsächlich schwächer wird, wenn die Modelle weiter entfernt von der Realität sind. Zusätzlich zu den drei Modellierungsbedingungen wurden zwei Kontrollgruppen einbezogen: Das Verhalten der vierten Gruppe wurde ohne jegliche vorherige Darbietung von Modellen gemessen, um eine Basislinie für die Menge und die Form des aggressiven Verhaltens bereitzustellen, das Kinder in der gleichen Testsituation zeigen, wenn sie die Modellierungseinflüsse nicht erfahren haben. Nun ist es aber denkbar, daß das bloße Sehen der aggressiv verwendeten Gegenstände in der Modellierungssituation später die Wahrscheinlichkeit ihrer Benutzung durch die Kinder erhöhen könnte – völlig unabhängig von den Verhaltensweisen des Modells. Daher verhielten sich die Filmmodelle in einer fünften Bedingung ruhig und nonaggressiv und beschäftigten sich nicht mit den aggressiven Gegenständen, die sichtbar ausgebreitet waren.

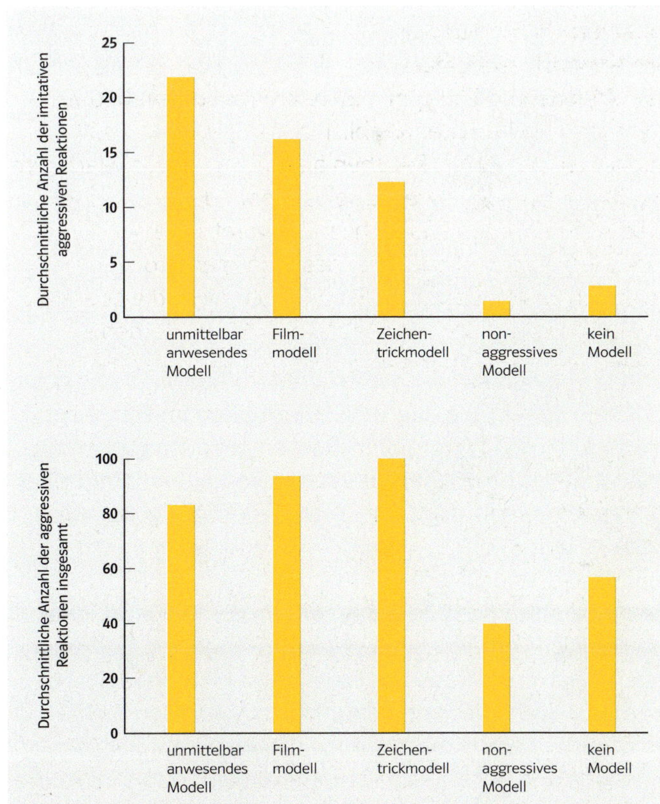

Abb. 3.12: Durchschnittliche Anzahl der imitativen und der gesamten aggressiven Verhaltensweisen, die von Kindern ausgeführt wurden, denen entweder aggressive Modelle oder nonaggressive Modelle gezeigt wurden, oder die keine Modelle beobachtet hatten

Nach der Darbietung wurden die Kinder aller Gruppen leicht frustriert und dann einzeln in einen anderen Raum gebracht, wo Spielzeug herumlag; dort wurde ihr Verhalten registriert. Die wichtigsten Ergebnisse werden in der Abbildung 3.15 in Form einer Graphik zusammenfassend dargestellt.

Die Ergebnisse dieser Untersuchung zeigen, daß die Darbietung aggressiver Modelle zwei wichtige Wirkungen auf die Zuschauer hatte. Erstens wurden ihnen neue Methoden aggressiven Verhaltens vermittelt. Die meisten der Kinder, die die aggressiven Modelle beobachtet hatten, ahmten später deren neuartiges Angriffsverhalten und die feindseligen Bemerkungen nach, wohingegen diese ungewöhnlichen aggressiven Verhaltensweisen von den Kindern in der Kontrollgruppe selten gezeigt wurden. Anschauliche Beispiele dafür, wie Kinder ihre aggressiven Handlungen nach dem Vorbild des Modells gestalten, werden in Abbildung 3.16 gegeben.

Abb. 3.13: Kinder, die das aggressive Verhalten des weiblichen Modells imitieren, das sie im Film beobachtet hatten

Die Bilder in der oberen Reihe zeigen das weibliche Modell, das vier ungewöhnliche aggressive Reaktionen ausführt; die Bilder in den darunterliegenden Reihen stellen einen Jungen und ein Mädchen dar, die die Verhaltensweisen des weiblichen Modells reproduzieren, das sie bei der Filmvorführung beobachtet hatten. Weitere Analysen zeigten, daß eine Person, die aggressives Verhalten im Film zeigt, charakteristische Aggressionsformen genauso gut vermitteln kann wie ein Modell, das dieses Verhalten unmittelbar in eigener Person zeigt. Der Zeichentrickfigur gelang dies weniger gut.

Aggressive Modelle boten nicht nur Lernvorbilder, sondern sie reduzierten auch die Hemmungen der Kinder, solche aggressiven Verhaltensweisen auszuführen, die sie früher gelernt hatten, die aber im Experiment nicht modelliert worden waren. Diese nonimitativen aggressiven Verhaltensweisen beinhalten derartige Dinge wie auf Puppen einhauen und auf sie schießen, Tiere töten, Autos in Stücke schlagen und anderes Angriffsverhalten, das manchmal von eigenen schimpfenden Bemerkungen der Kinder begleitet wurde. Wie in Abbildung 3.15 dargestellt wird, zeigten Kinder, denen die aggressiven Modelle vorgeführt wurden, anschließend wesentlich mehr Gesamtaggressionen als Kinder unter der Bedingung des nonaggressiven Modells oder Kinder der Kontrollgruppe. Interessanterweise war das einem Zeichentrickfilm nachgebildete Modell zwar ein etwas schwächerer Lehrer, wirkte aber ebenso stark als Auslöser vorher gehemmter Aggressionen, wie die unmittelbar „live" auftretenden und die gefilmten Gegenstücke. Außerdem zeigten Kinder, die den nonaggressiven Erwachsenen beobachteten, als charakteristisches Merkmal das zurückhaltende Verhalten ihres Modells und äußerten signifikant weniger Aggressionen als die Kontrollkinder, die kein Modell gesehen hatten. Es wurde oben bereits erwähnt, daß modellierte Reaktionen leichter erworben und im Gedächtnis gespeichert werden, wenn sie kognitiv repräsentiert werden. Eine Untersuchung von Bandura, Grusec und Menlove (1966) zeigt im Detail, daß das Beobachtungslernen aggressiven Verhaltens erleichtert wird, wenn die modellierten Verhaltensweisen in Worte übersetzt werden. Kinder sahen, wie ein Filmmodell eine Reihe von neuartigen Verhaltensweisen ausführte, von denen einige körperlich aggressiv waren. Während der Präsentation beobachteten verschiedene Gruppen von Kindern (1) aufmerksam das Verhalten des Modells, verbalisierten zudem (2) jede aggressive Verhaltensweise, während das Modell sie ausführte, oder waren (3) in der Zeit, in der sie den Film sahen, geistig mit anderen Dingen beschäftigt und somit nicht in der Lage, die modellierten Reaktionen in symbolische Äquivalente umzusetzen. Nach der Darbietung wurden die Kinder gebeten, alle modellierten aggressiven Reaktionen auszuführen, an die sie sich erinnern könnten. Diejenigen, die die körperlichen Aktionen zum Zwecke der Repräsentation im Gedächtnis in Worte umgesetzt hatten, vergaßen weniger aggressive Reaktionen als die Beobachter, die die Verhaltensweisen nicht verbalisiert hatten; diese zeigten jedoch wieder ein höheres Lernniveau aggressiver Verhaltensweisen als Kinder, die geistig mit anderen Dingen beschäftigt waren, während sie die modellierten Handlungsweisen beobachteten. […]

Abb. 3.14

Aufgaben

1. Erläutern Sie Anlage und Durchführung des Experiments Banduras zur Erforschung „aggressiver Modellierungsprozesse".
2. Fassen Sie die Einsichten, welche er im Experiment gewann, zusammen. Erklären Sie in diesem Kontext genau die grafischen Darstellungen.
3. Prüfen Sie, ob und inwieweit sich aus diesen Einsichten Folgerungen für pädagogisches Handeln von Eltern oder auch Lehrerinnen und Lehrern ergeben.
4. Erörtern Sie kritisch, ob und inwieweit ein erzieherisch arrangiertes Modellernen als Bestandteil einer Erziehung zur Mündigkeit eingesetzt werden könnte oder müsste.

M17 Die Unterscheidung von Lernen und Ausführung (Albert Bandura)

Die Theorie des sozialen Lernens aggressiven Verhaltens unterscheidet zwischen dem Erwerb von Verhaltensweisen, die ein destruktives und schädigendes Potenzial haben, und Faktoren, die bestimmen, ob eine Person das, was sie gelernt hat, auch ausführen wird. Diese Unterscheidung, die bei Erörterungen aggressiven Verhaltens allgemein übersehen wird, wird deshalb hervorgehoben, weil Menschen nicht alles, was sie lernen, in ihren Handlungsweisen auch zeigen. Diskrepanzen zwischen Lernen und Ausführung treten am wahrscheinlichsten unter Bedingungen auf, unter denen die erworbenen Verhaltensweisen nur einen geringen funktionalen Wert haben oder ein hohes Risiko, bestraft zu werden, mit sich bringen. Die Wichtigkeit dieser Unterscheidung zeigt eine Untersuchung darüber, wie das imitative Aggressionsverhalten beeinflusst wird, wenn die Versuchsperson Reaktionskonsequenzen beobachtet, die der Angreifer erlebt (Bandura 1965a).

Kinder beobachteten ein Filmmodell, das sich in einer für sie neuartigen körperlich und verbal aggressiven Weise verhielt. Bei einer Bedingung wurde das Modell bestraft, wenn es das aggressive Verhalten zeigte; bei der zweiten Bedingung wurde das Modell für seine Handlungsweisen gelobt und belohnt; und bei der dritten Bedingung erlebte das Modell keine evidenten Konsequenzen. Verglichen mit Kindern, die beobachteten, dass die modellierte Aggression bestraft wurde, führten diejenigen, die sahen, dass aggressives Verhalten entweder belohnt wurde oder aber ohne Konsequenzen blieb, spontan eine größere Anzahl imitativ aggressiver Reaktionen aus. Darüber hinaus reproduzierten die Jungen beträchtlich mehr vom Verhalten des Modells als die Mädchen; diese Unterschiede waren dann besonders auffällig, wenn die Aggressivität des Modells bestraft wurde [Abb. 3.15].

Nachdem die Ausführung der Handlungen überprüft worden war, wurden den Kindern in allen drei Gruppen für jede modellierte Reaktion, die sie genau reproduzieren konnten,

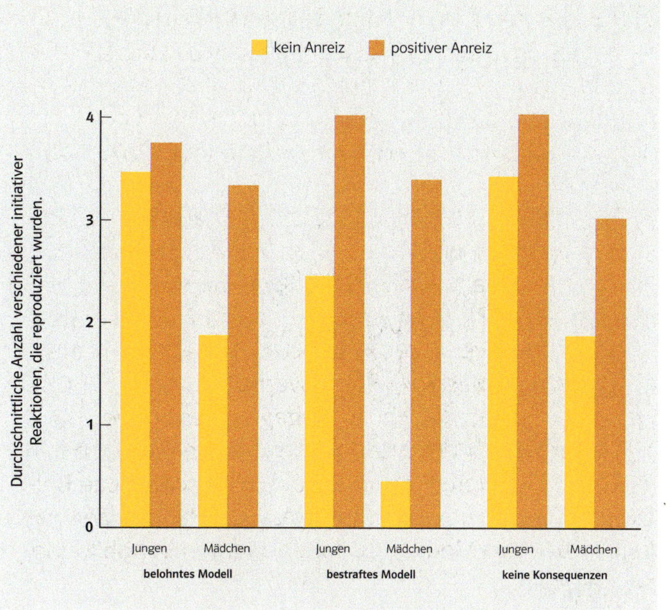

Abb. 3.15: Durchschnittliche Anzahl verschiedener aggressiver Reaktionsweisen, die von den Kindern übernommen wurden, als Funktion der Reaktionskonsequenzen, die das Modell erlebte, und der positiven Anreizbedingungen, die den Kindern geboten wurden. Die positiven Anreizbedingungen sollten die Kinder veranlassen, alle die aggressiven Verhaltensweisen zu zeigen, die sie gelernt hatten [...]

Belohnungen angeboten, um alle die Verhaltensweisen, die sie durch Beobachtung erworben hatten, auch in tatsächliches Verhalten umzusetzen. Wie in Abb. 3.15 grafisch dargestellt ist, eliminierten die Belohnungen die vorher vorhandenen Unterschiede in der Ausführung der Verhaltensweisen vollständig; dadurch stellte sich heraus, dass alle Kinder letztlich gleich viel gelernt hatten, unabhängig davon, wie auf das aggressive Verhalten des Modells reagiert worden war. Der anfänglich große Geschlechtsunterschied – was das tatsächlich gezeigte aggressive Verhalten betrifft – wurde praktisch ebenfalls eliminiert, wenn für die Mädchen positive Anreize dafür bereitgestellt wurden, sich aggressiv zu verhalten.

Betrachtet man die Ergebnisse im Zusammenhang, so zeigen sie, dass Jungen, die allgemein ermuntert werden, große Leistungen im Bereich körperlicher Verwegenheit nachzuahmen, spontan all das, was sie gelernt hatten, ausführten, als sie sahen, dass aggressives Verhalten gut aufgenommen wurde. Wenn die Modelle für ihre aggressiven Handlungsweisen bestraft wurden, führten die Jungen weniger aus, als sie gelernt hatten, aber sie zeigten später prompt weitere imitative Reaktionen, wenn diese lohnende Ergebnisse hervorriefen. Im Gegensatz dazu behielten die Mädchen, bei denen körperliches Aggressionsverhalten traditionell als für ihr Geschlecht ungehörig betrachtet und deshalb negativ sanktioniert wird, viel von dem, was sie gelernt hatten, für sich, ohne Rücksicht darauf, wie auf das Verhalten des männlichen Modells reagiert wurde. Ihr Lernen manifestierte sich erst dann im Verhalten, als sie die direkte Zusicherung erhielten, dass es akzeptiert würde. [...]

M18 Lernen von Aggressionen über Modelle (David J. Myers)

Positives Beobachtungslernen

Die gute Nachricht ist, dass **prosoziale** (positive, hilfsbereite) Vorbilder prosoziale Effekte haben können. Menschen, die gewaltloses, hilfsbereites Verhalten vorleben, können ähnliche Verhaltensweisen bei anderen auslösen. Mahatma Gandhi und Martin Luther King Jr. stützten sich auf ihre Vorbildwirkung, um gewaltfreies Handeln zu einer starken, gesellschaftsverändernden Kraft werden zu lassen. Eltern sind einflussreiche Vorbilder. Die Forschung zeigt, dass europäische Christen, die ihr Leben riskierten, um Juden vor den Nazis zu retten, in der Regel eine enge Beziehung zu mindestens einem Elternteil hatten, der ein starkes moralisches oder humanitäres Bewusstsein vorlebte; das Gleiche gilt für die amerikanischen Bürgerrechtler in den 60er-Jahren.

Vorbilder bewirken am meisten, wenn das, was sie tun, übereinstimmt mit dem, was sie sagen. Manchmal sagen jedoch Vorbilder das eine und tun etwas ganz anderes. Viele Eltern scheinen nach dem Prinzip „Mach, was ich *sage*, nicht was ich tue" vorzugehen. Versuche weisen darauf hin, dass Kinder lernen, beides zu tun. Wenn sie mit einem Heuchler zu tun haben, neigen sie dazu, die Heuchelei nachzuahmen, indem sie tun, was das Vorbild tat, und sagen, was es sagte.

Fernsehen und Beobachtungslernen

Einige weniger erfreuliche Beispiele für das Lernen durch Beobachtung kommen aus dem Bereich der Forschung, die Aggressionsmodelle in den Medien untersucht. Wo es Fernsehen gibt, wird es zu einer wichtigen Quelle für Beobachtungslernen. Die meisten Kinder aus Industrienationen verbringen während ihrer ersten 18 Lebensjahre mehr Zeit vor dem Fernseher als in der Schule. In Australien haben 99,2% aller Haushalte ein Fernsehgerät, 56% zwei oder mehr. In den USA, wo 9 von 10 Jugendlichen täglich fernsehen, werden sie bis zum Alter von 75 Jahren 9 Jahre vor der Glotze verbracht haben. [...] In Deutschland verfügt – bei steigender Tendenz – inzwischen jedes dritte Kind im Alter von 6–13 Jahren über ein eigenes Fernsehgerät, in den neuen Bundesländern sogar jedes zweite, und in einer Studie aus dem Jahr 2002 zeigt sich, dass Kinder mit eigenem Fernsehgerät mehr fernsehen: 133 Minuten pro Tag im Vergleich zu 90 Minuten bei Kindern ohne eigenen Fernseher. [...] Spiegelt die Welt auf dem Bildschirm unseren Alltag wider? In den abendlichen Filmen und Serien, die in den USA während der 80er- und 90er-Jahre ausgestrahlt und oft in den Rest der Welt exportiert wurden, war nur ein Drittel der Darsteller weiblich. Bei weniger als 3% war klar erkennbar, dass es sich um ältere Menschen handelte. Nur 1% der Darsteller waren lateinamerikanischer Abstammung. Nur einer von 10 war verheiratet.

Amerikanische Fernsehsender zeigen während der Haupteinschaltzeit ungefähr 3 Gewalttaten pro Stunde und 18 pro Stunde im Kinderprogramm am Samstagmorgen. Anders als im wirklichen Leben, wo 87% aller Verbrechen gewaltfrei sind, sind im Fernsehen nur 13% aller Verbrechen gewaltfrei. Ende des 20. Jahrhunderts sah das durchschnittliche Kind im Fernsehen ungefähr 8000 Morde und 100.000 andere Gewalttaten, bevor es die Grundschule abschloss. Rechnet man das Kabelprogramm und Leihvideos dazu, eskaliert die Zahl der Gewalttaten (beliebte Leihvideos wie etwa „Stirb langsam!" mit 264 Toten zeigen viel mehr Gewaltszenen als die großen Fernsehsender). In 50% der Gewaltszenen wird der Schaden nicht gezeigt, der den Opfern zugefügt wird, und 6 von 10 zeigen den Schmerz der Opfer nicht. Es scheint, als würde im Fernsehen das Leben von einem recht sonderbaren Geschichtenerzähler geschildert, dessen Erzählungen die Mythologie unserer Kultur widerspiegeln, nicht aber die Wirklichkeit.

Abb. 3.16

Bringt Gewalt im Fernsehen manche Menschen dazu, selbst gewalttätig zu werden? Hatte der Richter recht, der 1993 zwei 10-Jährige aus Großbritannien wegen Mordes an einem 2-Jährigen verurteilte, als er vermutete, die Tatsache, dass die beiden Beschuldigten häufig Gewaltvideos anschauten, habe möglicherweise ihr Verhalten beeinflusst? Hatten die amerikanischen Medien recht anzunehmen, dass die jugendlichen Mörder, die 13 Klassenkameraden ihrer Columbine High School umbrachten, vom wiederholten Schauen des Films „Natural Born Killers" und vom regelmäßigen Spiel von gewaltverherrlichenden Computerspielen wie etwa „Doom" beeinflusst wurden? [...]

Korrelationsstudien bringen das Betrachten von Gewalt mit gewalttätigem Verhalten in Verbindung. Je mehr Stunden Kinder damit verbringen, Gewaltszenen im Fernsehen anzuschauen, desto stärker sind sie als Jugendliche und Erwachsene anfällig für Aggression und Gewalt. „Verglichen mit den Jugendlichen, die im Alter von 14 Jahren täglich weniger als 1 Stunde fernsehen, begehen diejenigen, die in diesem Alter 3 Stunden und mehr fernsehen, mit 16 bzw. 22 Jahren 5-mal mehr Gewalttaten, in den USA und Kanada verdoppelten sich die Mordfälle zwischen 1957 und 1974; während dieser Zeit setzte die Verbreitung des Fernsehens ein. In Gegenden, die das Fernsehen später einführten, kam es entsprechend später zu einem sprunghaften Anstieg der Mordzahlen. [...]

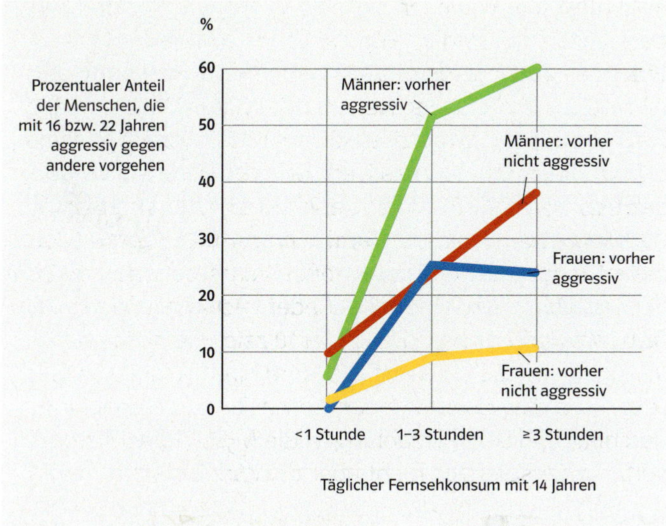

Abb. 3.17: Aggressivität bei Männern und Frauen

Die Kommission des amerikanischen Psychologenverbands APA, die sich mit dem Thema „Jugend und Gewalt" beschäftigt, kam 1993 zu folgendem Schluss: „Es besteht absolut kein Zweifel, dass häufiges Anschauen von Gewalt im Fernsehen mit einer erhöhten Akzeptanz aggressiver Einstellungen und mit immer aggressiverem Verhalten korreliert."

Aber wie wir [...] wissen, zeigen Korrelationen keine Kausalzusammenhänge. Daher sind die Korrelationsstudien kein Beweis dafür, dass das Anschauen von Gewalt Aggression *verursacht*. Vielleicht mögen aggressive Kinder Gewaltszenen im Fernsehen besonders gern. Vielleicht sind Kinder, die von ihren Eltern vernachlässigt oder missbraucht werden, sowohl aggressiver als auch öfter allein vor dem Fernseher. Vielleicht spiegelt das Fernsehen einfach eher gewalttätige Tendenzen, als dass es diese auslöst. [...]

Der Gewalteffekt scheint aus einer Kombination von Faktoren zu resultieren, und dazu gehört auch die Imitation (Geen u. Thomas 1986). Ein Forschungsteam beobachtete eine x-fache Zunahme von Gewalt im Spiel bei Kindern, die „Power Rangers" angeschaut hatten (Boyatzis et al. 1995). Jungen ahmten häufig die im Sprung ausgeführten Karatetritte und andere Gewaltakte der Fernsehcharaktere detailgetreu nach (Donnerstein 1998).
Wer über längere Zeit Gewaltszenen ausgesetzt ist, verliert an Sensibilität; solche Fernsehzuschauer werden gleichgültiger, wenn sie später eine Schlägerei sehen, sei es im Fernsehen oder im wirklichen Leben. In einem Experiment verbrachten männliche Zuschauer 3 Abende damit, Filme anzusehen, die sexuelle Gewalt enthielten; danach waren sie immer weniger berührt von den Vergewaltigungen und Schlägen. Drei Tage später empfanden sie auch weniger Mitgefühl für Opfer häuslicher Gewalt als jene Studienteilnehmer, die diese Filme nicht gesehen hatten. [...]

Aufgaben

1. Fassen Sie zusammen, wie sich Gewaltdarstellungen im Fernsehen laut Text auf das Verhalten von Menschen auswirkten.
2. Erläutern Sie die Aussage, dass „Korrelationen keine Kausalzusammenhänge" zeigen könnten.
3. Prüfen Sie, ob eine strenge Einschränkung des Fernsehkonsums die im Text beschriebene Problematik verringern könnte.
4. Setzen Sie sich mit der Frage auseinander, inwiefern die Einsichten über Modelllernen beim pädagogischen Denken und Handeln berücksichtigt werden sollten.

M19 Mimetisches Lernen (Christoph Wulf)

Zu den wichtigsten Formen des Lernens gehört das mimetische Lernen, das Lernen durch Nachahmung. Mimetisches Lernen bezeichnet nicht bloßes Imitieren oder Kopieren, sondern einen Prozess, in dem in der mimetischen Bezugnahme auf andere Menschen und Welten eine Erweiterung der Weltsicht, des Handelns und Verhaltens erfolgt. Mimetisches Lernen ist produktiv; es ist körperbezogen und verbindet den Einzelnen mit der Welt und anderen Menschen; es schafft ein praktisches Wissen und ist daher für soziales, künstlerisches und praktisches Handeln konstitutiv. Mimetisches Lernen ist kulturelles Lernen und als solches von zentraler Bedeutung für Erziehung und Bildung.

Mimetisches Lernen in früher Kindheit

Mimetische Prozesse richten sich zunächst vor allem auf andere Menschen. In ihnen nehmen Säuglinge und Kleinkinder auf die Menschen Bezug, mit denen sie zusammenleben: Eltern, ältere Geschwister, andere Verwandte und Bekannte. Sie versuchen, sich diesen ähnlich zu machen, indem sie z. B. ein Lächeln mit einem Lächeln beantworten. Doch sie initiieren auch durch die Anwendung bereits erworbener Fähigkeiten die entsprechenden Reaktionen der Erwachsenen. In diesen frühen Prozessen des Austauschs erlernen Kleinkinder auch Gefühle. Sie lernen, diese in Bezug auf andere Menschen in sich zu erzeugen und sie bei anderen Menschen hervorzurufen. Im Austausch mit der Umwelt entwickelt sich ihr Gehirn, d. h., es werden bestimmte seiner Möglichkeiten ausgebildet, andere hingegen verkümmern. Die kulturellen Bedingungen dieses frühen Lebens schreiben sich in die Gehirne und Körper der Kinder ein. [...] Zusammenfassend beschreibt Michael Tomasello diese Fähigkeiten von Kleinkindern: „Sie identifizieren sich mit anderen Personen; nehmen andere als intentionale Akteure wie sich selbst wahr; nehmen mit anderen an Aktivitäten gemeinsamer Aufmerksamkeit teil; verstehen viele der kausalen Beziehungen, die zwischen physischen Gegenständen und Ereignissen in der Welt bestehen; erkennen die kommunikativen Absichten, die andere Personen durch Gesten, sprachliche Symbole und Sprachkonstruktionen ausdrücken; lernen anhand von Imitation durch Rollentausch anderen gegenüber dieselben Gesten, Symbole und Konstruktionen hervorzubringen; und bilden sprachlich basierte Gegenstandskategorien und Ereignisschemata."

Diese Fähigkeiten versetzen Kleinkinder in die Lage, an kulturellen Prozessen teilzunehmen. Sie können sich an den Inszenierungen der Praktiken und Fertigkeiten der sozialen Gruppe beteiligen, in der sie leben, und sich dadurch deren kulturelles Wissen aneignen. Die hier beschriebenen Fähigkeiten verweisen auf die zentrale Bedeutung von Vorbildern für die mimetischen Lernprozesse von Kleinkindern. Die Fähigkeiten, sich mit anderen Personen zu identifizieren, sie als intentional Handelnde zu begreifen und mit ihnen Aufmerksamkeit auf etwas zu richten, sind an das mimetische Begehren des Kindes gebunden, den Erwachsenen nachzueifern, sich ihnen anzuähneln bzw. wie sie werden zu wollen. In diesem Begehren, den Älteren ähnlich zu werden, liegt die Motivation dafür, kausale Beziehungen zwischen den Gegenständen der Welt zu begreifen, die kommunikativen Absichten anderer Menschen in Gesten, Symbolen und Konstruktionen zu verstehen und wie diese Gegenstandskategorien und Ereignisschemata herauszubilden. Dabei erreichen Kleinkinder bereits mit neun Monaten diese in den mimetischen Möglichkeiten des Menschen liegenden Fähigkeiten, über die andere Primaten zu keinem Zeitpunkt ihres Lebens verfügen. […]

Mimetisches Lernen: Weltaneignung und Subjektkonstitution

Für mimetische Lernprozesse, in denen eine Weltaneignung erfolgt, bietet Walter Benjamins Autobiografie „Berliner Kindheit um neunzehnhundert" ein gutes Beispiel, in der der Autor beschreibt, wie er sich als Kind in Beziehung zu Orten, Räumen, Wegen, Häusern, Gegenständen, Ereignissen etc. setzt, wie er sie in seine innere Bilderwelt aufnimmt und dadurch in individueller Weise „aneignet". Benjamins Erinnerungen verdeutlichen, wie ein Kind die Welt mimetisch erlebt. Einem Magier gleich stellt es Ähnlichkeiten zwischen sich und der Außenwelt her; mimetisch erschließt es sich Straßen, Plätze und die Räume und Kammern des Elternhauses. Seine magische Weltdeutung, in der die Welt der Dinge belebt ist und dem Kind antwortet, vollzieht sich über Prozesse der Angleichung und Anähnlichung an die Gegenstände; das Kind „liest" die Welt und „schafft" in diesem Prozess Korrespondenzen.

Abb. 3.18

Indem es die Arme ausstreckt und rotieren lässt und dabei mit seinem Mund den dazu benötigten Wind erzeugt, wird es zu einer „Windmühle". Dadurch erweitert es seine Erfahrungen: Das Kind begreift, wie der Wind eine Mühle antreibt; es erfährt etwas von der Macht des Windes und der Macht menschlicher Naturnutzung; es erfasst die Faszination menschlicher Produktivität. Im mimetischen Akt der Verwandlung zur „Windmühle" erlebt es seine Möglichkeiten – wenigstens im Spiel –, Macht über die Natur auszuüben. Indem das Kind mit seinem Körper zur „Windmühle" wird, macht es sich mit einer ersten Form der Maschine und dem Maschinencharakter des menschlichen Körpers vertraut. Zugleich lernt es, seinen Körper als Instrument der Darstellung und des Ausdrucks zu verwenden. Dabei gewinnt es nicht nur konkrete Darstellungs- und Ausdrucksmöglichkeiten; es macht auch die Erfahrung, seinen Körper für bestimmte Zwecke einsetzen zu können und damit soziale Anerkennung zu erhalten. Derartige mimetische Prozesse sind von symbolischen Deutungen begleitet, sodass in ihnen auch Denken und Sprechen entwickelt werden. […]

Das Ähnlichsein und das Ähnlichwerden stellen zentrale Momente kindlicher Entwicklung dar, über die sich das Verhältnis zur Welt, zur Sprache und zu sich selbst allmählich bildet.

Mithilfe dieser Prozesse findet die Einfügung in die in der symbolisch kodierten Welt zum Ausdruck kommenden Struktur- und Machtverhältnisse statt, denen gegenüber erst später Distanz, Kritik und Veränderung möglich werden. Mithilfe seines mimetischen Vermögens übernimmt das Kind die Bedeutung der Gegenstände, Darstellungs- und Handlungsformen. In einer mimetischen Bewegung schlägt das Kind eine Brücke nach außen. Im Zentrum der mimetischen Aktivität steht der Bezug auf das Andere, das es nicht einzuverleiben, sondern dem es sich anzugleichen gilt. […] Die mimetische Begegnung mit der Welt erfolgt mit allen Sinnen, die im Verlauf dieser Prozesse ihre Sensibilität entfalten. Diese kindliche Möglichkeit einer mimetischen Welterschließung bildet eine Voraussetzung für die Qualität der sinnlichen und emotionalen Empfindungsfähigkeit des späteren Erwachsenen. Das gilt besonders für die Entwicklung seiner ästhetischen Sensibilität und seiner Fähigkeit zu Mitempfinden, Mitleiden, Sympathie und Liebe. […]

Im Unterschied zur Imitation und Simulation wird mit der Verwendung des Begriffs „Mimesis" an einem Außen festgehalten, dem man sich annähert und ähnlich macht, in das hinein das Subjekt sich aber nicht „auflösen" kann, zu dem also eine Differenz bestehen bleibt.

Aufgaben

1. Erläutern Sie Wulfs Verständnis eines „mimetischen" Lernens, indem Sie besonders erarbeiten, welche eigenen Aktivitäten des Kindes das mimetische Lernen prägen.
2. Setzen Sie „mimetisches Lernen" in Beziehung zu Modelllernen.
3. Erörtern Sie, ob mimetisches Lernen Prozesse des Mündigwerdens eines Kindes fördern kann.

M 20 Kinder-Handeln und Kinder-Denken (Walter Benjamin)

Lesendes Kind

Aus der Schülerbibliothek bekommt man ein Buch. In den unteren Klassen wird ausgeteilt. Nur hin und wieder wagt man einen Wunsch. Oft sieht man neidisch ersehnte Bücher in andere Hände gelangen. Endlich bekam man das seine. Für eine Woche war man gänzlich dem Treiben des Textes anheimgegeben, das mild und heimlich, dicht und unablässig, wie Schneeflocken einen umfing. Dahinein trat man mit grenzenlosem Vertrauen. Stille des Buches, die weiter und weiter lockte! Dessen Inhalt war gar nicht so wichtig. Denn die Lektüre fiel noch in die Zeit, da man selber Geschichten im Bett sich ausdachte. Ihren halbverwehten Wegen spürt das Kind nach. Beim Lesen hält es sich die Ohren zu; sein Buch liegt auf dem viel zu hohen Tisch und eine Hand liegt immer auf dem Blatt. Ihm sind die Abenteuer des Helden noch im Wirbel der Lettern zu lesen wie Figur und Botschaft im Treiben der Flocken. Sein Atem steht in der Luft der Geschehnisse und alle Figuren hauchen es an. Es ist viel näher unter die Gestalten gemischt als der Erwachsene. Es ist unsäglich betroffen von dem Geschehen und den gewechselten Worten und wenn es aufsteht, ist es über und über beschneit vom Gelesenen.

Briefmarken-Handlung

Das Kind sieht nach dem fernen Liberia durch ein verkehrt gehaltenes Operngals: da liegt es hinter seinem Streifchen Meer mit seinen Palmen, genau, wie es Briefmarken zeigen. Mit Vasco da Gama segelt es um ein Dreieck, das gleichschenklig ist wie die Hoffnung und dessen Farben mit dem Wetter sich ändern. Reiseprospekt vom Kap der Guten Hoffnung. Wenn es den Schwan auf australischen Marken sieht, dann ist das, auch auf den blauen, grünen und braunen Werten, der schwarze Schwan, der nur in Australien vorkommt und hier auf den Gewässern eines Teiches als auch auf dem stillsten Ozean dahinzieht. Marken sind die Visitenkarten, die die großen Staaten in der Kinderstube abgeben.

Aus Franz Hoffmanns Geschichtenbuch für die Kinderstube. Stuttgart, 1850

»In demselben Augenblicke aber krachte es. Der Ast, auf welchem die Nesträuber standen, zerbrach, von Zweig zu Zweig polterten sie herab und fielen hart auf die Erde.«

Abb. 3.19

Als Gulliver bereist das Kind Land und Volk seiner Briefmarken. Erdkunde und Geschichte der Liliputaner, die ganze Wissenschaft des kleinen Volks mit allen ihren Zahlen und Namen wird ihm im Schlafe eingegeben. Es nimmt an ihren Geschäften teil, wohnt ihren purpurnen Volksversammlungen bei, sieht dem Stapellauf ihrer Schiffchen zu und feiert mit ihren gekrönten Häuptern, die hinter Hecke thronen, Jubiläen.

Aufgaben

1. Erarbeiten Sie, inwiefern diese beiden Beschreibungen Benjamins als Beispiele eines mimetischen kindlichen Lernens verstanden werden können.
2. Erläutern Sie, welche eigenständigen Lernleistungen die Kinder jeweils einbringen.

3.4 Lernen aus Einsicht

In psychologischen Lerntheorien grenzen sich die „Kognitivisten" von den „Behavioristen" deutlich ab. Behavioristen (z. B. Vertreter des klassischen und operanten Konditionierens) fragen, welche beobachtbaren Vorgänge welche beobachtbaren Wirkungen in Lernprozessen nach sich ziehen. Innere Prozesse im Lernenden interessieren sie als Wissenschaftler nicht. Sie halten solche Orientierungen für unvermeidbar spekulativ und somit für wissenschaftlich immer ungesichert. Kognitivisten fragen demgegenüber, zu welchen Lernleistungen Menschen fähig sind, wenn sie ihre Erfahrungen strukturieren und ihnen Sinn zuschreiben. Dazu beziehen sie sich auch auf innere, nicht-beobachtbare Prozesse.

Viele Einsichten zum Thema „Lernen" gewinnen Lernforscher über Experimente mit Tieren. Eines der bekanntesten Experimente in diesem Kontext, das auch in der Pädagogik große Beachtung fand, ist der Versuch Wolfgang Köhlers, „einsichtiges" Verhalten bei Affen nachzuweisen.

M21 Einsichtiges Verhalten bei Affen (Wolfgang Köhler)

Eine Banane wurde in das Gehege der Affen gehängt - in einer Höhe, die für die darin lebenden Tiere nicht erreichbar war.

Der Schimpanse ‚Sultan' (Köhlers *klügstes* Tier) versuchte, zunächst durch Springen an den Leckerbissen zu gelangen. Nachdem er dieses Verhalten erfolglos aufgab, setzte er sich und beobachtete die Situation: In dem Käfig befanden sich einige Kisten …

Plötzlich springt das Tier auf und stellt sich eine Kiste unter die Banane. Da die somit erreichte Annäherung an das Ziel (die Banane) immer noch nicht ausreicht, um sich selbiger zu bemächtigen, holte es weitere Kisten und stapelte sich einen Turm. Diese wackelige Konstruktion kletterte Sultan hinauf und konnte sich so die Banane von der Decke des Käfigs holen.

„Nur Sultan, Köhlers intelligentester Affe, löste das Problem ohne jede fremde Hilfe. Doch auch sechs anderen Tieren gelang schließlich die Lösung, wenn man ihnen einen Hinweis gegeben hatte, indem man entweder die Kiste unter das Futter rückte oder indem man die Tiere Artgenossen beim Umgang mit der Kiste beobachten ließ."

„[…] das Ziel ist hoch angebracht, die beiden Kisten stehen nicht weit voneinander entfernt und etwa 4 m von dem Ziel entfernt; alle anderen Hilfsmittel sind beseitigt. Sultan schleppt die größere der Kisten zum Ziel, setzt sie flach darunter, stellt sich, hinaufsehend, auf sie, macht Anstalten zum Sprung, springt aber nicht wirklich; steigt herab, ergreift die andere Kiste und galoppiert, sie hinter sich herziehend, im Raum umher, wobei er den üblichen Lärm macht, gegen die Wände trampelt und sein Unbehagen auf jede mögliche Weise zu erkennen gibt. […] Mit einem Male aber ändert sich sein Verhalten vollständig; er läßt den Lärm, zieht seine Kiste von weit her geradeswegs an die andere heran und stellt sie sofort steil auf diese; dann steigt er auf den etwas schwankenden Bau, […] das Ziel hängt jedoch immer noch zu hoch." […] „Das Ziel hängt noch höher; Sultan hat vormittags gehungert und geht deshalb mit großem Eifer an die Arbeit. Die schwere Kiste legt er flach unter das Ziel, setzt die zweite steil darauf und versucht obenstehend das Ziel zu ergreifen; als er nicht ankommt, blickt er hinunter und in der Umgebung umher, haftet mit den Augen an der dritten Kiste, die ihm wohl zuerst wegen ihrer Kleinheit als wertlos erschienen ist, steigt mit großer Vorsicht herab, ergreift die Kiste, klettert mit ihr hinauf und vollendet den Bau."

Köhlers zweiter bekannter Versuch beschreibt folgende Situation: Eine Banane wird vor dem Käfig positioniert, soweit entfernt, dass die Affen sie nicht erreichen können. Im Käfig befinden sich mehrere Rohre. Auch mit einem Rohr wäre die Banane nicht zu erreichen.

Abb. 3.20: Eine Hilfskonstruktion errichten

Bericht des Wärters: ‚Sultan hockt zuerst gleichgültig auf der Kiste, die etwas rückwärts vom Gitter stehengeblieben ist; dann erhebt er sich, nimmt die beiden Rohre auf, setzt sich wieder auf die Kiste und spielt mit den Rohren achtlos herum. Dabei kommt es zufällig dazu, daß er vor sich in jeder Hand ein Rohr hält, und zwar so, daß sie in einer Linie liegen; er steckt das dünnere ein wenig in die Öffnung des dickeren, springt auch schon auf ans Gitter, dem er bisher halb den Rücken zukehrte, und beginnt eine Banane mit dem Doppelrohr heranzuziehen. Ich rufe den Herrn; inzwischen fällt dem Tier das eine Rohr vom anderen ab, da es sie sehr wenig ineinandergeschoben hat, und sogleich setzt es sie wieder zusammen.'

Nicht, ob die Anthropoiden bestimmt Definiertes aufweisen, soll untersucht werden, sondern ob ihr Verhalten bis zu einem recht ungefähr aus der Erfahrung bekannten Typus aufsteigt, der uns als „einsichtig" im Gegensatz zu sonstigem Verhalten, besonders von Tieren, vorschwebt. Wir verfahren aber hiermit nur der Natur der Sache gemäß, denn klare Definitionen gehören nicht an den Beginn von Erfahrungswissenschaften; erst in deren Fortschreiten kann der Erfolg durch Aufstellung von Definitionen gekennzeichnet werden.

Im Übrigen ist der Typus menschlichen und (vielleicht) tierischen Verhaltens, auf den sich die erste Frage richtet, auch ohne Theorie nicht so ganz unbestimmt. Die Erfahrung zeigt, daß wir von einsichtigem Verhalten dann noch nicht zu sprechen geneigt sind, wenn Mensch oder Tier ein

Ziel auf direktem, ihrer Organisation nach gar nicht fraglichem Wege erreichen; wohl aber pflegt der Eindruck von Einsicht zu entstehen, wenn die Umstände einen solchen, uns selbstverständlich erscheinenden Weg versperren, dagegen indirekte Verfahren möglich lassen, und nun Mensch oder Tier diesen der Situation entsprechenden „Umweg" einschlagen. In stillschweigender Übereinstimmung hiermit haben deshalb fast alle diejenigen, welche bisher die Frage nach intelligentem Verhalten bei Tieren zu beantworten suchten, diese in ebensolchen Situationen zum Gegenstand ihrer Beobachtungen gemacht. Da unterhalb der Entwicklungsstufe der Anthropoiden das Ergebnis im allgemeinen negativ war, so ist gerade aus solchen Versuchen die gegenwärtig sehr verbreitete Anschauung erwachsen, daß einsichtiges Verhalten bei Tieren kaum vorkomme; entsprechende Versuche an Anthropoiden selbst sind nur in geringer Zahl gemacht worden und haben eine rechte Entscheidung noch nicht gebracht.

Aufgaben

1. Erläutern Sie genau die Beobachtungen Köhlers: Was wollte er herausfinden und was konnte er beweisen?
2. Prüfen Sie, ob und inwieweit sich aus Köhlers Untersuchungen Folgerungen für pädagogisches Denken und Handeln ergeben.
3. Erarbeiten Sie kritisch das Verständnis von „Einsicht", das Köhlers Untersuchungen zugrunde liegt. Setzen Sie sich mit der Frage auseinander, ob dieses Verständnis von „Einsicht" mit Ihrem Verständnis dieses Begriffs übereinstimmt.

M 22 Gewinnen Sie „Einsichten" (Sebastian Leitner)

Problem 1

Diese sechs Stäbchen sind so zusammenzufügen, daß jedes einzelne mit jedem Ende die Enden von zwei und nur zwei anderen Stäbchen berührt.

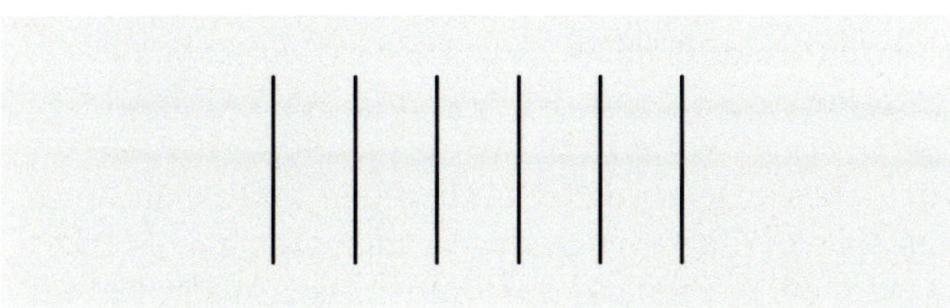

Abb. 3.21: Problem 1

Problem 2

Alle diese neun Punkte sind durch vier gerade Linien miteinander zu verbinden. Der Prüfling hat diese vier Linien so zu ziehen, daß er dabei nicht absetzen muß.

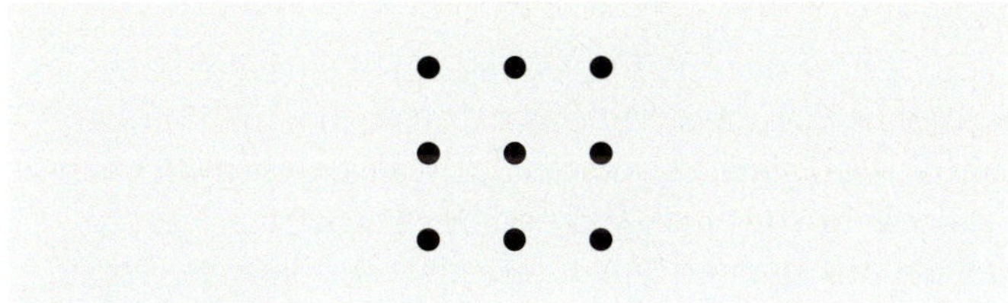

Abb. 3.22: Problem 2

Problem 3

Ein Bauer kommt mit einem Wolf, einer Ziege und einem Kohlkopf an einen Fluß. Er muß ihn mit einem Boot überqueren, das so klein ist, daß es außer den Bauern nur noch eines der beiden Tiere oder den Kohlkopf tragen kann. In seiner Gegenwart sind beide Tiere folgsam. In seiner Abwesenheit aber würde die Ziege den Kohlkopf und der Wolf die Ziege fressen. – Wie stellt es der Bauer an, alle drei heil über den Fluß zu bringen?

Abb. 3.23: Problem 3 – Der Bauer am Fluss

Problem 4

Der Prüfling befindet sich in einem Zimmer, von dessen Decke zwei Bindfäden herunterhängen. Er soll sie am unteren Ende zusammenbinden. So sehr er sich streckt, ist er jedoch außerstande, beide zugleich mit den Händen zu erreichen. Das einzige Werkzeug, das er zur Lösung der Aufgabe verwenden darf, ist eine Schere.

Abb. 3.24: Problem 4 – Zwei Bindfäden an der Decke

Problem 5

In der sengenden Hitze der Wüste steht ein Lagerhaus aus Beton. Es ist leer, seine Wände sind innen und außen vollkommen glatt. Von einem Dachbalken hängt an einem Strick die Leiche eines Mannes. Der Strick ist zu kurz, als daß der Mann daran hinaufgeklettert sein könnte. Trotzdem baumeln seine Beine zwei Meter über dem Erdboden. Die einzige Öffnung, durch die das Lagerhaus betreten oder verlassen werden kann, ist ein eisernes Tor, aber dieses ist von innen verriegelt. Es ist unmöglich, den Riegel von außen zu betätigen. Vor dem Tor steht ein leerer Lastwagen. Sonst gibt es keine Spuren. - Was ist hier geschehen?

Abb. 3.25: Problem 5 - Der Tote im Lagerhaus

Aufgaben

1. Versuchen Sie, die vorliegenden Aufgaben zu lösen.
2. Erläutern Sie sich gegenseitig, wie Ihnen die Lösung gelungen ist.
3. Setzen Sie Ihre Lösungswege in Bezug zum Problemlösungsverhalten der Primaten im Experiment Köhlers.

   (Vergleiche PP-Code 3q29hc)

M23 Problemlösen im kindlichen Alltag (Heinrich Roth)

Problemlösung

Ein neunjähriger Junge spielt Ball in einer Gegend, wo es ihm der Vater verboten hat. Der Ball fällt in einen Garten mit einer hohen Steinmauer. Das bedeutet für den Jungen eine doppelte Schwierigkeit: einmal wird ihm bewußt, daß er ein Verbot übertreten hat, und dann bewegt ihn die Frage, wie er wieder zu seinem Ball kommt. Was wird er tun?

Er wird überlegen. Überlegen heißt in diesem Fall, daß er die Lösungswege, die ihm seine seitherige Erfahrung nahelegt, in Gedanken ausprobiert. Als Neunjähriger wird er sie sogar noch andeutungsweise ausführen. Er wird die Mauer zu ersteigen suchen, ein offenes Tor oder ein Loch in der Mauer suchen, er wird nach Menschen im Garten Umschau halten. Er wird überlegen, ob nicht eine Leiter aufzutreiben ist.

Nehmen wir nun an, daß alle diese ihm bekannten Wege zur Lösung der Situation blockiert sind, was macht er dann? Er entdeckt dann sicherlich, daß er in eine schwierige Lage geraten ist, und er hat den Wunsch, aus ihr herauszufinden, allenfalls wird er aufgeregt, weil die ihm bekannten Lösungswege nicht ausreichen. Es muß ihm, wenn er Erfolg haben will, etwas anderes, etwas Neues einfallen.

Eine Reihe von Einfällen, die er hat, lässt sich nur schwer verwirklichen. Eine Leiter ist zu weit entfernt. Vater und Mutter zu fragen, scheut er, weil er an einem verbotenen Platz gespielt hat. Er mag angesichts dieser Widerstände aufgeben wollen, aber dann wird zu Hause die Frage nach dem Ball unvermeidbar werden. Er mag gegen einen Mitspieler aggressiv werden, der angeblich mitschuldig ist, aber das ändert die Situation auch nicht.

In solchen Augenblicken springen in der Regel die Kameraden mit Ratschlägen bei, aber nehmen wir an, sie raten nur blockierte Auswege. Der Junge möge nun selbst den Einfall haben, zum Besitzer des Gartens zu gehen, um sich zu entschuldigen und um den Ball zu bitten. Er sieht als anständiger Junge, der nichts Böses wollte, in diesem Einfall plötzlich den besten Ausweg. Er erlebt in der planenden Vorwegnahme, wie dieser Ausweg die Situation tatsächlich bereinigt: der Ball wird wieder da sein, die Eltern erfahren nichts oder erfahren alles erst hinterher, wenn er getan hat, was zu tun war, und alles gut ausgegangen ist.

Es ist nun entscheidend, was dieser Junge beim Besitzer des Gartens tatsächlich so erlebt. Nehmen wir an, dieser habe Verständnis, der Garten würde aufgeschlossen und der Ball zurückgegeben. Dann bestätigt sich für den Jungen in der Durchführung alles, was er sich planend vorgestellt und sehnlichst erwartet hat, und die Situation ist bereinigt. Nehmen wir an, der Gartenbesitzer habe kein Verständnis, schimpfe, drohe und konfisziere den Ball, dann werden auf Grund dieses Effektes, dieser Wirkung, dieser Bestätigung *bzw.* Nichtbestätigung seiner Erwartungen oder Befürchtungen, kurz: auf Grund dieser Konsequenzen seines Einfalles ganz andere Lernrückwirkungen eintreten.

Wir wollen aber von dem Fall ausgehen, daß die Sache gut abläuft, steckt dann in diesem Handlungsablauf ein Lernprozeß? Wir werden das zubilligen müssen, wenn sich auf Grund dieser Erfahrungen in dem Jungen eine *Änderung seines Verhaltens* vollzogen hat, vielleicht sogar sich etwas geändert hat in seiner Grundeinstellung zu Erwachsenen, zu Gartenbesitzern im besonderen, zur Bereinigung von Jugendstreichen überhaupt und dergleichen. Er hat die Verhaltensform „Bitte, verbunden mit einer Entschuldigung" gelernt. Es ist eine Verhaltensform, die Jungen nicht liegt und gelernt sein will. Vernünftige Eltern, wenn sie den ganzen Sachverhalt erfahren, werden mit dem „Gelernten' zufrieden sein und diesen Lösungsweg nachträglich wertend bestätigen („Es ist gut, daß du diesen geraden und vernünftigen Weg gegangen bist").

Wir werden den Lernprozeß dann als abgeschlossen betrachten, wenn diese Verhaltensform als neue *Einstellung* zu solchen Situationen jederzeit lebendig bleibt, wenn sie dem Jungen die innere Freiheit gibt, jederzeit den geraden Weg zur „entschuldigenden Bitte" zu gehen. Wir sind allerdings auch überzeugt, daß das „Lernergebnis" des Vorfalls ein anderes gewesen wäre, wenn der Besitzer den Jungen beschimpft oder den Ball dem Vater oder der Polizei übergeben hätte. Wir sind auch überzeugt, daß die Beurteilung seines Verhaltens hinterher durch die Eltern sehr wichtig ist für die endgültige Übernahme einer solchen Verhaltensform. Die soziale Bestätigung der Richtigkeit seines Verhaltens wird die neuerlernte und -entdeckte Verhaltensform noch mehr als Einstellung für ähnliche künftige Situationen verankern. Vielleicht werden weitblickende Eltern den Fall sogar verallgemeinern, indem sie darauf hinweisen, daß die mit einer Bitte verbundene Entschuldigung die so gebotene Verhaltensform unter gesitteten Nachbarn überhaupt ist, falls etwas bereinigt werden muß. Er wird sie daraufhin vielleicht tatsächlich ein-, zwei- und dreimal anwenden. Vielleicht wird der Junge dabei herbe Enttäuschungen erleben. Es wird dann wichtig sein, wie etwa die Eltern diese Rückschläge abfangen. Nehmen wir aber an, daß sich diese Verhaltensform allmählich in dem Jungen als eine verallgemeinerte Einstellung zu all diesen und ähnlichen Jugendsituationen verfestigt, dann hat sich auf alle Fälle ein Lernprozeß vollendet, den wir als Erzieher wünschen.

Wiederholen wir an diesem Beispiel noch einmal, welche Stationen bei diesem Lernprozeß entscheidend wichtig waren.

1. Ein Junge spielt mit einem Ball, der verloren geht.
2. Der Junge hat den dringenden Wunsch, die entstandene Situation zu bereinigen.
3. Seine bisherigen Verhaltens- und Leistungsformen versagen die Meisterung der Situation.
4. Er entdeckt eine neue Lösung und probiert sie in Gedanken durch.
5. Die neue Lösung bewährt sich in der Praxis.
6. Sie wird von den Eltern bestätigt und vertieft. Rückschläge werden abgefangen und überwunden.
7. Die neue Verhaltensform wird zu einer allgemeinen inneren Einstellung diesen und ähnlichen Situationen gegenüber.

Allgemeiner und kürzer formuliert:

1. Eine Handlung kommt zustande, gelingt aber nicht.
2. Die zur Verfügung stehenden Verhaltens- und Leistungsformen reichen zur Lösung der Schwierigkeit nicht aus (Ringen mit den Schwierigkeiten).
3. Eine neue Verhaltens- und Leistungsform wird entdeckt und trotz Rückschlägen bestätigt und verfestigt (Finden der Lösung und Verfestigung der Lösung).
4. Sie wird sinngemäß verallgemeinert, zur Lösung gleicher und ähnlicher Situationen herangezogen, in den inneren Einstellungen verankert und mit der Person integriert (Bereitstellung der gefundenen Lösung für künftige Fälle).

Aufgaben

1. Erläutern Sie die Lernschritte am Beispiel der von Roth vorgestellten Geschichte und einem weiteren, von Ihnen selbst konstruierten Beispiel.

2. Skizzieren Sie die Bedingungen, welche nach Roth gegeben sein müssen, damit ein einmal angewandtes Problemlösungsverhalten dauerhaft Anwendung finden könnte.

3. Prüfen Sie, ob man sagen kann, dass in solchen Lernprozessen auch Konditionierung oder Modelllernen stattfindet.

4. Vergleichen Sie das problemlösende Lernen nach Roth mit Ihnen bekannten pädagogischen Lerntheorien.

4. Neuere Zugänge zum Lernen: Neurowissenschaft, Konstruktivismus, Selbststeuerung

4.1 Neurowissenschaftliche Erkenntnisse zum Lernen

Neurowissenschaftliche Bücher zu den Themen Lernen, Erziehung und Bildung sind in den letzten Jahren oft zu Bestsellern geworden. Auch auf Kongressen für Lehrerinnen und Lehrer oder Mitarbeiterinnen und Mitarbeiter anderer pädagogischer Institutionen referieren nicht selten Neurowissenschaftler zu pädagogischen Fragen. In den Medien finden sie hohe Beachtung. Darüber hinaus findet sich eine unübersehbare Zahl von Ratgebern zu pädagogischen Fragen, die auf neurowissenschaftlichen Einsichten fundieren.

Fragen und Anregungen zum Einstieg

1. Recherchieren Sie nach weiteren Zeitschriften, Büchern, Filmen oder Internetbeiträgen, die das Thema Lernen auf neurowissenschaftlicher Grundlage behandeln. Bekannt geworden sind vor allem die Beiträge von Gerald Hüther und Manfred Spitzer. Viele ihrer Vorträge oder andere Beiträge von ihnen finden Sie leicht im Internet.
2. Formulieren Sie Fragen, denen Sie bei der Behandlung dieses Themas nachgehen möchten.

Abb. 4.1: Neurowissenschaftlich fundierte Literatur zum Thema Lernen

Recherchieren im Web

Um an die gewünschten Informationen zu gelangen, sollten Sie zunächst einige Fragen beantworten, die für die Qualität der Informationen von entscheidender Bedeutung sind:

- Was ist eine für mein Thema wichtige Information?
- Wie kann man diese Information nachprüfen?
- Wie zuverlässig sind die Quellen für die Information?

Die unüberschaubare Fülle von Informationen im Web kann sinnvoll eingegrenzt werden, wenn Sie im Sinne der in diesen Fragen enthaltenen Qualitätskriterien zuverlässige Websites aufsuchen. Man erkennt solche Seiten zunächst daran, wie regelmäßig und sorgfältig sie gepflegt werden und wie benutzerfreundlich sie sind. Wichtiger noch ist zu beachten, wer die Website betreibt. Seriös sind vor allem staatliche Organisationen und Einrichtungen (sofern demokratische Kontrolle gewährleistet ist), Institutionen der Wissenschaft und Forschung (Universitäten, Hochschulen, Forschungsinstitute), bekannte Wissenschaftlerinnen und Wissenschaftler, anerkannte Zeitungen und Zeitschriften.
Wikipedia-Artikel werden von bleibenden Autorinnen und Autoren anonym verfasst. Sie können wissenschaftlich gehaltvoll sein, aber auch ungesicherte und falsche Informationen transportieren oder manipulativ angelegt sein.
Um gezielt an die angestrebten Informationen zu kommen, kann es sinnvoll sein, zunächst mit einem oder wenigen Suchbegriffen zu beginnen. Danach sollten die Suchoptionen durch Eingabe mehrerer und spezieller Suchbegriffe eingeengt werden.

M1 Das Gehirn lernt immer (Manfred Spitzer)

Das Gehirn wiegt ca. zwei Prozent des Körpergewichts, verbraucht jedoch mehr als 20 Prozent der Energie, die wir mit der Nahrung aufnehmen. Wir leisten uns diesen Luxus, denn wie die Flügel des Albatros und die Flossen des Wals an die Eigenschaften von Luft und Wasser optimal angepasst sind, wurde auch das Gehirn durch die Evolution für das Lernen optimiert. Wer lernt, kann in Zukunft besser auf die Welt reagieren bzw. sich in ihr verhalten.

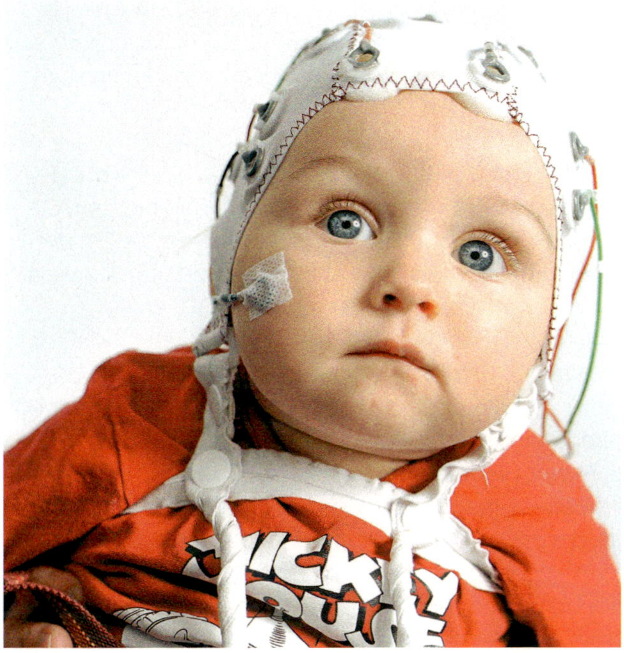

Abb. 4.2

Lernen zu verstehen heißt nicht zuletzt, das Gehirn zu verstehen. [...]

Die meisten Menschen verbinden Lernen mit Schule, mit „Büffeln" und „Pauken", mit Schweiß und Frust, schlechten Noten und anstrengenden Prüfungen. Machen wir uns nichts vor: Lernen hat ein negatives Image, ist unangenehm, und wenn man lernt, muss man sich dafür hinterher belohnen (Motto: für jede Vokabel ein Stück Schokolade). Wer so denkt, für den steht auch fest: In der Freizeit wird nicht gelernt. Lernen ist Arbeit und diese ist von Freizeit zu trennen, schließlich betrachten wir es ja als eine unserer kulturellen Errungenschaften, dass wir unsere Zeit einteilen in die, die wir leider in der Schule (Uni/Berufsschule/Weiterbildungsstätte etc.) verbringen, und diejenige Zeit, in der wir frei haben und nicht lernen müssen. „Erst die Arbeit, dann das Vergnügen!"

Diese Sicht der Dinge entspricht nicht der Natur dessen, was Lernen eigentlich ist. Unser Gehirn ist für das Lernen optimiert. Es lernt also nicht irgendwie und mehr schlecht als recht, nebenbei und wenn es eben sein muss. Nein, unser Gehirn kann nichts besser und tut nichts lieber! Wer mit Blick auf die Schule an dieser Stelle Skepsis geltend macht, der beweist nur, wie sehr wir die Erkenntnis der Gehirnforschung im Bereich der Schule vernachlässigt haben und noch immer vernachlässigen. [...] Nervenzellen unterscheiden sich von anderen Zellen (also beispielsweise Haut-, Muskel- oder Drüsenzellen) dadurch, dass sie etwas repräsentieren. Ein bestimmtes Neuron feuert immer genau dann, wenn ein ganz bestimmter Input vorliegt: eine Berührung irgendwo am Körper, ein Ort, an dem wir uns gerade befinden, ein Wort, das wir gerade hören, oder irgendetwas anderes. Information liegt im Nervensystem in Form von Aktionspotenzialen vor, also von Impulsen, die keine weiteren Eigenschaften haben als diejenige, dass sie anwesend oder abwesend sind. Die Impulse riechen nicht und haben keine Farbe, sie sind nicht einmal klein oder groß. Neuronen erhalten Impulse entweder über die Sinnesorgane (Analog-Digitalwandler, die aus physikalischen Größen der Umwelt Impulse produzieren) oder von anderen Neuronen. Sie verarbeiten diese Impulse wie folgt: Die eingehenden Impulse werden mehr oder weniger stark übertragen. Hierin liegt gerade der Witz der biochemischen Impulsübertragung an Synapsen. Je nach Stärke der Übertragung kann der gleiche Input das eine Neuron erregen, das andere jedoch nicht.

Jegliches Lernen besteht in neurobiologischer Hinsicht in der Veränderung der Stärke solcher neuronaler Verbindungen an Synapsen. Da sich die Synapsen immer dann ändern, wenn sie Impulse verarbeiten, wird auch immer gelernt. [...]

Von Beispielen zu Regeln

Dass wir Menschen wirklich zum Lernen geboren sind, beweisen alle Säuglinge. Sie können es am besten, sie sind dafür gemacht; und wir hatten noch keine Chance, es ihnen abzugewöhnen. Zweijährige verhalten sich ihrer Umgebung gegenüber nicht wie Reflexautomaten oder mit Fakten zu füllende Behälter. Sie suchen vielmehr aktiv ihre Umgebung zu begreifen, indem sie kleine Tests durchführen und – ganz ähnlich wie Wissenschaftler – Hypothesen darüber prüfen, wie sich die Dinge wohl verhalten. Dreijährige lernen alle 90 Minuten ein neues Wort und mit fünf Jahren beherrschen Kinder nicht nur bereits Tausende von Wörtern, sondern vor allem auch deren Gebrauch und damit die komplizierte Grammatik der Muttersprache.

Im Vorschulalter beherrschen Kinder hierzulande beispielsweise die „Regel", dass die Verben, die auf „-ieren" enden, das Partizip Perfekt ohne „ge" bilden. Sie erzählen, dass sie gestern gelaufen sind, aber nicht durch den Wald gespaziert, sondern nur spaziert sind; und was sie vorgestern nur verloren (und nicht geverloren) haben, das haben sie stolz gestern wieder gefunden. Man könnte argumentieren, dass die Kinder die richtigen Partizipien wie auch die Infinitive und alles andere einfach „aufgeschnappt" und so auswendig gelernt haben. Dem ist jedoch nicht so. Erzählt man ihnen die Geschichte von den Zwergen, die am Abend quangen und sich am nächsten Morgen daran erinnern, dann sagt der Zwerg, gestern haben wir wieder einmal so richtig schön gequangt. Und wenn die Zwerge am Abend patieren, dann sagt der Zwerg, man habe gestern so richtig schön patiert (ohne „ge"). [...]

Der für das Lernen von Einzelheiten wichtigste Teil des Gehirns ist der Hippokampus, eine kleine Struktur, die tief

im Temporallappen gelegen ist. Nervenzellen im Hippokampus lassen sich direkt dabei beobachten, wie sie neue Inhalte lernen. Lernt ein Organismus, sich an neuen Orten zurechtzufinden, dann entstehen neue Repräsentationen dieser Orte in dessen Hippokampus. […]
Der Hippokampus lernt wichtige und neue Einzelheiten rasch. […] Der Hippokampus speichert Einzelheiten dann, wenn sie zwei Qualitäten aufweisen: Neuigkeit und Bedeutsamkeit. Wichtige Neuigkeiten hören wir einmal und schon haben wir sie uns gemerkt.

Im Gegensatz zum (kleinen) Hippokampus ist die (große) Großhirnrinde eine Regelextraktionsmaschine. Die synaptischen Verbindungen zwischen ihren Neuronen ändern sich nur ein klein wenig, wenn Lernen stattfindet. Daher vergehen die meisten unserer Eindrücke, ohne dass wir uns später wieder an sie erinnern können. Dies ist von Vorteil, denn es sind die allgemeinen Strukturen der Realität, die zukünftig weiterhelfen. Betrachten wir ein Beispiel. Sie haben sicherlich in Ihrem Leben schon Tausende von Tomaten gesehen bzw. gegessen, können sich jedoch keineswegs an jede einzelne Tomate erinnern. Warum sollten Sie auch? Ihr Gehirn wäre voller Tomaten! Diese wären zudem völlig nutzlos, denn wenn Sie der nächsten Tomate begegnen, dann nützt Ihnen nur das, was Sie über Tomaten im Allgemeinen wissen, um mit dieser Tomate richtig umzugehen. Man kann sie essen, sie schmecken gut, man kann sie zu Ketchup verarbeiten, werfen etc. – All dies wissen Sie, gerade weil Sie schon sehr vielen Tomaten begegnet sind, von denen nichts hängen blieb als deren allgemeine Eigenschaften bzw. Strukturmerkmale.
Das Lernen von einzelnen Fakten oder Ereignissen ist daher meist nicht nur nicht notwendig, sondern auch ungünstig. Ausnahmen sind Orte und wichtige Ereignisse des persönlichen Lebens, d.h. Inhalte, die eben nicht allgemein, sondern speziell sind. Dieses Wissen von Einzelheiten ist ansonsten aber wenig hilfreich. Aber glücklicherweise lernen wir ja auch keineswegs jede Kleinigkeit. Im Gegenteil: Unser Gehirn ist – abgesehen vom Hippokampus, der auf Einzelheiten spezialisiert ist – auf das Lernen von Allgemeinem aus. Dieses Allgemeine wird aber nicht dadurch gelernt, dass wir allgemeine Regeln als solche pauken. Es wird vielmehr dadurch gelernt, dass wir Beispiele verarbeiten und aus diesen Beispielen die Regeln selbst produzieren.

Aus mehreren Gründen gibt es im Leben eines Menschen unterschiedliche Phasen des Lernens.
Erstens ist das Gehirn des Neugeborenen noch sehr unfertig, d.h., es entwickelt sich, während es lernt.
Damit hängt, *zweitens*, zusammen, dass frühes Lernen besonders bedeutsam sein kann.
Drittens nimmt die Lerngeschwindigkeit mit zunehmendem Alter ab.
Und *viertens* lernt derjenige, der schon etwas kann, anders als jemand, der ganz von vorne anfängt.
Im Gehirn des Neugeborenen sind zwar praktisch alle Neuronen schon vorhanden, viele von ihnen sind jedoch in mehrfacher Hinsicht noch nicht oder zumindest nur unzureichend verknüpft. Da jegliches Lernen in einer Veränderung von Verknüpfungen zwischen Neuronen besteht, ist dies von großer Tragweite, die erst in jüngster Zeit in der kognitiven Entwicklungsneurobiologie in den Blick genommen wurde. Betrachten wir Beispiele.
Die Umgebung eines Neugeborenen ist beliebig komplex. Wenn es nun mit dem Lernen beginnt, wäre es sinnvoll, dass es erst einfache Sachverhalte und Zusammenhänge lernt, und dann immer kompliziertere. Ein guter Lehrer würde es mit einem Schüler nicht anders machen. Man kann darüber hinaus zeigen, dass Lernen von Komplexität nur gleichsam „auf dem Rücken" von bereits gelernter Einfachheit gehen kann. Nun hat aber ein Säugling keinen Lehrer und ist beständig der ganzen Realität ausgesetzt. Wie kann er unter diesen Bedingungen überhaupt etwas lernen? – Die zunächst erstaunliche Antwort der kognitiven Neurowissenschaft lautet, dass der Säugling genau deshalb, weil sein Gehirn noch so unfertig ist, so gut lernen kann. Sein Gehirn funktioniert zunächst in einfacherer Weise und kann daher nur einfache Zusammenhänge verarbeiten. Es kann daher auch nur diese lernen.

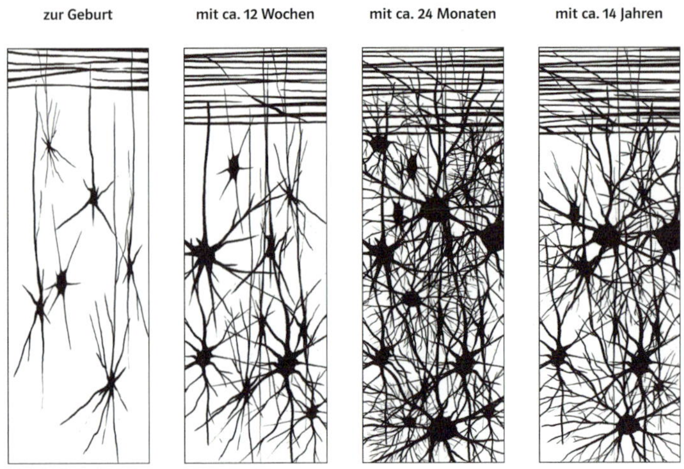

Abb. 4.3: Proliferation und Rückgang synaptischer Verbindungen bei Kindern während der postnatalen Entwicklung

[…] Hätten wir das Gehirn, das wir als Erwachsene haben, bereits bei der Geburt gehabt, so hätten wir (so etwas Komplexes wie) Sprache nie lernen können. Hierfür spricht übrigens die Beobachtung, dass sich das Fenster für den Spracherwerb mit zwölf bis 13 Jahren schließt. Wer in diesem Alter noch nicht sprechen kann, der lernt es nicht mehr.
Wir wissen, dass Repräsentationen (Neuronen, die für etwas Bestimmtes stehen) im Gehirn nicht irgendwie oder gar zufällig verteilt gleichsam herumliegen. Die Gehirnrinde, der Kortex, hat vielmehr die Eigenschaft, dass er Repräsentationen selbsttätig landkartenförmig organisiert. […]
Wer also beispielsweise seine Hände (aus welchem Grunde auch immer) in den ersten drei Lebensjahren nicht benutzen würde, der könnte später zwar mit ihnen tasten, jedoch nicht so fein und genau. Und wer umgekehrt als Kind mit dem Gitarren- oder Geigenspiel beginnt (also mit den Fingern der linken Hand sehr oft sehr genau tastet), der hat als Erwachsener einige Zentimeter mehr Platz im Kopf (auf seiner somatosensorischen Landkarte) für die Finger der linken Hand. […]

In einer Studie zur Rolle der Emotionen beim Lernen konnten wir erstmals nachweisen, dass neutrales Material in Abhängigkeit davon, in welchem emotionalen Zustand es gelernt wird, in anderen Bereichen des Gehirns gespeichert wird. Wir bestimmten dazu die Aktivität des Gehirns mittels funktioneller Magnetresonanztomografie (fMRT) während des Einspeicherns von Wörtern. [...] Auf diese Weise konnten wir zunächst nachweisen, dass der emotionale Kontext, in dem die Einspeicherung der Wörter geschah, einen klaren Einfluss auf die spätere Erinnerungsleistung hat. Diejenigen Wörter wurden am besten erinnert, die in einem positiven emotionalen Kontext eingespeichert worden waren. Darüber hinaus konnten wir zeigen, dass unterschiedliche Hirnregionen beim erfolgreichen Einspeichern aktiv waren, je nachdem, in welchem emotionalen Kontext die Wörter eingespeichert wurden: Während das erfolgreiche Einspeichern von Wörtern in positivem emotionalen Kontext eine Aktivität im Bereich des Hippokampus zeigte, fand sich eine Aktivierung des Mandelkerns während des erfolgreichen Einspeicherns in negativem emotionalem Kontext. Was bedeutet dies? Der Hippokampus ist, wie oben bereits erwähnt, für das Lernen von einzelnen Neuigkeiten zuständig. Diese Einzelheiten werden dann während des Nachtschlafs immer wieder vom Hippokamus in die Gehirnrinde, den „langsamen Lerner", transferiert, sodass die Information schließlich nach Wochen, Monaten oder Jahren in der Gehirnrinde verankert (sprich: langfristig gespeichert) ist.
Die Funktion der Mandelkerne hingegen ist eine ganz andere: Sie tragen dazu bei, dass wir unangenehme Erlebnisse sehr rasch lernen und in Zukunft vermeiden. Wird bei Ratten der Mandelkern beidseits operativ zerstört, kann die Ratte zwar noch lernen, sich in einem Irrgarten zurechtzufinden (sie benutzt hierfür ihren Hippokampus), nicht jedoch, sich vor etwas zu fürchten. Zum Fürchten-Lernen braucht man den Mandelkern. [...]

Aufgaben

1. Erläutern Sie die Vorgänge im menschlichen Gehirn bei Lernprozessen. Ziehen Sie dazu auch Bildmaterial zum menschlichen Gehirn heran, welches Sie in Fachbüchern, Zeitschriften oder auch im Internet finden können. Präsentieren Sie entsprechendes Bildmaterial mit eigenen Erläuterungen.
2. Erörtern Sie, inwiefern beim pädagogischen Denken und Handeln die von Spitzer vorgestellten Einsichten berücksichtigt werden müssten. Prüfen Sie, ob sich die Notwendigkeit ergibt, Lehr- und Lernprozesse radikal zu ändern.
3. Spitzer sagt: „Das Gehirn lernt immer." Wer lernt eigentlich? Setzen Sie sich mit dieser Frage unter Berücksichtigung von Spitzers Ausführungen kritisch auseinander.

Heinz Schirp hat nach pädagogischen Konsequenzen aus Erkenntnissen der Neurobiologie gefragt und entsprechende Ratschläge für Pädagoginnen und Pädagogen formuliert.

M2 Pädagogische Lernförderung und neurowissenschaftliche Einsichten (Heinz Schirp)

Neuronale Selbstorganisation

Die neuronale Selbstorganisiertheit unseres Gehirns verweist darauf, dass „Wissen" nicht einfach von den Lehrenden in die Köpfe ihrer Schülerinnen und Schüler transferiert werden kann. Das Diktum von der „Nutzlosigkeit von Belehrungen und Bekehrungen" findet seine Begründung darin, dass Lernen ein konstruierender, selbstständiger Prozess ist, der von den bereits vorhandenen Lernerfahrungen, Verarbeitungs- und Verstehensmustern abhängt. Die Unterrichtsplanung kann dies etwa dadurch berücksichtigen, dass offene Lernsituationen hergestellt werden, in denen eigene Lernstrategien entwickelt und genutzt werden. Lernstrategien können sich dabei auf das Erlernen und Behalten von Vokabeln ebenso beziehen wie auf die systematische Bearbeitung eines Textes, die Erarbeitung eines Sachproblems oder die Gestaltung von Teamarbeit. Man muss unterschiedliche Angebote erproben können, um herauszufinden, mit welchem Verfahren man selbst am besten zurechtkommt. [...]
Der Hippocampus fungiert gewissermaßen als „Trainer des Cortex". „Immer dann, wenn der Hippocampus etwas (vorläufig) gelernt hat, wird nachfolgend „off-line" das Gelernte zum Cortex übertragen und dort weiter verarbeitet. Dies geschieht übrigens auch z. B. im Schlaf. Auf diese Weise speichert der prinzipiell sehr langsam lernende Cortex im Laufe der Zeit alles Wichtige, was zuvor eben im Hippocampus gespeichert worden war" (Spitzer 2002: S. 22 ff., S. 125).
Regeln und Ordnungsstrukturen etwa werden nicht dadurch gelernt, dass man sie einmal auf- oder abschreibt oder sie auswendig lernt, sondern dadurch, dass sie sich in vielen ähnlichen Situationen als nützlich und hilfreich erweisen.

Episodisches und deklaratives Lernen

Unser Gehirn bewertet und gewichtet die Vielzahl der über unsere Sinne einstürmenden Eindrücke, sortiert, bearbeitet und speichert sie vernetzend in diversen Gedächtnissen. Der Plural wird hier deswegen gewählt, weil sich die Gedächtnisformen und die damit zusammenhängenden neuronalen Strukturen voneinander unterscheiden. Bezogen auf die Inhalte unterscheidet man z. B. ein deklaratives (explizites Wissen) und ein nicht-deklaratives (implizites Können) Gedächtnis.
Das deklarative Gedächtnis lässt sich noch einmal unterteilen in ein semantisches und ein episodisches Gedächtnis. In unserem semantischen Gedächtnis werden z. B. Fakten, Kenntnisse, unser Sachwissen von der Welt, Sprache, Denkkonzepte, Regeln, Zeit- und Raumbezüge, mathematische Lösungszugänge u. Ä. gespeichert. Über dieses Weltwissen verfügen wir auch unabhängig von den konkreten Lern-

kontexten, in denen wir dieses Wissen erworben haben. In unserem episodischen Gedächtnis werden dagegen vor allem unsere autobiografischen Erlebnisse, Ereignisse und Erfahrungen sowie deren situative und zeitliche Einbindungen gespeichert. [...]
Wir erinnern Sachverhalte deutlich besser, wenn wir sie in den unterschiedlichen „Gedächtnissen" bearbeitet und gespeichert haben. Je intensiver wir unterschiedliche neuronale Verarbeitungszentren und Gedächtnisse schon während des Erarbeitungsprozesses benutzen, desto mehr Zugänge zum Erinnern stehen anschließend zur Verfügung. Für die Unterrichtsgestaltung ist es also sinnvoll,

- Faktenwissen durch Geschichten, Anekdoten, Bilder und Bezüge zu anderen Lebensbereichen und -situationen zu „illustrieren" und so in unterschiedliche Kontexte einzubauen,
- die Schülerinnen und Schüler dazu zu animieren, eigene bildliche Vorstellungen von Unterrichtsergebnissen zu entwickeln,
- eigene Mindmaps, Veranschaulichungen, Strukturskizzen, „Eselsbrücken" und Übersichten zu erstellen,
- unterschiedliche Lebens- und Alltagssituationen (er)finden zu lassen, in denen die Unterrichtsergebnisse eine Rolle spielen (könnten),
- ganz bewusst auch emotionale Beurteilungen zu artikulieren und mit in den Verstehens- und Behaltensprozess zu integrieren. [...]

Interaktion und Kommunikation
Unser Gehirn, unsere neuronalen Netzwerke, unsere kognitiven und emotiven Vernetzungen und Verbindungen werden besonders aktiv, wenn sie mit Situationen konfrontiert werden, zu denen es unterschiedliche Zugänge, Meinungen, Beobachtungen, Einschätzungen, Begründungen, Erfahrungen etc. gibt. [...] In dem Maße, in dem wir etwa in Lernsituationen in Interaktions- und Kommunikationsprozesse mit unseren Mitschülern einbezogen sind und aktiv daran teilnehmen, fördern wir nicht nur soziale Interaktion in der Lerngruppe, sondern gleichzeitig auch neuronale Interaktions-, Kommunikations- und Vernetzungsprozesse in unserem Gehirn. [...]
Unser Gehirn ist ein soziales Gehirn. Soziale Interaktion und Kommunikation gehören zu den effektivsten Bestandteilen „gehirnfreundlicher" Lernarrangements. [...] Unterrichtlich kann dies etwa dadurch gefördert werden, dass

- in kurzen Abständen kleine kommunikative Vergewisserungsphasen eingebaut werden, z. B. durch eine kurze Besprechung mit den Tischnachbarn, der Tischgruppe (think-pair-share),
- ganz gezielt kontroverse Einschätzungen, Wahrnehmungen, Positionen verdeutlicht werden,
- Gruppen eigene Lösungswege „modellhaft" erläutern und darstellen,
- Gruppen von unterschiedlichen Perspektiven ein Problem angehen und die Gruppenergebnisse zirkulieren und ergänzt werden („placemat-Verfahren"),
- Personen und Experten ihre eigenen Positionen, ggf. ganz neue Aspekte, kontroverse Einschätzungen etc. zur Sprache bringen,

Abb. 4.4

- unterschiedliche Ergebnisse zusammengeführt, Gemeinsamkeiten formuliert und konsensfähige Positionen entwickelt werden,
- in Form von „Sandwich-Verfahren" Instruktions- und Interaktionsphasen einander abwechseln.

Emotion und Kognition
Die neurobiologische Forschung der vergangenen Jahre hat auch zu einem neuen Verständnis vom Zusammenwirken kognitiver und emotiver Prozesse geführt. Es wird dabei zunehmend erkennbar, dass emotionale Zugänge für unsere Urteils-, Entscheidungs- und Handlungsprozesse viel bedeutsamer und im wörtlichen Sinne entscheidender sind, als wir das bisher angenommen haben. Negative Gefühle z. B. verändern regelrecht unsere kognitiven Stile. [...]
Da wir immer und überall emotionale Kontexte mitlernen und Gelerntes auch immer wieder mit den mitgelernten emotionalen Anteilen erinnern, ist es für die Unterrichtsgestaltung wichtig,

- den „Lernraum Klasse" gehirn- und lernfreundlich zu gestalten; dazu gehören kommunikationsförderliche Sitzordnungen, Möglichkeiten zur Partner- und Gruppenarbeit, soziale Organisationsmodelle in der Klasse, in der Schule, soziale Rückmeldungen und kontinuierliche Formen von Wertschätzung und die Anerkennung erbrachter Leistungen,
- ein Unterrichtsklima und eine Schulatmosphäre herzustellen, in der Schülerinnen und Schüler nachvollziehbar wahrnehmen können, dass sie mit ihren Fähigkeiten, Voraussetzungen und Einstellungen ernst genommen werden und dass Lehrerinnen und Lehrer an ihrer Lernentwicklung interessiert sind,
- Gefühle zur Sprache zu bringen; „Gefühle geben zu denken", den Schülerinnen und Schülern ebenso wie den Lehrerinnen und Lehrern. Zu vielen Unterrichtsgegenständen bringen Schülerinnen und Schüler bewusst oder unbewusst emotional bestimmte Einstellungsmuster mit. Diese sollten ganz bewusst artikuliert werden können; das dient letztlich auch der sach- und fachspezifischen Klärung,
- den Schülerinnen und Schülern dabei zu helfen, mit Arbeitsstress, Leistungsdruck und Prüfungsangst umzuge-

hen. Das reicht von Entspannungsübungen bis zum Aufzeigen von erfolgversprechenden Arbeits-, Übungs- und Behaltensstrategien,
- erfolgreiche Lernprozesse auch als solche zu bewerten und mit entsprechenden „emotionalen Markern" zu versehen.

Aufgaben

1. Stellen Sie in einer Tabelle die von Schirp berücksichtigten neurobiologischen Einsichten und die von ihm vorgeschlagenen pädagogischen Konsequenzen gegenüber.
2. Prüfen Sie, inwiefern die pädagogischen Folgerungen, die Schirp jeweils zieht, überzeugend sind.
3. Erörtern Sie, wie auf sinnvolle Weise pädagogisch mit Einsichten der Neurobiologie verfahren werden sollte.
4. ▲ Manfred Spitzer hat in seinem Buch „Lernen" eine positive Utopie einer nach neurobiologischen Einsichten gestalteten zukünftigen Lernwelt entworfen. Stellen Sie diese Utopie vor. Setzen Sie Spitzers Utopie und Skinners „Futurum II" kritisch in eine Beziehung zueinander. Beziehen Sie Stellung zu den Fragen, ob die von Spitzer ausgemalte Welt
   a) realisierbar wäre und
   b) wünschenswert ist.

M3 Nutzen der Hirnforschung für die Pädagogik (Nicole Becker)

In Bezug auf schulisches Lernen wird vor allem auf die Bedeutung authentisch und kompetent auftretender Lehrer, die Relevanz einer lebensweltlichen Verankerung und Präsentation von Lerninhalten und die negativen Auswirkungen von Stress verwiesen. Als oberstes Ziel wird dementsprechend von einigen Autoren die Vermeidung negativer Emotionen proklamiert, da sich Schüler unter deren Einfluss nicht angemessen mit Lerninhalten auseinandersetzen könnten. Pflüger sieht vor allem in neuropsychologischen Gedächtnismodellen das Potenzial für neue „Ansätze für die Erziehungswissenschaft", etwa „indem man Lernen eher mit Neuigkeitsreizen und Belohnung verknüpft als mit mechanisch automatisierten Wiederholungen".
Auffällig ist an den Beiträgen die hartnäckige Reduktion von Menschen auf Gehirne:
- Der Adressat von Erziehung ist – nach dieser Logik – das Frontalhirn, denn es ist „diejenige Gehirnregion, die in besonderer Weise durch denjenigen Prozess strukturiert wird, den wir Erziehung und Sozialisation nennen".
- „Das Gehirn ist immer auf der Suche nach Erfahrungen, nach Erlernbarem, mit denen es sich über Erfolgserlebnisse chemisch belohnen, also ein ‚Lusterlebnis' verschaffen kann." Und selbstverständlich gelte dies auch „für die Gehirne der Erzieher, die ebenfalls ‚Glückserlebnisse' im Umgang mit ihren Schülern brauchen!".
- Das Ziel pädagogischen Handelns wäre demnach die „Herausbildung komplexer Verschaltungen im kindlichen Gehirn".

Anstelle des proklamierten Erkenntnisgewinns zeigt sich in solchen Darstellungen lediglich die Vergeblichkeit des Versuchs, mithilfe von Metaphern zwei grundverschiedene Beschreibungsebenen und damit auch Erkenntnisgegenstände kompatibel zu machen. Zweifellos besteht eine Relation zwischen physiologischen und mentalen Zuständen, und niemand würde bestreiten, dass das Gehirn bei pädagogischen Prozessen eine wichtige Rolle spielt. Doch der Versuch, Erziehungsziele und -methoden sowie Wirkungen pädagogischen Handelns mit neurophysiologischen Begriffen zu beschreiben, ist ebenso unzulänglich wie die Aufforderung, Erziehung nach dem Gehirn ausrichten und Unterricht „gehirngerecht" organisieren zu sollen. Wie soll sich Erziehung nach dem Gehirn richten, wenn es doch – wie es an anderer Stelle heißt – das Gehirn ist, das sich nach der Erziehung richtet? Und wie soll das Kind lernen, „sein Gehirn auf eine bestimmte Weise zu benutzen", wenn es das Gehirn ist, das sich seine Lerngegenstände ‚sucht' und ‚entscheidet', wofür es sich interessiert?
Ebenfalls bemerkenswert an diesen Beiträgen ist, dass sich zwischen den konkreten Forderungen und den referierten Studien keine zwingenden Ableitungszusammenhänge erkennen lassen. Das streng empirische Verfahren scheint beim Nachdenken über pädagogische Fragen rasch außer Kraft gesetzt zu werden: Häufig werden aufgrund von Einzelerkenntnissen, die in der überwiegenden Zahl aus tierexperimentellen Studien stammen, weitreichende Annahmen in Bezug auf Hirnentwicklung bzw. neuronale Plastizität beim Menschen formuliert, und nicht weniger häufig basieren pädagogische Empfehlungen auf persönlichen Werturteilen und normativen Annahmen. Sie sind zudem so allgemein gehalten, dass es dem Leser selbst überlassen bleibt, wie er sich deren „praktische Ausgestaltung" vorzustellen habe. […]
Die Hirnforschung kann (x) nichts sagen, was man nicht eigentlich schon weiß; (y) lediglich bestätigen, was man schon weiß, aber sie kann darüber hinaus viel Wichtiges zu pädagogischen Fragen beitragen; (z) noch nicht viel zu pädagogischen Fragen sagen, weil pädagogisch relevante Forschung aussteht.
Stellt man nun noch einmal die Frage nach den Erwartungen, die Erziehungswissenschaftler an die Hirnforscher richten, und vergleicht diese mit den Argumentationsweisen und Kernaussagen der vorliegenden Artikel, so fällt das Fazit ernüchternd aus. […]
Darüber, dass eine frühe Förderung von Kindern wünschenswert ist, dass die Familie eine zentrale Sozialisationsinstanz ist und dass sich ein hohes Ausmaß an Angst negativ auf Schulleistungen auswirkt, dürfte weitestgehend Konsens herrschen und jeder mag für sich entscheiden, ob es ihn interessiert, dass auch Hirnforscher diese Einschätzung teilen. Sicher ist indes, dass die „Verwissen-

schaftlichung" von Binsenweisheiten nicht das ist, was die Erziehungswissenschaft dringend benötigt.
Von der Hirnforschung geht eine große Faszinationskraft aus und die Versuchung ist groß, ihren Einflussbereich und Erklärungsbereich beliebig auszudehnen. […]

Aufgaben

1. Fassen Sie die kritischen Einwände Nicole Beckers gegen Behauptungen und Ansprüche der Neurowissenschaften tabellarisch zusammen.
2. Diskutieren Sie, inwiefern ihre Einwände berechtigt sind.
3. Prüfen Sie, welche Konsequenzen für einen „pädagogischen" Umgang mit Einsichten der Neurobiologie sich aus Beckers Anmerkungen ergeben müssten.

M4 Neurowissenschaften und Pädagogik (Volker Ladenthin)

Forscher auf dem Grenzgebiet zwischen Biologie, Psychologie und Medizin haben sich des Lernens angenommen und bereichern ihre Kenntnisse durch zum Teil spektakuläre Präsentationen: Denkvorgänge können optisch in Farbe dargestellt werden, Gedanken offensichtlich im Gehirn lokalisiert und in Bewegung gezeigt werden. Man kann nachweisen, dass spezialisiertes Lernen auch besonders viele spezialisierte Verknüpfungen im Gehirn erzeugt, dass es für bestimmte Lerninhalte besonders sensible Phasen in unserer biologischen Entwicklung gibt.
Besonders Neurobiologie, Gehirnforschung und Neuropsychologie untersuchen mit aufwändigen Methoden Vorgänge im Gehirn. Innerhalb ihrer Wissenschaft sind diese Ergebnisse revolutionär: Man kann Denkprozesse endlich – ein alter Traum der Materialisten – anfassen, in Materie verwandeln, man kann sie chemisch erklären, medizinisch begleiten und bei Verletzungen sogar therapieren. Welche Bedeutung aber haben diese Erkenntnisse für Eltern und Lehrer, für Bildungsplaner und Schulpolitiker?
„Die neuen Erkenntnisse der Neurowissenschaften sind vor allem im Hinblick auf die operationale Geschlossenheit des Gehirns revolutionär." So Annette Scheunpflug in einer nützlichen Übersicht. Man müsse zweifeln, ob es überhaupt ein „Verstehen" geben könne. Und um scheinbare Freiheit des Menschen sei es schlecht bestellt. Darum wirkten Menschen lediglich frei, ohne aus biologischer Perspektive wirklich frei zu sein. Gerade von diesen Erkenntnissen verspricht man sich für die Erziehungswissenschaft relevante Ergebnisse. So gingen zum Beispiel didaktische Modelle häufig noch von kausalen Verbindungen zwischen dem Lehrangebot und dem Lernen aus. Das sei falsch, da nun mittels Hirnforschung nachgewiesen sei, dass eine

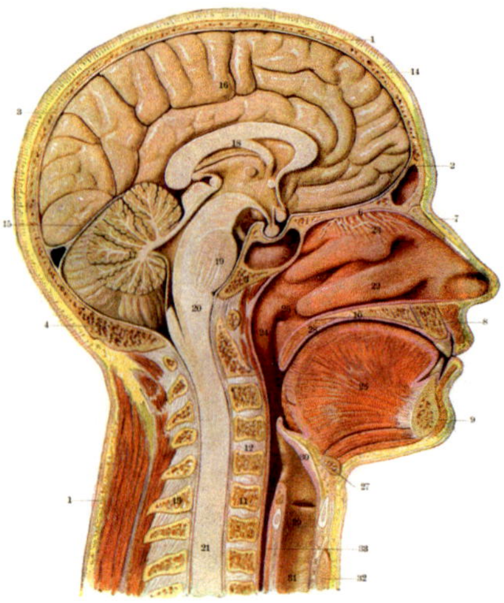

Abb. 4.5: Angeblich unkontrolliert arbeitet unter der Schädeldecke eine Chemiefabrik

Vorhersage von Denkergebnissen oder Verhaltensweisen nicht möglich sein wird.

Vorwissen steuert
In Äußerungen wie diesen sind die genannten Wissensformen so miteinander verbunden, dass es wenig hilfreich ist. Den wirklich spektakulären Erkenntnissen in den Naturwissenschaften tut derlei Hoffnungsmache Abbruch. […]
Die Hirnforschung untersucht Reaktionen auf Reize. Über den Inhalt dieser Reize kann auch das feinsinnigste Experiment keine Auskunft geben. Ob Karsten, der Schüler, vier plus vier gleich neun oder vier plus vier gleich acht rechnet, kann die Hirnforschung nicht unterscheiden. Ob Kirsten, die Schülerin, lernt, dass man einen Aufsatz mit Einleitung, Hauptteil und Schluss aufbaut oder einleitungslos mit dem schönsten Ferienerlebnis beginnt, kann kein Hirnforscher erkennen. Gerade das, worauf es Eltern und Lehrern ankommt, kann die Hirnforschung nicht erforschen: die Wahrheit.
Hier liegen die Grenzen der psychologischen Lernforschung und der naturwissenschaftlichen Lerntheorien. Sie erforschen Reaktionen. Diese aber reichen pädagogisch betrachtet gerade nicht aus: Die Kinder sollen doch nicht irgendetwas lernen, sondern etwas Richtiges. Etwas Bedeutsames: Aber über die Bedeutsamkeit entscheiden Lehrende und Lernende frei. Da gibt es keine vorstabilisierte biologische Harmonie.

Reaktionen auf Reize
Aus hirnphysiologischer Sicht findet ein Lernen immer dann statt, wenn das Hirn einen neuen Reiz verarbeiten muss. Ob dies ein richtiger oder falscher Reiz ist, entzieht sich dem Versuchsaufbau. Aus pädagogischer Sicht findet aber Lernen nur und ausschließlich statt, wenn etwas richtig gedacht und gemacht wurde. Zwischen diesen beiden Sätzen liegt ein tiefer Graben. Bisher wurde er nicht überschritten. Die Ergebnisse der Hirnforschung sind spektakulär und innerhalb dieser Wissenschaft ein großer Fortschritt. Zur Frage, ob eine Aussage richtig oder falsch ist, tragen sie nichts bei. Genau darum geht es in Bildungsprozessen.

Ein letztes Problem ist das Problem der Freiheit. Dieses Problem ist nicht biologisch zu lösen. Hier bedarf es der Pädagogik als Philosophie. Wenn der Mensch wirklich unfrei wäre, dann wäre es gleichgültig, wie er sich entscheidet. Dann ist alles richtig. Dann brauchen wir allerdings auch keine biologische Forschung, die diese Unfreiheit feststellt – denn auch mit Forschung wird man zu keinen anderen Handlungsergebnissen kommen als ohne Forschung. (Andernfalls wäre der Mensch ja doch frei!)
Warum soll man – wenn der Mensch unfrei ist – überhaupt noch forschen? Und warum soll man lernen? Überlassen wir die Kinder doch sich selbst – diese Entscheidung ist ja nicht unmoralisch oder inhuman; denn es wäre ja gar keine Entscheidung. Der, der sich angeblich entscheidet, wäre aus biologischer Perspektive nicht entscheidungsfähig. Es ist der Selbstwiderspruch, der an diesen Aussagen so stört: Die Feststellung von unbedingter Unfreiheit soll letztlich doch zu freien Entscheidungen führen! Dort, wo die Neurowissenschaften gesicherte Kenntnisse über die Begleitumstände des Lernens beisteuern, bereichern sie das pädagogische Wissen; aber sie können keine Antwort auf die pädagogischen Fragen geben.
Es entsteht der Eindruck, dass die Ergebnisse der Hirnforschung so bedeutsam scheinen, weil man das pädagogische Grundwissen vergessen hat. Man verwechselt in der Regel Lernen mit Auswendiglernen. Man versteht ausschließlich „Kenntnisse" als Ergebnis des Lernens. Man verwechselt Lehren mit Dozieren. Man glaubt, bei der Lehre sei der Lehrer aktiv und der Schüler passiv – dabei ist es umgekehrt: Beim Lehren leitet der Lehrer den Schüler an, sich selbst zu belehren. Denn lernen oder denken kann man immer nur selbst. Und natürlich sind nicht nur Kenntnisse durch Lernen erworben – sondern unsere Gesamtpersönlichkeit ist Produkt des Lernens. Es scheint, als wären die pädagogischen Fragestellungen von den Ergebnissen der bisherigen Lernbiologie noch nicht erreicht.

Aufgaben

1. Erarbeiten Sie, welche pädagogisch bedeutsamen Gesichtspunkte nach Ladenthin in den Neurowissenschaften keine Beachtung finden können.
2. Arbeiten Sie heraus, welche Vorstellungen von den Aufgaben der Pädagogik Ladenthin entwickelt. Achten Sie dabei vor allem auf die Rolle der Freiheit.
3. Erörtern Sie Ladenthins Gedanken, dass Lernen in pädagogischer Perspektive wesentlich zur Freiheit des Menschen beitragen soll.

4.2 Lernen aus konstruktivistischer Sicht

Ähnlich wie die Erkenntnisse der Neurowissenschaften finden auch „konstruktivistische" Positionen in der Pädagogik zunehmend Beachtung.

Konstruktivisten beziehen sich vielfach auf Einsichten von Neurowissenschaftlern, sie nehmen gemeinsam mit ihnen großen Einfluss in pädagogischen Diskussionen.

Konstruktivisten haben eine eigene Fachsprache entwickelt. Ihre zentralen Begriffe sind in der Alltagssprache nicht gebräuchlich und unbekannt. Wer sich in den Konstruktivismus einarbeiten will, muss insofern eine „Fremdsprache" erlernen. Sie können in diesem Kapitel grundlegende Texte zum Konstruktivismus selbst erarbeiten. Dazu ist es vor allem notwendig, die Fachbegriffe zu erschließen.

Wissenschaftliche Begriffe erschließen

In wissenschaftlichen Texten werden Begriffe oft ausdrücklich eingeführt. Um ihre Bedeutung zu erschließen, ist es notwendig, genau den Kontext zu untersuchen, in dem die Begriffe stehen. Die Autorinnen und Autoren umschreiben den Begriff oft in der Alltagssprache. So beschreibt von Glasersfeld im nächsten Text das „epistemologische Problem" mit „wie wir Kenntnis von der Wirklichkeit erlangen und ob diese Kenntnis auch verläßlich und ‚wahr' ist". Die Verfasser setzen manchmal auch andere, bereits eingeführte Begriffe zu dem neuen Begriff in Beziehung. Solche Beziehungen können z. B. zwischen Ober- und Unterbegriffen, bedeutungsgleichen, -ähnlichen oder -gegensätzlichen Begriffen bestehen. Manchmal wird auch ein vorherrschender Gebrauch eines Begriffs verändert, indem eine neue Bedeutung beschrieben wird. Der neue Begriff wird oft weiter oder enger gefasst. Man erkennt dies bei einer genauen Textanalyse.

M5 Einführung in den Konstruktivismus (Ernst von Glasersfeld)

Das epistemologische Problem – wie wir Kenntnis von der Wirklichkeit erlangen und ob diese Kenntnis auch verläßlich und „wahr" ist – beschäftigt heutige Philosophen nicht weniger als es Platon beschäftigte. [...] „Von den Vorsokratikern bis Kant gab es keinen Philosophen, der in seinen elementaren, nicht weiter reduzierbaren Grundsätzen nicht ein metaphysischer Realist gewesen wäre." Putnam erklärt diesen Satz, indem er ausführt, die Philosophen hätten während jener zwei Jahrtausende wohl darüber gestritten, was wirklich existiert, aber über den Begriff der Wahrheit, der für sie alle mit dem Begriff der objektiven Gültigkeit verknüpft war, wären sie sich stets einig gewesen. Ein metaphysischer Realist ist also jeder, der darauf besteht, daß wir etwas nur dann „Wahrheit" nennen dürfen, wenn es mit einer als absolut unabhängig konzipierten, „objektiven" Wirklichkeit übereinstimmt. [...]
Die Geschichte der westlichen Erkenntnislehre läßt sich freilich nicht in ein paar Seiten angemessen und fair beschreiben. In diesem eng begrenzten Aufsatz muß ich mich damit begnügen, den einen Hauptpunkt herauszugreifen, in dem der Konstruktivismus, den ich vertrete, sich radikal von den anderen Ismen der herkömmlichen Begriffswelt absetzt. Der radikale Unterschied liegt in dem Verhältnis zwischen Wissen und Wirklichkeit. Während die traditionelle Auffassung in der Erkenntnislehre sowie in der kognitiven Psychologie, dieses Verhältnis stets als eine mehr oder weniger bildhafte (ikonische) Übereinstimmung oder Korrespondenz betrachtet, sieht der radikale Konstruktivismus es als Anpassung im funktionalen Sinn.
Ganz allgemein betrachtet, ist unser Wissen brauchbar, relevant, lebensfähig (oder wie immer wir die positive Seite der Wertungsskala nennen wollen), wenn es der Erfahrungswelt standhält und uns befähigt, Vorhersagen zu machen und gewisse Phänomene (d.h. Erscheinungen, Erlebnisse) zu bewerkstelligen oder zu verhindern. Wenn es diesen Dienst nicht erweist, wird es fragwürdig, unverläßlich, unbrauchbar und schließlich als Aberglaube entwertet. Das heißt, vom funktionalen, pragmatischen Standpunkt aus betrachten wir Ideen, Theorien und „Naturgesetze" als Strukturen, die der Erlebenswelt (der wir sie abgewonnen haben) dauernd ausgesetzt sind und ihr weiterhin standhalten oder nicht. Wenn nun so eine kognitive Struktur etwa bis heute standgehalten hat, so beweist das nicht mehr und nicht weniger als eben, daß sie unter den Umständen, die wir erlebt und dadurch bestimmt haben, das geleistet hat, was wir von ihr erwarteten. Logisch betrachtet, heißt das aber keineswegs, daß wir nun wissen, wie die objektive Welt beschaffen ist; es heißt lediglich, daß wir einen gangbaren Weg zu einem Ziel wissen, das wir unter von uns bestimmten Umständen in unserer Erlebenswelt gewählt haben. Es sagt uns nichts – und kann uns nichts darüber sagen – wieviele andere Wege es da geben mag und wie das Erlebnis, das wir als Ziel betrachten, mit einer Welt jenseits unserer Erfahrung zusammenhängt. [...]
Der radikale Konstruktivismus ist also vor allem deswegen radikal, weil er mit der Konvention bricht und eine Erkenntnistheorie entwickelt, in der die Erkenntnis nicht mehr eine „objektive" [...] Wirklichkeit betrifft, sondern ausschließlich die Ordnung und Organisation von Erfahrungen in der Welt unseres Erlebens. Der radikale Konstruktivist hat ein für allemal dem „metaphysischen Realismus" abgeschworen [...].

M6 Konstruktivistische Grundlagen des Lehrens (Hermann Krüssel)

Fester Bestandteil des alltäglichen wie des wissenschaftlichen abendländischen Denkens ist die Vorstellung, dass der Mensch der äußeren Welt als unabhängiger Betrachter gegenübersteht. Im Gegensatz zu dieser traditionellen Auffassung vertritt der sogenannte Konstruktivismus die Ansicht, dass wir an die vermeintlich bestehende Wirklichkeit immer mit gewissen Voraussetzungen und Grundannahmen herangehen, d.h., die Möglichkeit einer strikten Subjekt-Objekt-Trennung und damit die Möglichkeit einer unmittelbaren Bezugnahme des Erkennenden auf den Erkenntnisgegenstand wird grundsätzlich bezweifelt. Nicht mehr die Realität kann demnach den Ausgangspunkt für die Erkenntnisbildung darstellen, sondern konstruierte Wirklichkeiten.
Alle Wege der Erkenntnisbildung – im Alltag, in schulischen Institutionen und auch in der Wissenschaft – sind gewissermaßen Strategien, um die Wirklichkeit zu ordnen, nicht um sie abzubilden. Die traditionelle Auffassung, die das Ziel der Erkenntnisbildung darin sieht, subjektunabhängiges Wissen zu erhalten, das mit der Realität übereinstimmt, wird dementsprechend als ikonisches (bildhaftes) Wissensmodell bezeichnet. Die konstruktivistische Wissenstheorie spricht demgegenüber von viablem Wissen. Viabilität bedeutet so viel wie Gangbarkeit einer Erkenntnis. Der Wert einer Erkenntnis wird daran gemessen, wie weit sie den Bedürfnissen des Erkennenden bzw. der Erkenntnisgemeinschaft entgegenkommt. Jede Erkenntnis ist demnach als eine Konstruktion aufzufassen, und die Beurteilung eines möglichen Erkenntnisgewinnes über die Welt muss daher notwendigerweise den Erkennenden mit einschließen. [...]
Diese Ideen einer konstruktiven Weltverarbeitung werden nun – und das ist eine entscheidende Neuerung – verknüpft mit einer „Biologie der Kognition". Die Basis bilden Experimente zur Wahrnehmung und Informationsverarbeitung im Gehirn.
Traditionelle Auffassungen über die Wahrnehmung waren von der Vorstellung bestimmt, dass der Mensch regelrechte Abbilder von der Realität bildet, wie etwa ein Dia oder

Abb. 4.6

einen Film. Diese Auffassung ist bereits von der Gestaltpsychologie infrage gestellt worden. Demzufolge ordnet der Mensch seine Eindrücke zu einem Muster (Ganzheit, Gestalt), das für ihn einen Sinn ergibt. Diese Erkenntnisse werden neurophysiologisch untermauert. Das menschliche Gehirn ist demnach kein umweltoffenes, sondern ein funktional geschlossenes rückbezügliches System, das nur mit seinen eigenen inneren Zuständen umgehen, also nur seine eigene „Sprache" verstehen kann. Lebende Systeme sind nach Auffassung von Maturana kognitive Systeme, die sich nur auf ihre eigene Struktur beziehen. Für diese Autonomie des Lebendigen hat er den Begriff Autopoiese geprägt.
Folglich beruht Wahrnehmung auf selbstorganisierenden Prozessen des Gehirns und hat die Aufgabe, dem Menschen wichtige Orientierungshilfen zu ermöglichen, für den Umgang mit der sachlichen Umwelt und für den Umgang mit anderen Menschen. Zur Charakterisierung dieses Verständnisses von Wahrnehmungs- und Denkprozessen hat Maturana die Denkfigur des Beobachters eingeführt: Alles, was gesagt wird, wird von einem Beobachter gesagt. Wenn das kognitive System jedoch autopoietisch, d.h. in geschlossener Selbstbezüglichkeit gegenüber der Umwelt operiert, dann kann es von außen lediglich angeregt (pertubiert), nicht aber bestimmt (determiniert) werden.

Zwischenfazit:
Das menschliche Gehirn und das kognitive System operieren nach konstruktivistischem Verständnis nicht mit unmittelbaren Repräsentationen der Welt und verarbeiten keinerlei Informationen, sondern sie erarbeiten Beschreibungssysteme. Die Bilder, die wir von der Welt erstellen, sind keine Abbilder, sondern gewissermaßen Eigenschöpfungen. Wahrnehmung dient dazu, ein brauchbares Bild von der Wirklichkeit zu konstruieren.

[...] Jeder Mensch schafft sich seine inneren Wissens- und Orientierungssysteme jedoch nicht allein als biologisches Wesen, sondern als Teil einer Kultur oder eines sozialen Systems. „Auch Konstruktivisten sind nie frei von Kultur, von sozialen Voraussetzungen, von Beziehungen, auch sie stehen in den intentionalen Spannungen einer Lebenswelt, die durch ihre Konstrukte vorrangig symbolisch, durch normative Sätze, begrenzt wird." Pointiert könnte man sagen; Der Mensch ist zwar Teil der Natur, aber primär Kulturwesen. Andere – wie z.B. Peter Janich und Horst Siebert – würden sagen, dass sich der Konstruktivismus und der Kulturalismus komplementär zueinander verhalten. Es genügt nicht, dem Naturwesen Mensch die Fähigkeit des Handelns zuzuschreiben, um ihn aus der Genealogie der Lebewesen herauszustellen. Auch der handelnde Mensch ist ein Kulturwesen. Jeder Mensch wächst in einer von anderen Menschen vorstrukturierten und damit sinnhaften Wirklichkeit auf; er schafft sich seine eigenen Landkarten als Teil sozialer Systeme.
Das Spezifische des Kulturwesens Mensch ist das In-der-Sprache-Sein. Sprachwissenschaftler behaupten seit Langem, dass die Prinzipien der Wirklichkeitskonstruktion vor allem durch Sprache vermittelt und im Subjekt verinnerlicht werden. Insbesondere Heinz von Foerster und Paul Watzlawick haben diese Überlegungen fortgeführt und in verschiedenen Analysen verdeutlicht, inwiefern die Wirklichkeit das Ergebnis von Kommunikation ist. Um sprachlich kommunizieren zu können, müssen Individuen zuvor einen Bereich gemeinsam erzeugter Bedeutungen aufgebaut haben. Durch wechselseitig aufeinander bezogene Interaktionen wird eine gemeinsame Wirklichkeitsbeschreibung gebildet. Die Funktion von Sprache besteht dabei darin, Orientierungshandeln im kognitiven Bereich des zu Orientierenden auszulösen. Sprache dient damit nach konstruktivistischem Verständnis nicht primär der Informationsübertragung, sondern der Orientierung.
Kritiker werfen der konstruktivistischen Wissenstheorie vor, dass sie das Bemühen um Gewissheit und „Wahrheit" aufgebe und einen grundsätzlichen Relativismus propagiere. Viele Leute haben den Eindruck, dass Konstruktivisten die Auffassung vertreten, die gesamte Wirklichkeit sei irgendwie eine menschliche Schöpfung. Einige sehen in der argumentativen Basis des Konstruktivismus einen Selbstwiderspruch. Die Konstruiertheit der Wirklichkeit könne nicht mit Empirie belegt werden.
Ein Großteil der Eigenschaften dieser Welt besteht unabhängig von unseren Repräsentationen oder Konstruktionen von ihnen. Mit dem Bemühen des Menschen, ein System oder eine Ordnung in die ihn umgebende Welt zu bringen, wird erkennbar, dass es einen Unterschied gibt zwischen denjenigen Eigenschaften der Welt, die unabhängig vom Menschen existieren (naturimmanente Eigenschaften), und denjenigen, deren Existenz von der Intentionalität des Menschen abhängt (beobachterrelative Eigenschaften). Beobachterrelative Eigenschaften fügen der Welt keine neuen materiellen Objekte hinzu, wohl aber neue Eigenschaften. Die Existenz von „Unkraut" beispielsweise besteht nur in seiner Bedeutung für den Beobachter. Beobachterrelative Eigenschaften können epistemisch objektiv und epistemisch subjektiv sein.

Aufgaben

1. Stellen Sie die von Krüssel als „klassisch" bezeichnete wissenschaftstheoretische Position dem konstruktivistischen Ansatz gegenüber.
2. Diskutieren Sie das Für und Wider beider Positionen.
3. Überprüfen Sie mithilfe des folgenden Textes, ob sich die konstruktivistischen Vorstellungen vom Lernen zu den konstruktivistischen Grundannahmen kohärent verhalten.
4. Wo widerspricht das behavioristische Paradigma dem Konstruktivismus, wo nähert sich das kognitivistische Modell dem Konstruktivismus an?
5. Erweitern Sie Ihr pädagogisch-psychologisches Fachglossar (siehe Heft 1, S. 29) um Begriffe der Lernpsychologie und des Konstruktivismus.

M7 Lernen aus konstruktivistischer Sicht (Hermann Krüssel)

Bei der Erklärung des Lernvorgangs lassen sich drei Grundpositionen, Paradigmen, unterscheiden:
- Paradigma der Verhaltenskontrolle oder behavioristisches Modell
- Paradigma der Informationsverarbeitung oder kognitivistisches Modell
- Paradigma der Informationserzeugung oder konstruktivistisches Modell

Nicht eindeutig einer dieser Paradigmen zuzuordnen, ist das Lernen am Modell.

1. Das Paradigma der Verhaltenskontrolle oder das behavioristische Modell favorisiert die Umwelt als bestimmenden Motor der Entwicklung. Das Subjekt verhält sich passiv gegenüber den Einwirkungen des Milieus bzw. der bewusst eingesetzten Anreize. Zu diesem Modell zählen die Konzepte Klassische Konditionierung, Instrumentelle Konditionierung und Operante Konditionierung. Klassiker dieses Lernverständnisses sind Pawlow, Watson, Skinner, Thorndike. Auch der Didaktik des lernzielorientierten Unterrichts liegt ein vergleichbares Menschenbild zugrunde. Lernen ist in diesem Verständnis gewissermaßen eine Widerspiegelung der Lehre. Metapher für diese Auffassung ist der Pädagoge als Bildhauer.

2. Seit der sogenannten kognitiven Wende in der Psychologie und Pädagogik dominiert ein verändertes Lernverständnis und Subjektmodell die Auffassungen über Lernen und Weltaneignung. Kognitive Modelle stellen die Aktivität des lernenden Subjekts in den Mittelpunkt der Überlegungen. Grundlagen der kognitivistischen Tradition sind von der Gestaltpsychologie gelegt worden. Für die Gestaltpsychologen geschieht Lernen durch Einsicht, durch die Umstrukturierung des Erlebnisfeldes. Kognitive Lerntheorien wie das Konzept des bedeutungsvollen rezeptiven Lernens (Ausubel), des Entdeckungs- und Problemlösungslernens (Bruner) oder auch verschiedene Varianten eines handlungsorientierten Unterrichts begreifen Lernen als konstruktive Aneignung von Realität.

Ausubel und Bruner teilen ein kognitivistisches Lernverständnis, gelangen aber zu unterschiedlichen Konsequenzen für die Lernorganisation. „Bruner geht es um den Prozess des Entdeckens, dem er einen Wert in sich zubilligt, wohingegen Ausubel stärker die Voraussetzungen und das Produkt des Wissenserwerbs betont: die notwendige Wissensbasis, von der ausgehend man ‚entdeckt', sowie die Rückführung und Integration des Entdeckten in diese Wissensbasis, welche damit natürlich eine andere geworden ist" (Jürgens).

Diese Auffassung vom Menschen wird als epistemologisches Subjektmodell bzw. als Modell eines produktiv realitätsverarbeitenden Subjekts bezeichnet. Zweifelsohne eine adäquate Erweiterung gegenüber der Vorstellung, dass der Mensch wie eine Art Reiz-Reaktions-Verknüpfer oder Informationsverarbeiter operiert, wie es ein lernzielorientierter Unterricht nahelegt. Auch neuere Gesamtkonzeptionen von Schule und Unterricht favorisieren ein Lernkonzept, dass als „problemlösendes kreatives Denken und Handeln" umschrieben werden kann.

Von genuiner Bedeutung für die kognitivistische Position waren die Arbeiten von Piaget. Der Prozess der Weltaneignung ist für Piaget ein Handlungs- und Konstruktionsprozess. Das Subjekt erschließt sich die Welt in einem wechselseitigen Prozess von Angleichung (Assimilation) und Anpassung (Akkommodation) mit dem Ziel, ein relativ stabiles kognitives Gleichgewicht (Äquilibration) zu bewirken. Folgendes Modell von Ott illustriert dieses Verständnis von Lernen.

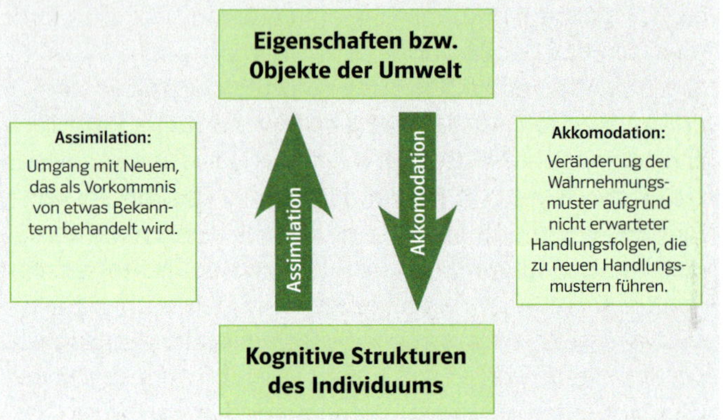

Äquilibration ist der Akt, der durch Assimilation und Akkomodation eine („Gleichgewichts-")Störung ausschalten will.

Abb. 4.7

Da dieses Verständnis auf die Kernaussage des Konstruktivismus einer wechselseitigen Erschließung von Subjekt und Objekt verweist, bezeichnen viele Darstellungen diese Position auch als konstruktivistisch. Der Übergang ist fließend. Die kognitivistischen Modelle betonen die Eigenaktivität des Lernens, unterstellen aber zumeist auch die kognitive Zugänglichkeit der Realität im Sinne einer Repräsentation von Welt.

Wenn der Eigenanteil des lernenden Subjekts weitaus höher angesetzt wird als im kognitivistischen Modell der ersten Generation, wandelt sich dieses Verständnis zum Paradigma der Informationserzeugung.

3. Lernen wird beim Paradigma der Informationserzeugung als konstruierende Tätigkeit aus der Perspektive des lernenden Systems beschrieben, das, eingebunden in soziale Interaktionen, Anschlussmöglichkeiten für die vermittelten Inhalte bildet. Der Mensch wird als aktiver Gestalter im Interaktionsgefüge, d. h. im Netzwerk mit seiner Umwelt gesehen. Er ist als Produzent seiner eigenen Entwicklung aktives und reflexives Subjekt.

Entscheidend ist nach diesem Verständnis die Bedeutung, die ein Schüler einem Lerngegenstand beimisst. Lernen gründet hiernach nicht auf einer „Einschleusung von Fremdwissen in ein System", sondern beruht auf der „Mobilisierung von Prozessen, die dem lebenden System selbst inhärent sind, zu seinem eigenen kognitiven Bereich gehören" (Jantsch). Motor für die Entwicklung neuer Erfahrungs- bzw. Wissensbereiche sind die Diskrepanzen, die auftreten, wenn Deutungen neuartiger Wahrnehmungen bisherigen Erwartungsstrukturen widersprechen. Schule, Unterricht und

Lehrpersonen erscheinen unter dieser Perspektive als Rahmenbedingungen beim Aufbau des individuellen Wissenssystems, die in spezifischer Weise Möglichkeiten präformieren bzw. kanalisieren. „... (Alle) Hinweise, Aufforderungen, Bewertungen usw. des Lehrers (stellen) nur Orientierungen für einen bestimmten Schüler dar wie die Handlungen seiner Mitschüler und die Angebote des verfügbaren Unterrichtsmaterials. In welche Richtung sich alle diese Angebote orientieren, wird jedoch allein vom Orientierten, also dem Schüler entschieden" (Aufschnaiter). Denn die schulisch vermittelten Inhalte erfährt der Schüler nicht als äußere Realität, sondern als Wirklichkeit, als das, was in ihm bewirkt wird. Er bildet nicht geradlinig Repräsentationen des Dargebotenen, sondern gestaltet fortwährend Eigenes. Auch schulisches bzw. unterrichtliches Lernen ist wie jede Form von Wahrnehmung und Erkennen eingebunden in die gattungsgeschichtliche Evolution und beeinflusst durch kulturell-gesellschaftliche Muster sowie lebensgeschichtliche Erfahrungen, Anforderungen und Erwartungen.
Der Schüler kann demgemäß nicht im eigentlichen Sinne determiniert, sondern lediglich pertubiert, d.h. angeregt werden. Die Erläuterungen eines Lehrers determinieren demnach nicht, was die Schüler lernen; es ist vielmehr die Struktur des Schülers, es sind seine subjektiven Erfahrungsbereiche, die das Schicksal der Erläuterungsbemühungen bestimmen.
Diese Auffassung des Lernens als einer konstruktiven Tätigkeit verschiebt „den Schwerpunkt von der ‚korrekten' Wiederholung des vom Lehrer Gebotenen durch den Schüler auf die erfolgreiche Organisation der Erfahrung des Schülers durch diesen selbst" (Glasersfeld). Wenn daher Lernen im Kern ein individueller Prozess ist, stellt jede Form der Wissensaufnahme eine Form selbstgesteuerten Lernens dar. Auf der anderen Seite ist auch die Reinform des selbstgesteuerten Lernens nur ausnahmsweise realisierbar, da immer die Verfasstheit des Lerngegenstandes und der Lernsituation mitbestimmend wirken.
Wissen ohne Anwendungsbezug wird von Konstruktivisten „träges Wissen" genannt. Es verbleibt quasi „träge" im Kopf, da es in abstrakten Bezügen ohne konkreten Anwendungsbezug ausgebildet wurde. Ziel ist die vermehrte Ausbildung nicht-trägen Wissens.
Die konstruktivistischen Modelle sind darüber hinaus aufnahmefähig für eine emotionstheoretische Erweiterung, wie sie insbesondere der Schweizer Konstruktivist Luc Ciompi vorgestellt hat. Ciompi sieht in der gelungenen Affektabstimmung zwischen Pädagogen und Zu-Erziehenden den Motor jener gedanklichen Umstrukturierungsprozesse, die man gemeinhin mit Intelligenz gleichsetzt. „Die Architektonik des Gehirns und die Architektonik des Seelenlebens sind miteinander verknüpft" (Gerspach).
Fazit: Die kognitivistisch-konstruktivistische Auffassung vom Lernen behauptet, dass Lernen ein selbstgesteuerter Gestaltungsprozess ist, die Bedeutungszuweisung in Situationen geschieht und mit Emotionen verknüpft ist.

Aufgaben

1. Erläutern Sie die Schwierigkeiten, die im Unterricht auftreten können, wenn man zum einen davon ausgeht, dass die Wirklichkeit nicht erkennbar ist und einzig die Viabilität ein Kriterium für den „Wahrheitsanspruch" von Erkenntnissen ist, und zum anderen Erkenntnisse als Konstruktionen des einzelnen Lernenden betrachtet werden.
2. Krüssel nennt als zentrales Prinzip konstruktivistischen Unterrichtens „die Förderung der Selbsttätigkeit". Als weitere Prinzipien nennt er: Selbststeuerung, Problemorientierung, Kooperativität, Mehrperspektivität/Multiple Kontexte und Viabilität.
   Erläutern Sie, was diese Prinzipien in konkreten Unterrichtssituationen bedeuten könnten.
3. Beurteilen Sie abschließend die Ihnen vorgestellten Ansätze einer konstruktivistischen Pädagogik. Begründen Sie Ihre Entscheidung, indem Sie auch Argumente für eine alternative Pädagogik diskutieren.

4.3 Selbststeuerung und Lernen

In pädagogischer Perspektive kommt es darauf an, die Lernenden dabei zu unterstützen, das eigene Lernen immer besser selbst zu steuern, es also von erzieherischen Hilfen immer unabhängiger zu machen. Lernende sollen in allen Phasen des Lernprozesses bewusst mit den Lernproblemen umgehen, sie sollen ihr Lernen „steuern". Welche Voraussetzungen bei den Lernenden sind dazu notwendig? Wie kann man sie aufbauen? Welche pädagogischen Maßnahmen sind hilfreich? Und welche Auswirkungen hat das auf das Lernen im Pädagogikunterricht?
Sie finden auf den nächsten Seiten Antworten auf diese Fragen. Das Kapitel endet mit einem Vorschlag, wie Sie Elemente des selbstgesteuerten Lernens für weiterführendes Lernen in diesem Kurs einsetzen können.

M8 Fremd- und Selbstbestimmung beim Lernen (Heinrich Roth)

Alles Lernen des Kindes ist zunächst fremdbestimmt. Das Kind lernt an der Umwelt, sich ihr anzupassen und sie schließlich zu meistern. Es lernt als Erstes, mit den „Dingen" seiner Umwelt angemessen umzugehen, und erwirbt auf diesem Wege den Anfang von Sachkompetenz; es lernt dann, sich auf den Umgang mit Menschen einzustellen, und erreicht so den Anfang von Sozialkompetenz; und es lernt schließlich, mit sich (d.h. mit seinen widersprüchlichen Antrieben, affektiven Ausbrüchen usw.) nach Maßgabe der Wünsche seiner Umwelt und seiner selbst fertig zu werden, und erringt so den Anfang von Selbstkompetenz. In allen diesen Bereichen lernt das Kind entweder unmit-

telbar aufgrund der Rückwirkungen seiner Handlungen über seine Erfahrungen, wie diese von den Dingen und Menschen im Alltag des Lebens nun einmal ausgehen, oder über die Auswirkungen direkter erzieherischer Einwirkungen, mögen sie nun ihr Ziel erreichen oder verfehlen. Es sind jedenfalls Lernprozesse, indirekte oder direkte, gelungene und misslungene, die die Lernfähigkeit entwickeln bzw. beeinträchtigen. Welche sind aber diejenigen, die von einer für die Mündigkeit des Kindes verantwortlichen Erziehung her Priorität haben sollen? [...]
Es gehört noch in den Bereich fremdbestimmten Lernens, wenn die spontanen Aktivitäten des Kindes, seine Umwelt zu meistern, in Richtung auf ihre Optimierung von den Erwachsenen zu steuern versucht werden. Die Selbstbestimmung kann nur darin bestehen, dass das Kind über diejenigen Lernprozesse selbst souverän zu verfügen lernt, die zu Sach-, Sozial- und Selbstkompetenz führen. Infolgedessen muss der Eingriff der Erziehung zur Entwicklung der Lernfähigkeit darauf zielen, dem Kind von Anfang an das Lernen selbst zu lehren. Das Lernziel im Bereich der Lernfähigkeit kann deshalb nur sein, dem Kinde dazu zu verhelfen, dass es, so früh wie möglich, selbst über seine Lernfähigkeit zu verfügen lernt.
Wie kann das geschehen? Hier ist zunächst festzustellen, dass der Normalfall der Entwicklung der Lernfähigkeit umgekehrt verläuft, nämlich in einer verlängerten – und in Anbetracht der Kürze des menschlichen Lebens verhängnisvoll verlängerten – Abhängigkeit des Lernens von Lernprozessen, die nicht frei, sondern abhängig machen. Nicht die Abhängigkeit von Lehrenden, von Lehrmaterial, Institutionen usw. ist das eigentlich Hemmende in der Entwicklung der Lernfähigkeit, sondern das Abhängigmachen der Lernenden von Lernprozessen, die nicht den Weg zum freien Lernen eröffnen. Alle Lehr-und Erziehungshandlungen, die mit Lernprozessen arbeiten, die festlegen, konditionieren, dressieren, kanalisieren, die Lernziele für gesetzt und vorgegeben annehmen, ohne die kritische Einsicht in die Ziele zu eröffnen, ohne die Reflexion und Antizipation von Zielen selbst zu Lernprozessen zu machen, die keine Erarbeitung möglicher Alternativen zulassen und keine zunehmende Einsicht in die Lernwege und ihre Technik, in Strategie und Taktik, lassen die eigene Lernfähigkeit nicht zu einem autonomen Werkzeug der Selbstbestimmung und Selbstverwirklichung werden, sondern belassen sie auf einer Vorstufe, bei der die Fremdbestimmung überwiegt.

Aufgaben

1. Roth gibt als Ziel eines pädagogisch verantworteten Umgangs mit der Lernfähigkeit an, „[...] die eigene Lernfähigkeit [...] zu einem autonomen Werkzeug der Selbstbestimmung und Selbstverwirklichung" werden zu lassen. Erklären Sie jede einzelne Aussage in dem Satz, aus dem das Zitat entnommen wurde (siehe Zeile 46–57).
2. Setzen Sie sich mit dem ersten Satz des Textes kritisch auseinander.

M9 Was heißt selbstgesteuertes Lernen? (Dagmar Killus)

Einen hohen Selbststeuerungsanteil betont [...] Weinert (1982), wenn er solche Lernformen als selbstgesteuert bezeichnet, bei denen der „Handelnde die wesentlichen Entscheidungen, ob, was, wann, wie und woraufhin er lernt, gravierend und folgenreich beeinflussen kann". [...] Handlungsspielräume sind jedoch für sich allein noch keine hinreichende Bedingung für selbstgesteuertes Lernen. Der Lernende muss vielmehr über eine Reihe von Kompetenzen bzw. Lernstrategien verfügen, die es ihm ermöglichen, die bestehenden Spielräume für das eigene Lernen zu nutzen. Wie ein selbstgesteuerter gegenüber einem weniger selbstgesteuerten Lerner agiert, soll anhand von zwei Beispielen verdeutlicht werden:

Marco, der selbstgesteuerte Lerner
Marco verfolgt den Unterricht stets aufmerksam. Er macht zu den wichtigsten Punkten Stichpunkte und veranschaulicht Zusammenhänge häufig mithilfe einer Skizze oder einer Mindmap. Bereits während des Unterrichts versucht er, das Gehörte mit den Dingen zu verbinden, die er früher schon gelernt hat. Wenn er etwas nicht versteht, versucht er herauszufinden, worin genau das Problem besteht: er fragt sich z. B., wie die Grundgedanken zueinander passen und ob alles logisch ist, oder er denkt sich Fragen zu den Inhalten aus und versucht, diese zu beantworten. Kann er ein Problem nicht alleine lösen, wendet er sich an einen Mitschüler oder – wenn der ihm auch nicht weiterhelfen kann – an seinen Lehrer. Ähnlich überlegt geht Marco vor, wenn er im Unterricht eine Aufgabe bearbeiten muss. Er liest die Aufgabe zuerst genau durch und macht sich klar, was von ihm verlangt wird. Dann macht er sich einen Plan, wie er die Aufgabe Schritt für Schritt bearbeiten kann. Während des Arbeitens beobachtet er sich selbst, um sicher zu sein, dass er alles richtig macht. Wenn Probleme auftreten, versucht er, sein Lernverhalten darauf abzustimmen (z. B. Unverstandenes noch einmal gründlich durchzugehen). Am Ende geht er seine Arbeitsergebnisse noch einmal langsam durch und korrigiert mögliche Fehler. Marco betrachtet seine Lernerfolge in der Regel als Ergebnis eigener Anstrengung. Schneidet er einmal schlechter ab als erwartet, überlegt er, woran das gelegen hat und was er beim nächsten Mal anders machen könnte (z. B. sich bei schwierigen Aufgaben mehr anzustrengen).

Felix, der weniger selbstgesteuerte Lerner
Felix geht zusammen mit Marco in eine Klasse. Im Unterschied zu Marco ist er im Unterricht mit seinen Gedanken oft woanders. Wenn er dem Unterricht folgt, ist er hauptsächlich damit beschäftigt, so viel wie möglich mitzuschreiben. Er denkt dabei kaum darüber nach, ob er alles verstanden hat, sondern nimmt sich vor, den gesamten Lernstoff zu Hause noch einmal durchzugehen. Dazu kommt es in der Regel nicht. Wenn eine Klassenarbeit ansteht, fängt er sehr kurzfristig an, sich vorzubereiten. Meistens läuft es darauf hinaus, dass er versucht, sich den

Stoff in kürzester Zeit, so gut es geht, einzuprägen. Wenn Felix im Unterricht eine Aufgabe bearbeiten muss, achtet er nur flüchtig auf Arbeitsanweisungen und setzt sich mit den Materialien nur oberflächlich auseinander. Statt über Lösungswege nachzudenken, verfährt er nach dem Prinzip „Versuch und Irrtum" und gelangt entweder gar nicht oder nur auf sehr umständliche Art und Weise zu einer Lösung. Selten bewertet er die einzelnen von ihm ausgeführten Schritte auf ihre Effektivität hin. Auch mit den Ergebnissen seiner Arbeit setzt er sich kaum auseinander. Alles in allem ist Felix mit seinen Leistungen sehr unzufrieden. Inzwischen glaubt er selbst nicht mehr daran, seine Noten verbessern zu können.

Die beiden Beispiele zeigen, wie voraussetzungsreich selbstgesteuertes Lernen tatsächlich ist. Die Frage, welche Kompetenzen hier im Einzelnen beteiligt sind, ist Gegenstand zahlreicher Arbeiten zum selbstgesteuerten Lernen. […]

Aufgaben

1. Arbeiten Sie an den beiden Fallbeispielen heraus, welche Verhaltensweisen die beiden Lernenden bei ihren Lernprozessen zeigen. Fassen Sie sie zu einer ersten Antwort auf die Frage zusammen, welche Kompetenzen zum selbstgesteuerten Lernen notwendig sind.
2. Erläutern Sie die Definition des selbstgesteuerten Lernens von Weinert mit Bezug auf die Fallbeispiele.
3. Erörtern Sie, inwiefern in der Schule Lernende im Sinne der Definition von Weinert selbstgesteuert lernen können.
4. Beziehen Sie abschließend auch den folgenden Text in Ihre Diskussionen ein.

M10 Selbst- versus Fremdsteuerung (Klaus Konrad/Silke Traub)

Interne Steuerung (Selbststeuerung) beinhaltet jene Einflüsse auf die Gestaltung des Lernens, die vom lernenden Individuum selbst ausgehen. Externe Steuerung (Fremdsteuerung) umfasst dagegen diejenigen Einflüsse, die von außen auf den/die Lernende(n) und die Gestaltung seines/ihres Lernens einwirken. Solche Einflüsse können direkt von anderen Personen ausgehen (z. B. Anweisungen des Lehrers) oder unter Einsatz von Instruktionsmedien bzw. -techniken erfolgen (z. B. programmierte Unterweisung). Ferner können bestimmte Merkmale des weiteren Lernumfeldes (z. B. des Klassenzimmers) zur Fremdsteuerung gerechnet werden […].
Erscheint die Unterscheidung von fremd- und selbstgesteuertem Lernen auf den ersten Blick äußerst plausibel, so ist sie bei genauerem Hinsehen, doch nur zu analytischen Zwecken sinnvoll. Zurecht ist von verschiedenen

Abb. 4.8

Autoren betont worden […], dass Lernen immer sowohl fremd- als auch selbstgesteuert ist.
Eine reine Fremdsteuerung ist nicht denkbar, da externe Einflüsse vom lernenden Individuum stets kognitiv verarbeitet werden und seine Lernaktivität deshalb nicht vollständig determinieren können […]. Letztlich ist es das lernende Individuum, welches sich neues Wissen absichtlich aneignet und womöglich dauerhaft verankert. Selbststeuerung ist daher zunächst einmal eine Voraussetzung des selbstgesteuerten Lernens […].
Andererseits ist auch selbstgesteuertes Lernen nur ausnahmsweise in Reinform realisierbar. Selbst wenn durchaus Lernsituationen vorstellbar sind, die weitgehend frei von externen Einflüssen sind, ist da immer noch die Charakteristik des Lerngegenstandes, die als externer Faktor mitbestimmt, welche Lernaktivitäten durchgeführt werden. Ganz gleich, ob es sich um ein Fachbuch, ein Bild oder ein Lernspiel handelt, immer sind nur ganz bestimmte Aktivitäten möglich und andere werden ausgeschlossen. Schließlich ist auch die Lernsituation als Ganzes zu bedenken. Selbst- und Fremdsteuerung sind nicht in jeder Lernsituation gleichermaßen angemessen und möglich. […]
Die folgende Abbildung […] bildet das Kontinuum des selbstgesteuerten Lernens ab.

Vollkommene Autonomie ⟷ Vollkommene Selbststeuerung

Es bleibt festzuhalten: Selbstgesteuertes Lernen kann auf einem Kontinuum angesiedelt werden, dessen Pole einerseits „absolute Autonomie" und andererseits „vollkommene Fremdsteuerung" heißen. Der Begriff Selbststeuerung markiert damit eine Lernform, bei der der/die Lernende mehr oder weniger Initiator und Verantwortlicher seiner/ihrer Lerntätigkeit ist und in unterschiedlichem Ausmaß Unterstützung und Hilfe erfahren und heranziehen kann. Wesentlich ist: Im Unterschied zur Außensteuerung des fremdbestimmten Lernens zeichnet sich selbstgesteuertes Lernen stets durch einen hohen Selbstbestimmungs- und Selbststeuerungsanteil aus. […]

Sie können den folgenden Text über die theoretischen Grundlagen des selbstgesteuerten Lernens mithilfe des Partnerpuzzles erarbeiten. Diese Unterrichtsmethode wird eingesetzt, um die Selbststeuerung schrittweise zu steigern.

Sie funktioniert so:

Partnerpuzzle

1. Aneignungsphase	**Lernen im Expertenpaar**: Paar 1 mit Text A Paar 2 mit Text B Beide Paare erarbeiten ihre jeweiligen Texte und bereiten sich darauf vor, diese dem Puzzlepartner zu erklären.
2. Vermittlungsphase	**Lernen im Puzzlepaar**: Paar 1: Partner mit Text A ↔ Partner mit Text B Paar 2: Partner mit Text A ↔ Partner mit Text B
3. Verarbeitungsphase	**Lernen im Puzzlepaar oder in der Vierergruppe**: Sicherung und Vertiefung des Gelernten

Aufgaben

1. Erläutern Sie die Begriffe, die die theoretischen Grundlagen des selbstgesteuerten Lernens bezeichnen. Ziehen Sie dazu, wenn möglich, eigene Erfahrungen heran.
2. Erarbeiten Sie in der letzten Phase eine zusammenfassende Übersicht (auch mithilfe von Visualisierungen) zum selbstgesteuerten Lernen.
3. Überprüfen Sie, inwiefern Sie selbst bereits über die Kompetenzen des selbstgesteuerten Lernens verfügen.
4. Überlegen Sie, wie Sie Ihre Kompetenzen weiterentwickeln können.

M11 Lernstrategien beim selbstgesteuerten Lernen (Dagmar Killus)

Lernstrategien spielen bei der Entwicklung der Fähigkeit zum selbstgesteuerten Lernen eine entscheidende Rolle [...]. Das hängt damit zusammen, dass der Lernende erst über den Einsatz von Lernstrategien Einfluss auf seinen Lernprozess hat und somit die aktive Steuerung des Lernprozesses übernehmen kann. Friedrich und Mandl [...] unterscheiden in diesem Zusammenhang grob nach Primär- und nach Stützstrategien. Mit Primärstrategien sind kognitive Lernstrategien gemeint, die direkt auf die zu erwerbende und zu verarbeitende Information einwirken, sodass diese besser aufgenommen und verarbeitet werden kann. Demgegenüber beeinflussen Stützstrategien diesen Prozess indirekt, indem sie ihn in Gang setzen, aufrechterhalten und steuern. Beispiele für Stützstrategien sind metakognitive und motivationale Lernstrategien sowie solche, die sich auf die Bereitstellung und Inanspruchnahme externer Ressourcen beziehen. Um welche Lernstrategien es sich im Einzelnen handelt, soll als Nächstes dargelegt werden.

Kognitive Lernstrategien

Es handelt sich hierbei um Primärstrategien, die für den Umgang mit Texten hilfreich sind und insofern für das Lernen in verschiedenen Fächern eine große Rolle spielen. Kognitive Lernstrategien lassen sich nach einfach strukturierten und nach komplexeren kognitiven Lerntätigkeiten unterscheiden [...].

Memorierungsstrategien: Bei diesen Lernstrategien handelt es sich um einfach strukturierte Lerntätigkeiten, die auf eine oberflächliche Verarbeitung von Informationen zielen. Hierzu zählt z.B. das laute Lesen, das ständige Wiederholen und Auswendiglernen des Lernstoffs oder das Abschreiben ganzer Textpassagen.

Elaborationsstrategien: Diese komplexeren kognitiven Lerntätigkeiten sind auf ein tiefes Verständnis des Lernstoffs ausgerichtet. Neues Wissen wird hier angereichert, indem der Lernende z.B. neue Informationen mit seinem Vorwissen verknüpft, sich zu einem abstrakten Sachverhalt ein konkretes Beispiel ausdenkt, eine bildliche Vorstellung generiert oder ihn in eigene Worte fasst.

Abb. 4.9

Organisations- bzw. Transformationsstrategien: Diese Lernstrategien, die ebenfalls zu den komplexeren kognitiven Lerntätigkeiten zählen, versuchen Bezüge innerhalb des neu zu erwerbenden Wissens herzustellen, sodass es weiterverarbeitet werden kann. Typisch sind z. B. das Herausarbeiten wichtiger Gedanken, Fakten und Zusammenhänge, deren Darstellung in Tabellen oder Diagrammen oder das Zusammenfassen wichtiger Informationen.

Die kognitiven Strategien, wie sie bis hierhin dargestellt wurden, beziehen sich alle auf das Lernen mit Texten. Es handelt sich dabei um einen wichtigen Bereich von Schule und Unterricht, selbstverständlich gibt es daneben aber noch weitere, ebenso wichtige Domänen. Dazu gehört das Schreiben, das wie der Bereich Lernen mit Texten voraussetzt, dass der Lernende hierfür spezifische kognitive Strategien beherrscht. Gemeint sind Strategien, die sich auf das Generieren von Ideen und ihrer Gliederung, das Formulieren und das Revidieren von Texten beziehen. Erst in letzter Zeit wird versucht, den Erwerb dieser Strategien durch eine Einbettung in ein umfassendes Konzept selbstgesteuerten Lernens zu unterstützen […].

Metakognitive Lernstrategien

Wie der Begriff meta-kognitiv nahelegt, handelt es sich hierbei um Kognitionen höherer Ordnung oder, mit anderen Worten, um Kognitionen über Kognitionen. Neben dem Wissen über die eigenen Fähigkeiten und das eigene Lernverhalten gehören hierzu die für erfolgreiches selbstgesteuertes Lernen besonders wichtigen exekutiven Prozesse der Planung, Überwachung und Regulation […]: Das Planen impliziert, dass vor dem eigentlichen Lernprozess, z. B. die Anforderung einer Aufgabe, analysiert, (Teil-)Ziele formuliert und die Lernhandlung Schritt für Schritt festgelegt werden. Das Überwachen zielt darauf, z. B. den Lernverlauf und den Lernfortschritt, ständig zu überprüfen und Schwierigkeiten zu erkennen. Ein solches Überwachen ist eng verknüpft mit dem Regulieren der eigenen Handlungen insofern, als Regulationsprozesse gewissermaßen eine Reaktion auf die vorangegangene Einschätzung des Lernfortschritts darstellen. Stellt ein Lerner z. B. fest, dass er etwas nicht verstanden hat, wird er wahrscheinlich seine Anstrengungen verstärken oder den Lernstoff noch einmal langsam durcharbeiten.

Motivationale Lernstrategien

Der Einsatz kognitiver und metakognitiver Lernstrategien kann potenziell zu besserem Lernverhalten und zu höherer Leistung führen. Aber selbst wenn diese Lernstrategien verfügbar sind, werden sie häufig nicht genutzt. Damit sie zum Einsatz kommen, müssen die Schüler in der Lage sein, sich selbst optimal zu motivieren. Auf die Bedeutung motivationaler Faktoren im Zusammenhang mit selbstgesteuertem Lernen wurde in den letzten Jahren zunehmend hingewiesen […]. Eine Schlüsselrolle kommt hier der wahrgenommenen Selbstwirksamkeit, erfolgszuversichtlichem Verhalten sowie der intrinsischen Motivation zu.

Die wahrgenommene Selbstwirksamkeit […] bezeichnet die Überzeugung einer Person, bestimmte Aufgaben und Probleme aufgrund eigener Kompetenzen erfolgreich be-

Abb. 4.10

arbeiten zu können. Sie setzt voraus, dass die Schüler in der Lage sind, gestellte Anforderungen gegen individuelle Kompetenzen abzuwägen und daraus Konsequenzen für das eigene Lernen zu ziehen. Eine hohe wahrgenommene Selbstwirksamkeit wirkt sich nachweislich positiv auf den Einsatz kognitiver und metakognitiver Lernstrategien sowie auf die Lernleistung aus […].

Selbstgesteuertes Lernen hängt weiter von der Anwendung erfolgszuversichtlicher Strategien ab. Inzwischen liegen erfolgversprechende Trainingsprogramme vor, die solche Strategien im Kontext mit kognitiven und metakognitiven Lernstrategien vermitteln […]. Unterschieden werden hier – bezugnehmend auf das Selbstbewertungsmodell der Leistungsmotivation nach Heckhausen […] – drei Kernkomponenten erfolgszuversichtlichen Verhaltens: realistische Zielsetzung, günstige Ursachenzuschreibung sowie positive Selbstbewertung. Dies bedeutet, dass die Schüler ihre Ziele so setzen sollen, dass bei Investition von Anstrengung und Konzentration auch eine realistische Erfolgschance besteht. Motivational günstig sind des Weiteren solche Ursachenzuschreibungen, die potenziell unter der Kontrolle der Schüler stehen. Erfolge sollten danach auf die eigene Anstrengung oder auf die eigenen Fähigkeiten zurückgeführt werden, Misserfolge hingegen auf mangelnde Anstrengung. Dadurch eröffnet sich die Perspektive, in künftigen Lernsituationen durch vermehrte Anstrengung wieder Erfolge zu erzielen. Um eine positive Selbstbewertung anzuregen, sollten sich Schüler schließlich bei einem Erfolg, den sie mit eigener Anstrengung und eigener Fähigkeit begründen, belohnen.

Zu den motivationalen Faktoren selbstgesteuerten Lernens gehört schließlich eine intrinsische Motivation, die sich dadurch auszeichnet, dass aus Interesse an einer Sache gelernt wird. Intrinsische Motivation ist für selbstgesteuertes Lernen deshalb vorteilhaft, weil sie mit dem Einsatz komplexer Lernstrategien (z. B. Beantworten von Verständnisfragen) positiv korreliert, wogegen extrinsische Motivation zumeist mit „Oberflächen"-Lernstrategien, wie z. B. Auswendiglernen, einhergeht […]. Die intrinsische Motivation stellt einerseits eine wichtige lernerseitige Voraussetzung für selbstgesteuertes Lernen dar, sie lenkt die Aufmerksamkeit andererseits auf die Notwendigkeit, Lernumgebungen mit Rücksicht auf die Interessen der Schüler zu gestalten […].

Ressourcenbezogene Lernstrategien

Die beschriebenen motivationalen Faktoren selbstgesteuerten Lernens stellen gewissermaßen interne Ressourcen dar. Davon lässt sich die Bereitstellung und Inanspruchnahme externer Ressourcen abgrenzen, die für eine möglichst optimale Gestaltung des Lernprozesses und der Lernsituation sorgen […]. Im Einzelnen sind das die Zeitplanung, das Zusammenarbeiten mit Lernpartnern oder die Nutzung von Medien oder anderen Hilfsmitteln.

Die Ausführungen haben deutlich gemacht, dass es sich beim selbstgesteuerten Lernen um eine komplexe Gesamthandlung handelt. Sie setzt voraus, dass der Lerner über eine Vielzahl unterschiedlicher, auf verschiedenen Ebenen angesiedelter Strategien verfügt, die er zum Teil nacheinander, zum Teil aber auch gleichzeitig anwendet. Abbildung 4.11 stellt die hier beteiligten Lernstrategien noch einmal überblicksartig dar:
Solche Lernstrategien zu kennen und über ihren Nutzen und ihre Wirkungsweise Bescheid zu wissen, ist nur ein erster Schritt auf dem Weg zum erfolgreichen selbstgesteuerten Lernen.

Primärstrategien	kognitiv	• Memorierungsstrategien • Elaborierungsstrategien • Organisations- und Transformationsstratgien • Schreibstrategien
Sekundärstrategien	metakognitiv	• Planung • Überwachung • Regulation
	motivational	• Selbstwirksamkeit • Realistische Zielsetzung • Günstige Ursachenzuschreibung • Positive Selbstbewertung • Intrinsische Motivation
	ressourssenbezogen	• Zeitplanung • Lernpartner suchen • Einsatz von Medien oder anderen Hilfsmitteln

Abb. 4.11: Am erfolgreichen selbstgesteuerten Lernen beteiligte Lernstrategien

Weiterführende Aufgaben

Erarbeiten Sie einen Vortrag zum selbstgesteuerten Lernen, der sich an Personen richtet, die sich bislang noch nicht mit diesem Gegenstand beschäftigt haben. Geben Sie Antworten auf folgende Fragen: Was ist selbstgesteuertes Lernen? Warum ist es heute wichtig? Wie funktioniert es? Welche Schwierigkeiten sind beim selbstgesteuerten Lernen zu beachten? Setzen Sie Visualisierungen ein.

Halten Sie Ihren Vortrag und holen sich Sie sich Rückmeldungen Ihrer Zuhörer ein.

Aufbau von Metakognition zum selbstgesteuerten Lernen

Wie kann man die Selbststeuerung des Lernens auf- und ausbauen? Von entscheidender Bedeutung ist, die eigenen Lernerfahrungen zu reflektieren und bewusst zu machen, also „Metakognitionen" aufzubauen. Das funktioniert z. B. mithilfe folgender Instrumente:

1. Gewinnbringend ist es, im Arbeitsheft Beobachtungen über den eigenen oder gemeinsamen Lernprozess festzuhalten.
2. Dazu kann man nach einer Lernsequenz in einem Arbeitsrückblick festhalten, was persönlich gelernt wurde. Wurden die gesetzten Ziele erreicht? Welche Schwierigkeiten gab es? Welche Fehler? Wie wurde damit umgegangen? Wie entwickelte sich die Motivation im Lernprozess? Wie ließ sie sich beeinflussen?
   Der Arbeitsrückblick kann allein und mit Partnern vorgenommen werden. Die Ergebnisse können im Kurs vorgestellt und diskutiert werden.
3. Weitere Möglichkeiten ergeben sich, wenn man über einen längeren Zeitraum in Lernpartnerschaften zusammenarbeitet. Zwei Lernende beobachten, beraten, fragen, unterstützen den anderen. Die Beobachtungen und Ergebnisse werden im Arbeitsheft festgehalten.

Eine Unterrichtmethode, die das selbstgesteuerte Lernen fördern kann, ist das Gruppenpuzzle. Sie können in diesem Kurs immer wieder mit diesem Verfahren arbeiten und Ihre Fähigkeiten zum selbstgesteuerten Lernen ausbauen.

Hinweise zum Gruppenpuzzle finden Sie auf Seite 86.

Ist, wer selbstgesteuert lernt, „gebildet“? Ist Selbststeuerung von Lernprozessen Ausdruck von „Bildung“? Der folgende Text macht darauf aufmerksam, dass der Anspruch von Bildung im pädagogischen Sinne weiter reicht als der der Selbststeuerung des Lernens.

M12 Lernen des Lernens in der Kritik (Jörg Ruhloff)

Die im Zusammenhang des vermeintlichen Lernenlernens eingeführten Begriffe der zu lernenden „Lernfähigkeit“, „Lernbereitschaft“, „Lernkompetenz“, des „Weiterlernens“, „lebenslangen Lernens“ und dergleichen bezeichnen kein Lernen höherer Ordnung. [...] Für sich genommen sind gelernte Lernfähigkeit und Ähnliches ambivalent und nicht ohne Weiteres pädagogisch zu bejahen. Als orientierende Wertbegriffe [...] gebraucht und der Praxis zugrunde gelegt, sind sie insbesondere geeignet, eine Mentalität zu formieren, die der Unbestimmtheit zukünftiger Problemlagen, etwa im Gefolge von sozialen, politischen, ökonomischen, wissenschaftlich-technischen Veränderungen, im Vorhinein und pauschal mit Umstellungsbereitschaft entgegenkommt und beispielsweise enttäuschungsresistente Disponibilität der Arbeitskraft für wechselnde und auch für mangelnde Arbeitsmarktangebote vorhält. Davon zu unterscheiden ist ein Problembewusstsein der Lernfähigkeit und Lernbereitschaft, das den Neuanfang des eigenen Lernens und des Lernens anderer an ein von Fall zu Fall zu erneuerndes „Urteil“ über das „Maß“ bindet, „inwieweit man sich etwas zutrauen“ und zumuten kann und sollte [...]. Ein solches Urteilen schließt ein, das Lernen als eine letztmaßgebliche pädagogische Kategorie zu verwerfen [...]. Das Beurteilen und Ermessen verweisen auf die Ermöglichung einer das Lernen übersteigenden Bildung im problematischen Vernunftgebrauch.

Aufgaben

1. Arbeiten Sie heraus, inwiefern das Lernenlernen nach Ruhloff aus pädagogischer Perspektive „ambivalent“ und „nicht ohne Weiteres [...] zu bejahen“ ist. Beachten Sie dabei vor allem den Unterschied zwischen „Lernenlernen“ und „Bildung“.
2. Erklären Sie den Unterschied an einem selbst gewählten Beispiel.
3. Erörtern Sie, ob bzw. wie man das Konzept des selbstgesteuerten Lernens im Sinne des Bildungsbegriffs verändern bzw. erweitern kann.

4.4 Pädagogische Kompetenz

Kompetenzcheck

Hier finden Sie eine Übersicht über die Kompetenzen, die Sie vor allem in den Kapiteln 3 und 4 erwerben konnten. Versuchen Sie selbst einzuschätzen, wie gut Sie sie beherrschen.

Sachkompetenz

Ich ...	... sicher	... noch nicht sicher genug	Hier kann ich nachschlagen:
... erkläre den Zusammenhang zwischen Erziehung und Lernen.			
... erkläre die zentralen Aspekte des behavioristischen Lernverständnisses.			
... erkläre Beobachtungslernen und unterscheide es von den Konditionierungsarten.			
... stelle einen kognitiven Erklärungsansatz der Informationsaufnahme und -verarbeitung dar.			
... erkläre neurobiologische Bezüge des Lernens.			
... beschreibe die Selbststeuerung von Lernprozessen.			
... stelle pädagogische Praxisbeispiele zu den Lerntheorien dar.			
... stelle den Einfluss pädagogischen Handelns auf Lernprozesse exemplarisch dar.			

Fortsetzung Kompetenzcheck

Urteilskompetenz

Ich …	… sicher	… noch nicht sicher genug	Hier kann ich nachschlagen:
… bewerte mein Vorverständnis von Lernen mithilfe wissenschaftlicher Theorien.			
… beurteile in Ansätzen die pädagogische Relevanz des psychologischen Verständnisses von Lernen.			
… beurteile in Ansätzen die pädagogische Relevanz des neurowissenschaftlichen Verständnisses von Lernen.			
… beurteile einfache Fallbeispiele für Lernprozesse hinsichtlich der Möglichkeiten, Grenzen und Folgen darauf bezogenen Handelns aus den Perspektiven verschiedener Akteure.			
… beurteile pädagogisches Handeln mithilfe der pädagogischen Grundbegriffe Erziehung und Bildung.			

Methodenkompetenz

Ich …	… sicher	… noch nicht sicher genug	Hier kann ich nachschlagen:
… beschreibe mithilfe der Fachsprache pädagogische Praxis und ihre Bedingungen.			
… ermittle Absichten der jeweiligen Autoren und benenne deren Interessen.			
… analysiere Texte.			

Handlungskompetenz

Ich …	… sicher	… noch nicht sicher genug	Hier kann ich nachschlagen:
… entwickle Handlungsvarianten für Einwirkungen auf Erziehungs- und Lernprozesse.			

5. Pädagogische Anthropologie des Lernens

Um wichtige Ergebnisse der Anthropologie des Lernens kennenzulernen, finden Sie in diesem Kapitel Material und Hinweise zu folgenden Themen:

1. Geschichten von Kindern, die nicht in menschlicher Gesellschaft aufgewachsen sind.
2. Forschungen des Anthropologen Michael Tomasello zur biologischen und kulturellen Vererbung.
3. Darstellung der Bedeutung von Lernfähigkeit im Evolutionsprozess durch die Erziehungswissenschaftlerin Annette Scheunpflug.

Sie können diese Themen in Kleingruppen arbeitsteilig erarbeiten und allen Kursmitgliedern im Referat präsentieren. Bestimmt haben Sie schon Referate gehalten oder Präsentationen durchgeführt. Ihre Kenntnisse und Erfahrungen können Sie nun nutzen und erweitern.

Die folgenden Hinweise können Ihnen bei der Planung und Durchführung Ihres Referates helfen.

Referat

Entscheiden Sie sich zunächst für eines der drei Themen und organisieren Sie sich mit anderen Kursteilnehmern, die auch Ihr Thema gewählt haben, in Kleingruppen mit drei oder vier Mitgliedern.

Vorüberlegungen

- Was genau ist das Ziel Ihres Referates? Beachten Sie bitte, dass Sie nicht länger als 15 oder 20 Minuten präsentieren sollten.
- Welche Vorkenntnisse können Sie bei Ihrem Publikum, den anderen Kursteilnehmern, voraussetzen?
- Welche Medien könnten Sie einsetzen?
- Sollen alle Mitglieder Ihrer Kleingruppe präsentieren?

Zusammenstellen und Erarbeiten des Materials

Beachten Sie immer, dass es um das Lernen in anthropologischer Perspektive geht. Sie können neben den in diesem Buch angebotenen Texten weitere Materialien heranziehen.

- Informieren Sie sich über die Autoren.
- Versuchen Sie, zu den Texten passende Bilder, Illustrationen, Grafiken oder Skizzen in Büchern oder im Internet zu finden.
- Erarbeiten Sie die Texte:
  1. Klären Sie dazu die unbekannten Wörter und Sachzusammenhänge.
  2. Arbeiten Sie die zentralen Aussagen und Thesen heraus. Überlegen Sie, ob Sie Aussagen kürzen oder weglassen können.
  3. Wichtig: Stellen Sie am Ende heraus, welcher pädagogische Nutzen aus den Erkenntnissen der Anthropologie des Lernens gezogen werden kann.

Gestaltung der Präsentation

- Entscheiden Sie, mit welchen Medien Sie die Präsentation gestalten wollen.
- Soll es ein Arbeitsblatt, ein Handout für die Teilnehmer geben? Solche zusätzlichen Materialien sollten sinnvolle Ergänzungen zu den Texten im Buch darstellen. Prüfen Sie vor allem, ob sich passende Bilder, Grafiken etc. anbieten.
- Achten Sie darauf, dass das präsentierte Material auch gut erkennbar und lesbar ist (Schriftgröße bei Folien oder Power-Point-Präsentationen).
- Überfrachten Sie die Materialien für die Teilnehmer nicht.
- Überlegen Sie, ob sie vor oder nach der Präsentation ausgegeben werden sollen.
- Entscheiden Sie, ob Sie mit Stichwortkarten arbeiten möchten. Lesen Sie kein ausformuliertes Manuskript vor. Reden Sie frei, und lesen Sie auch nicht einfach die Stichworte vor, die auf der Folie stehen.
- Die Präsentation eines Referats folgt in der Regel einem Dreischritt:
  1. Einleitung: Vorstellung des Themas, des Ziels und des Aufbaus
  2. Hauptteil: Darbietung der Kernaussagen und weiterführender Informationen
  3. Schluss: knappe Zusammenfassung der wichtigsten Erkenntnisse (hier: zur Anthropologie des Lernens), Überleitung zu Nachfragen und zur Diskussion

Sie finden im Internet leicht weitere Hinweise zum professionellen Referieren und Präsentieren.

5.1 Lernfähigkeit des Menschen

M1 Wolfskinder

Haben Sie schon einmal von „Wolfskindern" oder „Wilden Kindern" gehört? Der Wikipedia-Artikel zu diesem Stichwort beginnt so:
„Als Wolfskinder oder wilde Kinder bezeichnet man Kinder, oft Findelkinder, die in jungen Jahren eine Zeit lang isoliert von anderen Menschen aufwuchsen und sich deshalb in ihrem erlernten Verhalten von normal sozialisierten Kindern unterscheiden. Dabei sollen Wolfskinder in seltenen Fällen von Tieren adoptiert worden sein und bei ihnen gelebt haben, viele Berichte über solche Fälle werden jedoch von der Wissenschaft angezweifelt."

Aufgaben

1. Recherchieren Sie im Internet und in Büchern Geschichten von „Wolfskindern" oder „Wilden Kindern" (vgl. PP-Code i9v5pg).

Es gibt auch Filme, die sich mit diesem Thema beschäftigen. Bekannt ist z. B. der Film „Das wilde Kind" von François Truffaut. Sie können einen solchen Film auch bei den vorgestellten Vorschlägen für Referate und Präsentationen heranziehen.

M2 Ein Rätsel ... (Michael Tomasello)

Irgendwo in Afrika wurde vor etwa sechs Millionen Jahren eine Population von Menschenaffen durch ein unscheinbares Evolutionsereignis von ihren Artgenossen reproduktiv isoliert. Diese neue Gruppe entwickelte sich fort und teilte sich in weitere Gruppen auf, so daß schließlich verschiedene Arten eines zweibeinigen Affen der Gattung Australopithecus entstanden. Alle bis auf eine dieser neuen Arten starben dann aus. Diese eine Art überlebte bis vor zwei Millionen Jahren und hatte sich in der Zwischenzeit so sehr verändert, daß sie nicht nur nach einer neuen Art-, sondern auch nach einer neuen Gattungsbezeichnung verlangte, nämlich Homo. Im Vergleich mit seinen australopithezinen Vorfahren, die etwa 1,20 m groß waren, Gehirne mit einer anderen Affen vergleichbaren Größe hatten und keine Steinwerkzeuge herstellten, war Homo größer, hatte ein größeres Gehirn und machte Werkzeuge aus Stein. Schon bald begann Homo seine weite Reise über den Globus anzutreten, obwohl es keinem seiner frühen Raubzüge von Afrika aus gelang, Populationen zu etablieren, die dauerhaft überlebten.
Vor ungefähr 100 000 Jahren und noch immer in Afrika schlug dann eine Population von Homo eine neue und andere Entwicklungslinie ein. Diese Population begründete zunächst eine neue Lebensweise in Afrika selbst und breitete sich dann über die ganze Welt aus, wobei sie alle

Abb. 5.1: Entwicklung vom Homo erectus zum Homo sapiens

anderen Populationen von Homo verdrängte und Nachkommen hinterließ, die heute als Homo sapiens bekannt sind (vgl. Abbildung 5.1). Die Angehörigen dieser neuen Art hatten verschiedene neue Körpereigenschaften, darunter etwas größere Gehirne. Aber am auffälligsten waren ihre neuen kognitiven Fertigkeiten und die Gegenstände, die sie herstellten:

- Sie begannen mit der Herstellung einer Vielzahl neuer Steinwerkzeuge, die jeweils besonderen Zwecken angepaßt wurden, wobei jede Population dieser Art ihre eigene „Industrie" des Werkzeuggebrauchs schuf – mit dem Ergebnis, daß einige Populationen schließlich so etwas wie computergesteuerte Produktionsprozesse erfanden.
- Sie begannen mit der Verwendung von Symbolen zur Kommunikation und zur Strukturierung ihres Soziallebens, unter denen sich nicht nur sprachliche, sondern auch künstlerische Symbole in Form von Steingravuren und Höhlenzeichnungen fanden – was schließlich darin mündete, daß einige Populationen Schrift, Geld, mathematische Notationen und Kunst erfanden.
- Sie gründeten neue Arten gesellschaftlicher Praktiken und Organisationen, die alles Mögliche – von der zeremoniellen Bestattung der Toten bis zur Domestizierung von Pflanzen und Tieren – umfaßten, so daß einige Populationen schließlich formalisierte Institutionen der Religion, der Regierung, des Erziehungswesens und des Handels schufen.

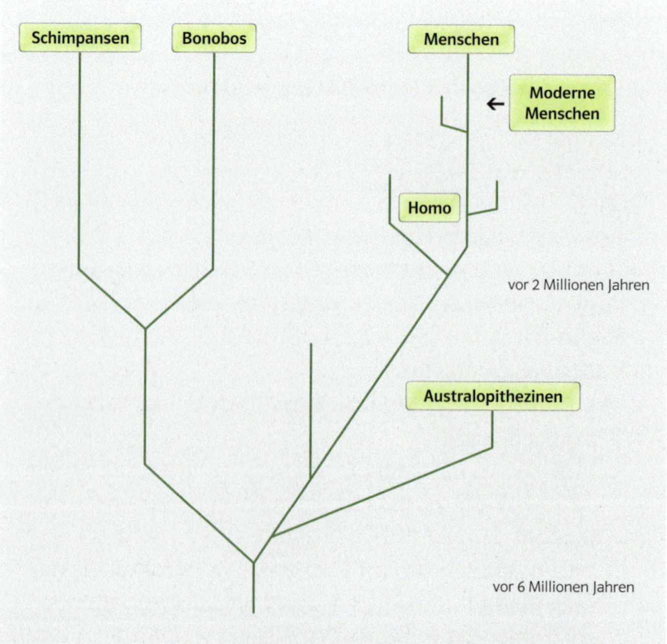

Abb. 5.2: Vereinfachte Darstellung des zeitlichen Maßstabs menschlicher Evolution

Das Grundrätsel besteht nun in folgendem: Die sechs Millionen Jahre, die uns Menschen von anderen Menschenaffen trennen, sind, evolutionär betrachtet, eine sehr kurze Zeitspanne, vor allem im Hinblick darauf, daß der moderne Mensch mit dem Schimpansen ungefähr 99 Prozent des genetischen Materials teilt. Es handelt sich dabei um denselben Grad von Verwandtschaft wie zwischen anderen eng verwandten Gattungen, z.B. zwischen Löwen und Tigern, Pferden und Zebras oder Ratten und Mäusen. Unser Problem ist also ein zeitliches. Es stand einfach nicht genügend Zeit für normale biologische Evolutionsprozesse, wie genetische Variation und natürliche Selektion, zur Verfügung, um Schritt für Schritt jede der kognitiven Fertigkeiten zu erzeugen, die es modernen Menschen ermöglichen, komplexe Werkzeuggebräuche und Technologien, komplexe Formen der Kommunikation und Repräsentation durch Symbole und komplexe gesellschaftliche Organisationen und Institutionen zu erfinden und aufrechtzuerhalten.
Dieses Rätsel wird nur noch geheimnisvoller, wenn wir gegenwärtige Forschungsergebnisse aus der Paläoanthropologie ernst nehmen, aus denen hervorgeht, daß (a) die Entwicklungslinie des Menschen außer in den letzten zwei Millionen Jahren keine weiteren als nur die für Menschenaffen typischen Fertigkeiten aufweist, und (b) die ersten dramatischen Anzeichen für einzigartige kognitive Fertigkeiten erst in den letzten 250 000 Jahren mit dem modernen Homo sapiens auftreten.
Dieses Rätsel hat nur eine einzige mögliche Lösung. Das heißt, es gibt nur einen einzigen bekannten, biologischen Mechanismus, der diese Veränderungen im Verhalten und der Kognition in so kurzer Zeit hervorbringen könnte, ob man diese Zeit nun mit sechs Millionen, zwei Millionen oder 250 000 Jahren veranschlagt. Dieser biologische Mechanismus besteht in der sozialen oder kulturellen Weitergabe, die auf einer um viele Größenordnungen schnelleren Zeitskala operiert als die Prozesse der organischen Evolution.

M3 Kumulative kulturelle Evolution und der Wagenhebereffekt (Michael Tomasello)

Bestimmte kulturelle Traditionen akkumulieren die Veränderungen, die von verschiedenen Individuen in einem bestimmten Zeitraum ausgehen, und werden dadurch komplexer. Außerdem wird ein breiterer Bereich adaptiver Funktionen abgedeckt, was man kumulative kulturelle Evolution oder den „Wagenhebereffekt" nennen könnte (vgl. Abbildung 5.3).
Beispielsweise entwickelte sich die Art und Weise, wie Menschen einen Gegenstand als Hammer gebraucht haben, im Laufe der Menschheitsgeschichte bedeutend. Dafür gibt es Belege in Dokumenten über Artefakte, in denen verschiedene hammerartige Werkzeuge festgehalten sind, die ihre funktionale Sphäre allmählich ausdehnten, indem sie immer wieder modifiziert wurden, um neuen Ansprüchen zu genügen, ausgehend von einfachen Steinen, über

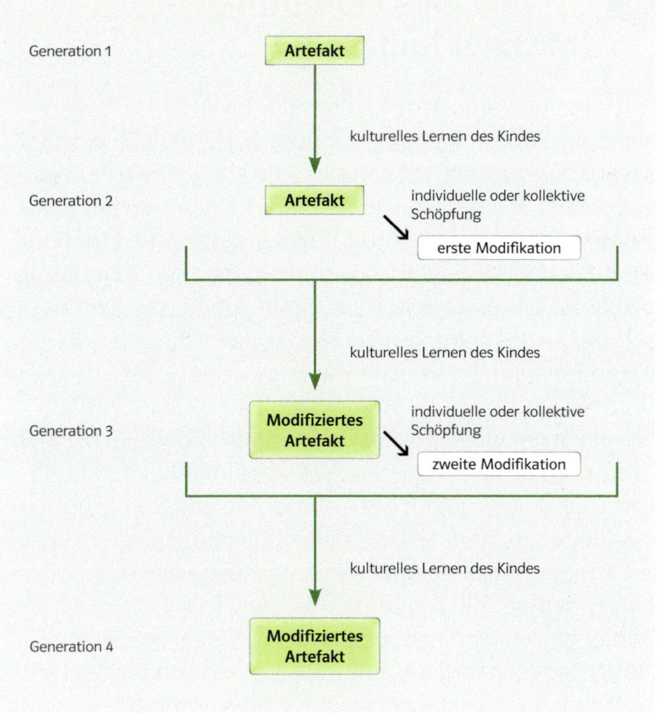

Abb. 5.3: Vereinfachte Darstellung des Wagenhebereffekts, durch den ein Artefakt mit kumulativen Modifikationen entsteht

Werkzeuge, bei denen ein Stein an einem Stock befestigt ist, bis zu verschiedenen Typen moderner Metallhämmer und schließlich mechanischen Hämmern (von denen manche auch dazu verwendet werden können, Nägel herauszuziehen). Obwohl wir keine sehr detaillierten Dokumente über Artefakte besitzen, ist es vermutlich so, daß manche kulturellen Konventionen und Rituale (z.B. menschliche Sprachen und religiöse Rituale) mit der Zeit ebenfalls komplexer geworden sind, weil sie verändert wurden, um neuen kommunikativen und sozialen Bedürfnissen gerecht zu werden. [...]
Tomasello und Kollegen haben dafür argumentiert, daß kumulative kulturelle Evolution vom Imitationslernen und möglicherweise von aktivem Unterricht seitens der Erwachsenen abhängt und nicht mit Hilfe von „schwächeren" Formen sozialen Lernens, wie lokalen Verbesserungen, Emulationslernen, ontogenetischer Ritualisierung oder individuellem Lernen hervorgebracht werden kann. [...]
Die Wagenhebermetapher soll in diesem Kontext der Tatsache Rechnung tragen, daß Imitationslernen (mit aktiver Anweisung oder ohne) diejenige Art von korrekter Weitergabe ermöglicht, die notwendig ist, um die neue Variante in der Gruppe aufrechtzuerhalten und so eine Ausgangsbasis für weitere Innovationen zu legen, wobei die Innovationen selbst in dem Grad variieren, in dem sie individuell oder sozial bzw. kooperativ sind.
Allgemein können also menschliche kulturelle Traditionen von denen der Schimpansen – so wie die wenigen anderen Fälle von Kultur, die bei anderen Primatenarten beobachtet wurden – gerade durch die Tatsache unterschieden werden, daß sie Veränderungen über die Zeit hinweg akkumulieren, d.h. dadurch, daß sie eine kulturelle „Geschichte" ausbilden.

M4 ... und eine Vermutung. (Michael Tomasello)

Der Vorgang kumulativer kultureller Evolution erfordert nicht nur Erfindungsgabe, sondern auch und ebenso sehr zuverlässige soziale Weitergabe, die ähnlich wie ein Wagenheber das Zurückfallen verhindern kann, so daß das gerade erst erfundene Artefakt oder die soziale Praktik die neue und verbesserte Form einigermaßen zuverlässig beibehält, bevor eine weitere Modifikation oder Verbesserung hinzukommt. Es überrascht vielleicht, aber bei vielen Tierarten ist es nicht die Komponente der Erfindung, sondern die stabilisierende „Wagenheberkomponente", deren Fehlen eine Fortentwicklung verhindert. So bringen nichtmenschliche Primaten zwar regelmäßig intelligente Verhaltensneuerungen hervor, aber die anderen Gruppenmitglieder durchlaufen dann nicht diejenigen Arten sozialer Lernprozesse, die über die Zeit hinweg den kulturellen Wagenhebereffekt realisieren würden. [...]

Dementsprechend haben Tomasello, Kruger und Ratner (1993) das menschliche kulturelle Lernen von weiter verbreiteten Formen des sozialen Lernens unterschieden und drei Grundtypen identifiziert: Imitationslernen, Lernen durch Unterricht und Lernen durch Zusammenarbeit. Diese drei Typen kulturellen Lernens werden durch eine einzige besondere Form sozialer Kognition ermöglicht, nämlich durch die Fähigkeit einzelner Organismen, ihre Artgenossen als ihnen ähnliche Wesen zu verstehen, die ein intentionales und geistiges Leben haben wie sie selbst. Dieses Verständnis ermöglicht es ihnen, sich in die geistige Welt einer anderen Person hineinzuversetzen, so daß sie nicht nur vom anderen, sondern auch durch den anderen lernen können. [...] Werkzeuge weisen auf die Probleme hin, die sie lösen sollen, und sprachliche Symbole verweisen auf die kommunikativen Situationen, die sie repräsentieren sollen. Um den konventionellen Gebrauch eines Werkzeugs oder Symbols von anderen zu erlernen, müssen Kinder daher zu einem Verständnis dessen gelangen, wozu, d.h. zu welchem äußeren Zweck, der andere das Werkzeug oder Symbol verwendet; das bedeutet, sie müssen die intentionale Bedeutung des Werkzeuggebrauchs oder der symbolischen Praxis verstehen lernen, wozu sie „gut" ist, was „wir", die Benutzer dieses Werkzeugs oder Symbols, damit tun.

Kulturelle Lernprozesse sind besonders wirksame Formen des sozialen Lernens, weil sie sowohl (a) besonders zuverlässige Formen der kulturellen Weitergabe darstellen (indem sie einen besonders effizienten kulturellen „Wagenheber" schaffen) als auch (b) besonders wirkungsvolle Formen sozialer Kreativität und von Erfindungsreichtum sind. Es handelt sich um Prozesse der Soziogenese, durch welche mehrere Individuen etwas zusammen hervorbringen, was kein Individuum hätte alleine schaffen können. [...]

Ab einem Alter von etwa neun Monaten sind Kinder in der Lage, voll an diesem kognitiven Kollektiv zu partizipieren, wenn sie die ersten Versuche unternehmen, ihre Aufmerksamkeit gemeinsam mit ihren Artgenossen auf etwas Bestimmtes zu lenken und von diesen durch Imitation zu lernen. [...] Durch diesen Prozeß kann jedes Kind, das seine Artgenossen als intentionale und geistbegabte Wesen gleich ihm selbst auffaßt, d.h. jedes Kind, das einen sozio-kognitiven Schlüssel für die geschichtlich gereiften Errungenschaften seiner sozialen Gruppe besitzt, nun an dem Kollektiv der menschlichen Kognition teilhaben und folglich (wie Isaac Newton) sagen, daß es nur deshalb so weit sieht, weil es „auf den Schultern von Riesen" steht. Diese arttypische Situation können wir insbesondere mit folgenden beiden Abweichungen kontrastieren:

Abb. 5.4: Die Buddha-Statuen von Bamiyan, entstanden 550 nach Christus, im Jahre 2001 von den Taliban zerstört

- Autistische Kinder, die inmitten von kumulativen kulturellen Errungenschaften aufwachsen, aber nicht in der Lage sind, das in ihnen verkörperte kollektive Wissen zu nutzen, weil sie aus biologischen Gründen nicht über die erforderlichen sozio-kognitiven Fertigkeiten verfügen; und
- ein imaginäres wildes Kind, das auf einer einsamen Insel mit normalem Gehirn, Körper und Sinnesorganen aufwächst, aber keinen Zugang zu Werkzeugen, anderen materiellen Artefakten, Sprache, graphischen Symbolen, Schrift, arabischen Zahlzeichen, Bildern oder Menschen hat, die es unterrichten könnten, deren Verhalten es beobachten und imitieren oder mit denen es kooperieren könnte.

Für das autistische Kind existieren kognitive Schultern, auf denen es jedoch nicht stehen kann, während für das imaginäre wilde Kind solche Schultern fehlen. In beiden Fällen ist das Ergebnis dasselbe bzw. würde es dasselbe sein, nämlich etwas anderes als die Herausbildung arttypischer kognitiver Fertigkeiten.

[...] Sprachliche Symbole sind besonders wichtige symbolische Artefakte für in der Entwicklung begriffene Kinder, weil sie die verschiedenen Weisen der Kategorisierung und Auffassung der Welt zum Zweck zwischenmenschlicher Kommunikation verkörpern, die frühere Generationen von Menschen nützlich fanden. In verschiedenen Kommunikationssituationen kann z.B. ein und dasselbe Objekt als Hund, Tier, Haustier oder als Plage aufgefaßt werden; ein und dasselbe Ereignis kann als laufen, sich bewegen, fliehen oder als überlebensdienliche Handlung verstanden werden; ein und derselbe Ort läßt sich als Küste, Ufer, Strand oder Sand auffassen, wobei jede solcher Auffassungen von den Kommunikationszielen des Sprechers abhängt. Wenn das Kind die sprachlichen Symbole seiner Kultur zu beherrschen lernt, erwirbt es dadurch die Fähigkeit, vielfältige Perspektiven auf ein und dieselbe Wahrnehmungssituation einzunehmen. Als perspektivenbasierte, kognitive Repräsentationen beruhen also sprachliche Symbole nicht auf der Registrierung unmittelbarer sensorischer oder motorischer Erfahrungen, wie es bei den kognitiven Repräsentationen anderer Tierarten oder bei Kleinkindern der Fall ist. Vielmehr gründen sie in den verschiedenen Kategorisierungen, die Individuen aus einer gewissen Anzahl von Möglichkeiten auswählen, welche durch die anderen verfügbaren sprachlichen Symbole verkörpert sind, die sie ebenfalls wählen könnten.

Aufgaben

1. Fassen Sie zusammen, welche Vorstellungen über Lernen Tomasello hat.
2. Prüfen Sie, welche Bedeutung die anthropologischen Erkenntnisse über das Lernen für die Erziehung haben können.
   Greifen Sie dazu auf Ihre Erkenntnisse und Einsichten aus dem letzten Halbjahr zurück.
3. Im folgenden Text stellt Annette Scheunpflug eine zusammenfassende Darstellung der anthropologischen Bedeutung des Lernens vor und gibt Hinweise zur pädagogischen Bedeutung dieser anthropologischen Erkenntnisse. Stellen Sie die von Scheunpflug genannten Aspekte zusammen und vergleichen Sie sie mit Ihren eigenen Erkenntnissen und Fragen.

M5 Lernfähigkeit als evolutionärer Vorteil (Annette Scheunpflug)

Lernen der Gene: Anpassung einer Art

Jedes Individuum ist das Produkt einer evolutionären stammesgeschichtlichen Lerngeschichte. In jedem von uns ist über unsere Gene eine Lerngeschichte abgespeichert: die Lerngeschichte, die vor 3,8 Milliarden Jahren mit der Entwicklung des Lebens begann. Die Überlebensprogramme von Tieren, die es seit hunderten Millionen von Jahren gibt, die zirka 450 Millionen Jahre Geschichte der Wirbeltiere, die zirka 200 Millionen Jahre währende Geschichte der Säugetiere, die vielleicht 100 Millionen Jahre Primatengeschichte und die zirka vier Millionen Jahre Geschichte der Hominiden ist in unseren Genen gespeichert.
Die gesamte genetische Grundlage eines Lebewesens ist das Resultat eines Milliarden Jahre lang währenden, erfolgreichen Anpassungsvorganges. Zufällige genetische Mutationen erweisen sich als überlebensfähiger und ermöglichen deshalb mehr Nachkommen als andere. In der Auseinandersetzung mit der Umwelt haben unterschiedliche Genotypen einen unterschiedlichen Reproduktionserfolg, sodass sich bestimmte Merkmale stärker als andere durchsetzen.
Jeder Mensch ist damit ein Resultat eines – im Hinblick auf die Menschheitsgeschichte – zirka vier Millionen Jahre lang währenden Prozesses, dessen Erfolg sich in der Tatsache zeigt, dass wir Eltern haben und selbst leben. In jedem von uns ist das erfolgreiche Produkt eines über viele Generationen hinweg evolvierten Ergebnisses eines genetischen Lernprozesses abgespeichert. Genetisches Lernen ist ein intergeneratives Lernen über Vererbung.
Diese Form des Lernens vollzieht sich bei Lebewesen mit einer langsamen Reproduktion in großen Zeitspannen. Es dauert sehr lange, bis sich zufällige genetische Mutationen als Merkmale in einer ganzen Population durchsetzen. Diese Merkmale haben einen langen Prüfgang hinter sich – sie werden einer harten Testung auf Reproduktionschancen unterzogen. Der Mensch hat sich seit zirka 35.000 Jahren genetisch nicht mehr wesentlich verändert. Deshalb sprechen Biologen davon, dass Menschen in ihrer genetischen Grundausstattung heute an die Bedingungen des Pleistozäns als die langandauerndste Phase der menschlichen Entwicklung angepasst sind.
Die Vor- und Nachteile genetischer Lernprozesse liegen auf der Hand: Auf der einen Seite brauchen sie sehr lange. Sie sind also ein sehr schwerfälliges Instrument für Anpassungsvorgänge. Auf der anderen Seite stellt das Resultat dieses Lernprozesses einen in langen Testreihen erprobten evolutionären Anpassungsvorteil dar, sie sind also intensiv geprüft und kaum störanfällig. Ihre Funktionalität entfalten sie aber nur bei wiederkehrenden Umweltverhältnissen.
In der Pädagogik wird dieser Form von Lernprozessen aus guten Gründen keine Aufmerksamkeit geschenkt. Genetische Lernprozesse sind dem menschlichen Zugriff entzogen und wirken intergenerativ. Pädagogik zielt auf die Veränderung von Individuen. Dennoch sind die Kenntnisse über genetische Lernprozesse wichtig; denn sie stellen die Basis unserer Lernmöglichkeiten und -prädispositionen dar. [...]
Besonders charakteristisch für Menschen sind die genetisch programmierten Möglichkeiten des individuellen Lernens. Es ist Menschen – wie auch vielen Tieren – genetisch vorgegeben, dass sie lernen können. Paradox formuliert könnte man sagen: Es gibt die genetisch determinierte Möglichkeit, nichtgenetisch lernen zu können. Verhalten ist nicht nur das Resultat genetischer, sondern auch individueller Lernprozesse (die sich freilich nur in den genetisch vorgegebenen Bahnen abspielen können). Verkürzt könnte man dieses Lernen im Gegensatz zum Lernen der Gene als eines der Gehirne bezeichnen [...]. Was ist darunter zu verstehen?

Lernen der Gehirne: individuelle Angepasstheit

[...] Lernfähigkeit ist eine spezifische Offenheit für Situationen der Umwelt. Im Gegensatz zum Lernen der Gene, das sich populationsgenetisch gesehen auf eine Art (also alle Menschen, Schimpansen etc.) bezieht, erweitert die Möglichkeit des Lernens der Gehirne das individuelle Verhaltensrepertoire. Das langfristige genetische Lernen einer

Population in der Phylogenese (d.h. der Entwicklung der Art) wird so in der Ontogenese (d.h. der Individualentwicklung) durch das Lernen der Gehirne ergänzt. Damit wird es möglich, schnell auf Umweltveränderungen zu reagieren. Anders als in der Erziehungswissenschaft manchmal angenommen, ist das Gehirn kein Allzweckcomputer, sondern vielmehr in den Lernmöglichkeiten selbst genetisch geprägt [...]. Gelernt werden kann also nur das, wozu die Möglichkeiten in langen Selektionsprozessen geschaffen wurden. [...]

Warum lernen wir? Der Vorteil von Lernprozessen

Lernen ist uns so selbstverständlich, dass wir selten darüber nachdenken, warum wir überhaupt lernen können. Für pädagogische Prozesse ist der Lernbegriff eine zentrale Kategorie, und es lohnt sich darüber nachzudenken.

Die Biologie sucht als eine funktionelle Theorie nach dem Problem, das durch Lernen gelöst wird. Biologen interpretieren Lernen als Lösung für das Problem der Anpassung an unterschiedliche Umwelten: Lernen ermöglicht die **Anpassung an unterschiedlichste Umwelten**. Menschen sind „euryöke Lebewesen", das heißt, sie können sich an unterschiedlichste Lebensbedingungen anpassen (ähnlich Ratten, Bakterien oder manchen Vögeln).

Lernen ermöglicht schnelle Anpassungsvorgänge. [...]

Lernen ermöglicht die Entstehung von Individualität. Lernen ermöglicht individuelle Akzentsetzungen in der Ausprägung der Persönlichkeit und im Besetzen ökologischer Nischen. Über Lernen werden damit auch individuelle Überlebenschancen verbessert und die innerartliche Konkurrenz angeheizt.

Lernen ermöglicht im Gegensatz zur genetischen Informationsweitergabe die wiederholte Weitergabe von Informationen. Genetische Information wird nur einmal im Leben – bei der Verschmelzung des Samens mit der Eizelle – erworben. Lernen kann man hingegen das ganze Leben lang.

- Die Fähigkeit, lernen zu können, wird mit erheblichen Kosten erkauft. In der Natur ist nichts umsonst, auch nicht das Lernen.
- Die Fähigkeit, lernen zu können, bedeutet gleichzeitig auch, lernen zu müssen. Damit steigt der Aufwand für die Brutpflege immens; weniger Nachkommen müssen mit erheblich mehr Aufwand aufgezogen werden.
- Je größer die Lernfähigkeit ist, desto variabler werden Verhaltensweisen. Mit der Fähigkeit, lernen zu können, wächst die Gefahr, dass das Falsche gelernt wird. Die individuellen Risiken steigen.
- Je größer die Lernfähigkeit, desto stärker steigt der Aufwand für eine Tiergruppe oder für Menschen, dieses Lernen zu organisieren. Lernstrukturen müssen aufgebaut und auf Dauer unterhalten werden.

Aus diesen Gründen haben bis heute viele Tierarten überlebt, die nur wenige Lernmöglichkeiten aufweisen. Arten, die lernen können, müssen in ihrer Lebensorganisation die kritische Schwelle überschreiten, an der der Aufwand für das Lernen geringer als der damit verbundene Nutzen wird.

Der Mensch als Tragling

Frühe Anthropologen bezeichneten Menschenkinder als sekundäre Nesthocker. Sie wollten damit zum Ausdruck bringen, dass Säuglinge – wie viele Tiere – ohne die Hilfe ihrer Eltern nicht lebensfähig sind. Heute werden Säuglinge – wie auch Primatenkinder – nach einem Vorschlag von Bernhard Hassenstein als Traglinge bezeichnet [...], weil sie getragen werden müssen. Mit dieser Art der Säuglingsfürsorge ähneln Menschen Menschenaffen, bei denen sich die Kinder im Fell der Mutter festklammern und so getragen werden. Die Reste dieses Klammergriffs kann man auch bei menschlichen Säuglingen erkennen.

Tragling zu sein, ermöglicht Menschenkindern sehr vielfältige Lernmöglichkeiten. Ein Säugling steht in permanentem Kontakt mit einer Bezugsperson, Kommunikation und Lernen sind ab der Geburt möglich. Der Säugling ist dabei keineswegs so passiv wie häufig vermutet, sondern animiert durch sein Verhalten die Mutter oder den Vater zu vielen Aktivitäten, die ihm vielfältige Lernerfahrungen im Hinblick auf Sprache, motorische Entwicklung und Sozialverhalten ermöglichen.

Diese Entwicklung konnte erst beginnen, als unsere Vorfahren vor zirka 2,5 bis 2 Millionen Jahren die Bäume verließen und fortan ausschließlich auf der Erde lebten. Damit wurden die Arme und Hände der Mütter frei, ihre Säuglinge zu tragen. Menschenbabys konnten noch hilfloser als Menschenaffenbabys auf die Welt kommen. Diese langsamere Entwicklung in der frühesten Kindheit ermöglicht ein enormes Wachstum des Gehirns – ein Spezifikum der menschlichen Entwicklung [...].

Abb. 5.5

Abb. 5.6

Neotonie als menschliches Spezifikum

Die sexuelle Reifung des Menschen und das Erwachsenwerden setzen beim Menschen im Vergleich zu anderen Säugetieren sehr spät ein. Menschen behalten sehr lange jugendliche Züge – manche Menschen noch lange über die Pubertät hinaus. Dieses Merkmal des Menschen wird als Neotonie bezeichnet (vom Griechischen ‚neos' neu und vom Lateinischen ‚tenere' halten). Kindheit und Jugend von Menschen dauern doppelt so lange wie die von Menschenaffen. Damit wächst die Zeit für Lernvorgänge; zudem ist eine flexible Anpassung an die Umwelt möglich. Kinder aller Säugetiere tollen herum, aber nur Menschen spielen auch noch im Alter [...].

5.2 Generationenverhältnis und Bildsamkeit als Voraussetzungen für Lernen und Bildung

Die besonders ausgeprägte Lernfähigkeit des Menschen wird von allen Wissenschaften vorausgesetzt und erforscht, die sich mit der besonderen biologischen Ausstattung des Menschen und dem Menschen als kulturellem Wesen beschäftigen. Die beiden folgenden Texte zeigen den besonderen pädagogischen Blick, welchen die pädagogische Perspektive auf diese allgemeine Lernfähigkeit hat.

Der erste Text stammt aus einem Klassiker der Pädagogik. Der US-amerikanische Pädagoge und Philosoph John Dewey (1859–1952) veröffentlichte 1916 das Werk „Demokratie und Erziehung". Zu Beginn geht er auf die anthropologische Bedeutung von Erziehung und Lernen ein.

M6 Notwendigkeit des Lehrens und Lernens (John Dewey)

Abb. 5.7

Die beständige Erneuerung des physischen Daseins ist – bei menschlichen Wesen – von einer beständigen Wiedererzeugung von Glaubenssätzen, Idealen, Hoffnungen, von Glück, Elend und Brauch begleitet. Dass jede Erfahrung durch beständige Erneuerung der sozialen Gruppe fortdauert, ist eine buchstäbliche Tatsache. Erziehung im weitesten Sinne ist das Werkzeug dieser sozialen Fortdauer des Lebens. Jedes der Mitglieder, aus denen eine soziale Gruppe, eine moderne Stadt ebenso wie ein wilder Volksstamm, besteht, wird unreif, hilflos, ohne Sprache, Glauben, Ideen und soziale Normen geboren. Jedes von den Einzelwesen, die die Träger der Lebenserfahrung ihrer Gruppe sind, geht dahin zu seiner Zeit. Aber das Leben der Gruppe dauert fort.

Die unerklärbaren Urfaktoren von Geburt und Tod jedes Mitgliedes einer sozialen Gruppe machen Erziehung notwendig. Auf der einen Seite steht der Gegensatz zwischen der Unreife der neugeborenen Mitglieder der sozialen Gruppe, ihren einzigen späteren Vertretern, und der Reife der erwachsenen Mitglieder, die das Wissen und die Gebräuche der Gruppe besitzen. Auf der anderen Seite steht die Notwendigkeit, dass diese unreifen Glieder nicht nur in entsprechender Zahl körperlich erhalten, sondern dass sie auch in die Interessen, Zwecke, Kenntnisse, Fertigkeiten und Handlungsweisen der reifen Mitglieder eingeführt werden: sonst würde das eigentümliche Leben der Gruppe aufhören. Selbst bei einer Gruppe von Wilden gehen die Leistungen der Erwachsenen weit über das hinaus, wozu die unreifen Mitglieder fähig sein würden, wenn man sie sich selbst überließe. Mit der fortschreitenden Entwicklung der Kultur erweitert sich die Kluft zwischen den ursprünglichen Fähigkeiten der Unreifen und den Normen und Sitten der Älteren. Bloß körperliches Heranwachsen, bloßer Erwerb des für die Erhaltung des Lebens unmittelbar Notwendigen genügt nicht mehr, um das Leben der Gruppe fortzupflanzen. Planvolle Anstrengungen, verständige Bemühungen werden erforderlich. Lebewesen, die bei ihrer Geburt von den Zwecken und Gewohnheiten der sozialen Gruppe nichts wissen, die ihnen gegenüber völlig gleichgültig sind, müssen sie nicht nur kennenlernen, sondern an ihnen tätig interessiert werden. Es ist die Erziehung, die diese Kluft überbrückt – und nur die Erziehung.

Das Bestehen der Gesellschaft ist genauso wie die Fortdauer des Lebens im biologischen Sinne von einem Vorgang der Weitergabe abhängig. Diese Weitergabe vollzieht sich, indem Gewohnheiten des Handelns, Denkens und Fühlens von den Älteren auf die Jungen übertragen werden. Ohne diese Übertragung der Ideale, Erwartungen, Normen und Meinungen – von denjenigen Gliedern der Gesellschaft, die aus dem Gruppenleben ausscheiden, auf diejenigen, die hinzukommen, könnte soziales Leben nicht fortdauern. Wenn die Glieder einer sozialen Gruppe ewig leben würden, könnten sie die neugeborenen Mitglieder erziehen – wenn sie ein persönliches Interesse daran hätten. Ein soziales Bedürfnis, dies zu tun, wäre nicht vorhanden. Wie die Dinge in Wirklichkeit liegen, ist dies eine Notwendigkeit. Wenn eine Seuche alle Mitglieder einer Gesellschaft gleichzeitig dahinraffte, würde das Leben der Gruppe offenbar für alle Zeit ausgelöscht sein. Nun ist der Tod jedes einzelnen Mitgliedes genauso sicher, wie wenn eine Epidemie alle auf einmal vernichtete. Die abgestuften Altersunterschiede aber, die Tatsache, dass einige geboren werden, während andere sterben, machen eine dauernde Erneuerung des Gewebes der sozialen Verflechtungen durch Übertragung von Ideen und Gewohnheiten des Handelns möglich. Diese Erneuerung erfolgt jedoch nicht automatisch. Wenn nicht mit genügender Sorgfalt darauf gehalten wird, dass eine wirkliche und gründliche Übertragung stattfindet, fällt die höchst kultivierte Gruppe in Barbarei und Wildheit zurück. Die menschlichen Jungen sind so unreif, dass sie nicht einmal die für das körperliche Leben notwendigsten, kümmerlichsten Fertigkeiten erwerben würden, wenn sie der Führung und Unterstützung der anderen entbehren müssten. Ihre anfängliche Leistungsfähigkeit steht hinter der der Jungen anderer Tiere so weit zurück, dass selbst die für die physische Erhaltung nötigen Kräfte unter Anleitung erworben werden müssen. Wieviel mehr trifft das zu für alle technischen, künstlerischen, wissenschaftlichen und sittlichen Fähigkeiten des Menschen!

Aufgaben

1. Geben Sie Deweys Argumentation wieder. Achten Sie dabei vor allem auf die Schlüsselbegriffe.
2. Arbeiten Sie vor allem heraus, welche besondere anthropologische Bedeutung Erziehung in allen menschlichen Gesellschaften übernimmt.
3. Setzen Sie Deweys Argumentationen in Beziehung zu Ihrem Vorwissen.

M7 Bildsamkeit: das nicht festgestellte Tier (Dorle Klika/Volker Schubert)

Abb. 5.8: Johann Gottlieb Fichte (1762–1814)

Dass Lernen als anthropologische Konstante gleichsam die „Betriebsprämisse" (Prange) für alle pädagogischen Maßnahmen darstellt, ist in der pädagogischen Tradition unter dem Stichwort „Bildsamkeit" thematisiert worden. […]

Der Mensch bekommt die für ihn (als Gattungswesen) wesentlichen Merkmale nicht qua biologischer Ausstattung, sondern muss sich diese Gattungseigenschaften in der Auseinandersetzung mit der wesentlich vom Menschen geschaffenen Welt der vergegenständlichten Arbeit und der Kultur erst aneignen, um so überhaupt auf dem jeweiligen historischen und kulturellen Stand der Entwicklung lebens- und handlungsfähig zu werden. Wenn Erziehung und Vermittlung zu Ergebnissen führen sollen, dann muss im Kind eine Empfänglichkeit für derartige Vorgänge vorausgesetzt werden, andernfalls wären alle pädagogischen Aktionen vergeblich. Bildsamkeit bezeichnet in der erziehungswissenschaftlichen Theoriebildung die Fähigkeit des Menschen, sich zu bilden. Der Begriff wurde Anfang des 19. Jahrhunderts geprägt und bezieht sich auf die Bedingung der Möglichkeit, auf Kinder oder Jugendliche pädagogisch überhaupt einwirken zu können. Fichte etwa formuliert:

„Jedes Thier ist, was es ist: der Mensch allein ist ursprünglich gar nichts. Was er seyn soll, muss er werden: und da er doch ein Wesen für sich seyn soll, durch sich selbst werden. Die Natur hat alle ihre Werke vollendet, nur von dem Menschen zog sie die Hand ab, und übergab ihn gerade dadurch an sich selbst" (Fichte 1796/1971).

Der Begriff gehört thematisch in den Bereich der pädagogischen Anthropologie: Wie ist der Mensch beschaffen? Die Anthropologie beschreibt die menschliche Natur als offen und plastisch, d. h., die Frage „Was oder wie ist der Mensch?" kann nicht einmalig und eindeutig, sondern nur historisch mit Blick auf die Entwicklung der menschlichen Kultur beantwortet werden. Wäre der Mensch nicht entwicklungsfähig und formbar, so gäbe es keine kulturelle Entwicklung. Anders als in dem Ausdruck „Erziehungsbedürftigkeit" (Kant: „Der Mensch kann nur Mensch werden durch Erziehung") erscheint der Sachverhalt im Begriff der Bildsamkeit positiv akzentuiert. Das menschliche Individuum wird nicht als bedürftig, sondern als mit besonderen Möglichkeiten ausgestattet charakterisiert: Möglichkeiten der Plastizität, der Formung und der Selbstformung. Statt wie in manchen anthropologischen Ansätzen als „Mängelwesen", „physiologische Frühgeburt", „hilfloser sekundärer Nesthocker" (Roth 1969) erscheint der Mensch als das „nicht festgestellte Tier" oder als „erster Freigelassener der Natur".
Gegenüber der Herausstellung der Lernfähigkeit und der grundlegenden Bedeutung des Lernens für den Menschen hat der Begriff Bildsamkeit den Vorteil, den Aspekt der Eigentätigkeit und die Möglichkeit der Selbstformung besonders herauszustellen. Das, was der Mensch sein soll, steht nicht von vornherein fest. Er oder sie muss es erst werden, und zwar durch sich selbst.
Im Unterschied zum psychologischen Begriff der Lernfähigkeit bezieht sich Bildsamkeit nur auf Menschen und zwar phylogenetisch (Entwicklung der Gattung) und ontogenetisch (Entwicklung des Einzelnen). Die Antwort auf die Frage, wozu der Mensch sich prinzipiell bilden kann, lässt sich historisch an der Entwicklung der Kultur ablesen:

„Es liegt uns gegenständlich vor Augen, was Menschen produziert haben und somit auch leisten können. Für den Inbegriff dessen, worin sich Menschen äußern, haben wir den Begriff der Kultur. Aus ihrer Kultur also können wir entnehmen, was Menschen als Menschen ausmacht. Die Kultur steht demnach nicht nur als Fundus von Techniken und Fertigkeiten zur Verfügung […], sondern kann als Inbegriff der menschlichen Möglichkeiten gedeutet werden; sie umschreibt den Kreis dessen, was Menschen als Menschen ausmacht und was Menschen als Menschen möglich ist" (Menck 1998).

Die Frage, ob der Mensch von der eigenen (Natur-)Anlage oder von seiner Umwelt geprägt wird, verliert an Bedeutung, wenn man sich klar macht, dass die individuellen Möglichkeiten des Menschen im Umgang mit der gegenständlichen und sozialen Welt jeweils erst hervorgebracht werden.

Neue neurowissenschaffliche Untersuchungen bestätigen diese alte erziehungswissenschaftliche Hypothese: Der Neurowissenschaftler und Hirnforscher Wolf Singer hebt hervor, dass sich mit der Geburt des Säuglings ein „dramatischer Sprung in der Hirnentwicklung" vollzieht: Die Nervenzellen des Gehirns sind bereits vorhanden, die Verschaltungen bzw. Verbindungen (Synapsen) werden jedoch erst nach der Geburt allmählich angelegt.

„Alles, was auf die Sinnesorgane des Babys einwirkt, nimmt ab jetzt Einfluss auf die weitere Entwicklung des Gehirns. Berücksichtigt man ferner, dass sich diese aktivitätsabhängigen Entwicklungsprozesse des Gehirns bis zur Pubertät fortsetzen, wird deutlich, welch prägenden Einfluss frühe Erfahrungen auf die strukturelle Entwicklung des Gehirns nehmen können" (Singer 2002).

Aufgaben

1. Geben Sie wieder und erläutern Sie, wie die Begriffe „Lernfähigkeit" und „Bildsamkeit" bestimmt und voneinander abgegrenzt werden.
2. Entwickeln Sie eine Concept Map (siehe Heft 1, S. 125), in der die Beziehung der Schlüsselbegriffe zueinander dargestellt wird.
3. Erklären Sie, warum die Frage nach dem Verhältnis von (Natur-)Anlage und Umwelt aus pädagogischer Perspektive an Bedeutung verliert.
4. Setzen Sie die Aussagen des Textes in Beziehung zu Ihrem Vorwissen aus diesem und dem ersten Kurs. Erklären Sie dabei vor allem die Beziehungen zwischen „Bildsamkeit", „Bildung" und „Lernen".

Weiterführende Aufgabe

Stellen Sie Ihre Erkenntnisse zur Anthropologie des Lernens in einem Kurzvortrag mithilfe von Visualisierungen dar.

6. Pädagogische Lernkonzepte

Menschen müssen lernen. Sie besitzen eine besondere Lernfähigkeit, die es ihnen ermöglicht, sich auf schnell ändernde Umwelten und Verhältnisse einzustellen und eine eigene Welt der Kultur zu erschaffen und zu überliefern. Lernen ist deshalb Gegenstand vieler Wissenschaften.
Sie haben in den Kapiteln dieses Buches die pädagogische Perspektive auf Lernen und danach vor allem psychologische, neurowissenschaftliche und anthropologische Zugänge zum Lernen kennengelernt und deren pädagogische Bedeutung geprüft. In diesem Kapitel finden Sie nun Konzepte zum Lernen, die im Anschluss an Kapitel 2 die eigenständige pädagogische Perspektive auf Lernen weiter ausdifferenzieren.

6.1 Pädagogische Zugänge zum Lernen

Fragen und Anregungen zum Einstieg

In Heft 1 haben Sie sich mit der Frage, welche Aufgaben Erziehung und Bildung in modernen Gesellschaften übernehmen, auseinandergesetzt. Indirekt haben Sie immer auch schon nach Notwendigkeiten des Lernens gefragt. In diesem Kontext haben Sie Formen des pädagogischen Handelns in den Blick genommen: Behüten und Freigeben, Unterstützen – Verstehen – Ermutigen, Auffordern, Ermutigung, Zu-Muten, Zeigen, Arrangieren, Fragen, Erinnerung und Ermahnung, Tadeln, Grenzen ziehen, Regieren. Alle diese Formen pädagogischen Handelns stellen Versuche dar, auf Lernen einzuwirken.

1. Erläutern Sie exemplarisch, inwiefern über diese Formen welches Lernen ermöglicht werden kann.

2. Setzen Sie sich in diesem Kontext damit auseinander, ob bzw. warum dieses Lernen sich von tierischem Lernen unterscheidet.

Gruppenpuzzle mit Galeriegang

Das Hauptmerkmal dieser Unterrichtsmethode ist, dass im Verlauf der Arbeit die Zusammensetzung der Gruppen mehrfach geändert wird (deshalb „Puzzle"). „Galeriegang" bezieht sich auf die Art der Präsentation der Arbeitsergebnisse. Der Sinn dieses Vorgehens ist folgender: Jedes Gruppenmitglied muss in der Lage sein, anderen die Arbeitsergebnisse vorzustellen. Niemand kann sich dieser Verantwortung entziehen.

1. Zuerst werden **Stammgruppen** aus maximal 5 Mitgliedern gebildet. In den Stammgruppen verschaffen sich die Mitglieder einen Überblick über die Teilthemen und führen eine Einigung darüber herbei, wer sich mit welchem Teilthema beschäftigt. In diesem Kapitel sind die Teilthemen die verschiedenen pädagogischen Zugänge zum Lernen. Jedes Gruppenmitglied erarbeitet dann die Materialen (hier vor allem: die Texte) zu seinem Teilthema in Einzelarbeit.

2. Danach werden **Expertengruppen** gebildet. Hier kommen alle zusammen, die sich mit dem gleichen Teilthema beschäftigt haben. In diesem Kapitel müssten sich also alle, die das Projektlernen gewählt haben, in einer Expertengruppe zusammenfinden. Die weiteren Expertengruppen würden jeweils aus denen gebildet, die das Lernen aus Fehlern bzw. das Umlernen bzw. das Werten-Lernen in Einzelarbeit erschlossen haben. In den Expertengruppen findet nun ein Austausch über die entsprechenden Texte und Materialen statt, indem die Teilnehmer ihre Textanalysen vorstellen und gemeinsam Schwierigkeiten bearbeiten, nach Lösungen suchen und ein gemeinsames Verständnis der zentralen Positionen und Begriffe (schriftlich) festhalten. Wenn es einen „Galeriegang" geben soll, werden die Arbeitsergebnisse auf Postern visualisiert und aufgehängt.

3. Jetzt geht es zurück in die **Stammgruppen**. Diese gehen von Poster zu Poster. Der jeweilige Experte stellt die Arbeitsergebnisse seiner Expertengruppe vor, die anderen Mitglieder der Stammgruppe fragen ggf. nach. Sollten sich jetzt Verständnisschwierigkeiten oder Anfragen ergeben, werden diese schriftlich festgehalten. Schließlich werden Bezüge zwischen den Teilthemen hergestellt. In diesem Kapitel wird es vor allem darum gehen, die Gemeinsamkeiten und Unterschiede zwischen den pädagogischen Lernbegriffen vergleichend herauszuarbeiten und die besondere pädagogische Perspektive auf Lernen auszudifferenzieren.

Zum Abschluss können im Klassenunterricht offene Fragen vorgetragen werden. Der gesamte Kurs sucht nach Klärungen.

6.1.1 Lernen in Projekten

Die Bedeutung des Zusammenhangs von Handeln und Lernen ist vor allem durch die philosophische Schule des „Pragmatismus" herausgearbeitet worden. Eine der bekanntesten Vertreter ist der Philosoph und Pädagoge John Dewey (1859–1952). Deweys Lernkonzept ist durch das Schlagwort „learning by doing" populär geworden.

Drei Beispiele für Denkprozesse nach John Dewey finden Sie unter dem PP-Code vk8n82.

Das folgende Beispiel veranschaulicht die pädagogische Seite des pragmatischen Ansatzes zum Handeln und Lernen. Das „Typhusprojekt" wurde von Elsworth Collings entwickelt, der Schüler von William Heard Kilpatrick war. Kilpatrick war Professor an der Columbia-Universität in New York und arbeitete mit John Dewey zusammen.

Aufgaben

1. Arbeiten Sie die gegliederte Abfolge heraus, in der das Projekt verläuft. Zeigen Sie auf, welche Denk- und Lernschritte die Schülerinnen und Schüler absolvieren.
2. Beziehen Sie auch die drei Beispiele von M1 ein. Auch hier ist eine bestimmte Abfolge der Denk- und Lernschritte zu beobachten.
3. Arbeiten Sie heraus, welche Vorstellung von Lernen in dem Projekt enthalten ist. Greifen Sie dazu auf den Text von Heinrich Roth zum Problemlösen zurück (Kapitel 3, S. 56–57, M23).
4. Prüfen Sie kritisch die Entstehungsgeschichte dieses Projektberichtes (siehe PP-Code n6d44m).
5. Vergleichen Sie das Lernverständnis von Dewey und Kilpatrick mit dem allgemeinen psychologischen Lernverständnis (siehe Kapitel 1, S. 12–13, M5).

W. H. Kilpatrick war Professor für Philosophie der Erziehung an der Columbia-Universität in New York. Er arbeitete mit John Dewey zusammen.

Abb. 6.1: William Heard Kilpatrick (1871–1965)

M1 Das Typhusprojekt (John Dewey/ William Heard Kilpatrick nach einem Bericht von Elsworth Collings)

Welches sind die Ursachen für den Typhus bei Herrn Smith?

1. Der Besuch bei Herrn Smith. Der Leiter der zweiten Schülergruppe berichtete bei der ersten Zusammenkunft an einem Montagmorgen, daß Mary und Johnnie Smith fehlten. Er fragte die Schüler in diesem Zusammenhange, ob jemand die Ursache ihrer Abwesenheit von der Schule wüßte. Tommie, ein Nachbar, berichtete, daß beide typhuskrank wären. Er bemerkte in einer ziemlich mitfühlenden Art, daß einige Angehörige der Familie Smith jeden Herbst vom Typhus befallen würden und daß seine Mutter das Vorherrschen dieser Krankheit in jenem Hause nicht verstehen könne. Andere Schüler erinnerten sich an dieser Stelle an den Tod Williams, eines älteren Bruders, der vor kurzer Zeit dieser Krankheit erlegen war. Die Erörterung wandte sich dann von der Familie Smith den Typhusfällen in der Gemeinde zu. Mehrere Schüler äußerten, daß sich in ihren Häusern kein solcher Fall ereignet hätte; andere berichteten Fälle entweder aus ihren Familien oder aus denen der Nachbarn. Jedoch entdeckten die Schüler in diesem Zusammenhange, daß keine Familie – soweit sie wußten – jeden Herbst Typhus gehabt hätte wie Familie Smith. Wie Tommies Mutter gelang es auch ihnen nicht, diese unglückliche Situation zu erklären.
Sie erörterten verschiedene mögliche Gründe dieses Krankheitsfalles, die meist durch ähnliche Erfahrungen in den Häusern der Gemeinde angeregt worden waren. Tommie glaubte bestimmt, daß das Brunnenwasser die Ursache wäre; Sam äußerte, daß verdorbene Milch in seiner Familie Typhus verursacht hätte; Minnie dachte, daß die Fliegen im Hause ihres Nachbarn den Typhus verursachten; Fred sagte, daß er Dr. Call sagen gehört hätte, daß Unreinlichkeit im Hause Typhus verursachen würde, und viele ähnliche Erklärungen wurden gegeben. Nach beträchtlicher Erörterung einigten sich die Schüler, daß jede dieser angeführten Ursachen den Typhus in der Familie Smith verursacht haben könnte; aber welches die wahrscheinliche Ursache in diesem besonderen Falle war, konnten sie nicht entscheiden.
Während dieser letzten Erörterung wies Onal darauf hin, daß es nötig sein würde, die Bedingungen in und um Herrn Smiths Hause zu kennen, bevor jemand sagen könnte, was die wahrscheinliche Ursache von Typhus in diesem Hause wäre. Andere Schüler stimmten bereitwillig zu, daß solche Information nötig wäre und daß die beste Methode zu ihrer Gewinnung sein würde, das Heim des Herrn Smith zu besuchen und solche Bedingungen zu beobachten.
Wie das zu tun sei, bereitete Verlegenheit. Einige Schüler dachten, daß ein solcher Besuch Herrn Smith beleidigen würde; andere fürchteten, daß sie Typhus bekommen könnten. Eine Erörterung dieser Folgen hatte die Ernennung Tommies, eines Nachbarn, zur Folge, der Herrn Smith hinsichtlich eines solchen Besuches fragen und ihm sagen sollte, daß die Schule mit ihm zusammen arbeiten wolle, um die Ursache für den Typhus in seinem Hause heraus-

zufinden. Tommie berichtete am nächsten Tage, daß Herr Smith mehr als froh sein würde, die Schüler die Bedingungen in und um sein Haus untersuchen zu lassen. Was die zweite Schwierigkeit anging, entschieden die Schüler, daß keine Gefahr, Typhus zu bekommen, bestehen würde, wenn jeder sich des Anfassens und Essens von Dingen während des Besuches enthalten würde. Da diese Schwierigkeiten aus dem Wege waren, wollte Minnie wissen, wonach sie sehen sollte. Nachdem ihre Frage einige Zeit erörtert wurde, entschieden sich die Schüler für die folgenden als die wichtigsten Dinge für die Beobachtung: 1. Hat das Haus viele Fliegen, und sind die Fenster und Türen durch Schirme geschützt? 2. Ist das Trinkwasser des Hauses rein, und wo ist es gelegen? 3. Wie wird die Milch behandelt, und wo wird sie aufbewahrt? 4. Ist das Grundstück frei von folgendem: Düngerhaufen, Unkräuter und Müll, offenen Nebengebäuden und offenen Abfallkübeln?

Nachdem der Plan für die Exkursion so aufgestellt worden war, besuchten die Schüler Herrn Smiths Haus am nächsten Tage. Minnie überraschte den Lehrer und die Schüler dadurch, daß sie am nächsten Morgen aus eigenem Antrieb einen großen Strauß Gartenblumen für Mary und Johnnie zur Schule mitbrachte. Der Besuch war in jeder Weise erfolgreich, und die Smiths schienen froh, die Schüler ihr Haus besuchen zu lassen. Gerade vor dem Weggehen fragte Herr Smith die Schüler ganz natürlich, was sie für die Ursache des Typhus in seinem Hause hielten. Da sie eine solche Frage vorausgesehen hatten, einigten sie sich vor dem Besuch bei Herrn Smith, daß sie alle Schlußfolgerungen zurückhalten sollten, bis sie die Tatsachen sorgfältig studiert hätten. So sagte Tommie, der Leiter der Gruppe, Herrn Smith als Antwort auf seine Frage, dass die Gruppe sich freuen würde, ihm einen Bericht darüber, was sie als Ursache des Typhus in seinem Hause betrachteten, ebenso schnell zuzusenden, wie sie die beobachteten Tatsachen untersuchten.

Abb. 6.2: Ein Haus um 1930 im mittleren Westen der USA

2. Die Ergebnisse des Besuches bei Herrn Smith. Bei der nächsten Zusammenkunft erörterten die Schüler ausführlich die Bedingungen, die sie in und um Herrn Smiths Haus beobachtet hatten, unter den Gesichtspunkten, die sie aus der Lektüre über den Gegenstand erfahren hatten. Sie fanden, daß sein Trinkwasser wahrscheinlich keine Ursache für Typhus gewesen sein könne, da die Pumpe auf einem viel höheren Boden als das Haus gelegen war, daß sie kürzlich gereinigt worden war und daß sie eine gute Zementabdeckung hätte. Die „Schlechte-Milch-Theorie", die von einigen Schülern aufgestellt worden war, mußte auch aufgegeben werden, aus dem Grunde, weil keine Milch im Hause benutzt wurde. Andererseits fanden sie, daß das Haus von Fliegenschwärmen angefüllt war, keine Schirme an Türen und Fenstern und sehr ungesunde Umgebung hatte: einen Schweinepferch anstoßend an den Hof, große Düngerhaufen im Hofe des Viehstalles, den Hof voller Unkräuter und offene, von Fliegen umschwärmte Abfallkübel. Diese Bedingungen regten die „Fliegentheorie" an als die höchstwahrscheinliche Ursache für Typhus in Herrn Smiths Haus.

3. Damit verbundene Projekte. Aus der Untersuchung der Ursachen des Typhus in Herrn Smiths Haus wurden die folgenden mit ihr verknüpften Projekte von den Schülern angeregt und für das spätere Studium ausgewählt: a) Ist Typhus die am stärksten vorherrschende Krankheit in unserer Gemeinde? b) Wie kann Herr Smith die Fliegen in seinem Hause am besten bekämpfen?
Da die Schüler Herrn Smith einen Bericht über die wahrscheinlichen Ursachen versprochen hatten, entschieden sie, daß es gut sein würde, in diesem Bericht Anregungen zur Fliegenbekämpfung einzubeziehen, da ein bloßes Mitteilen der Ursachen nicht viel dazu beitragen würde, zukünftige Fälle von Typhus in seinem Hause zu verhindern. Aus diesem Grunde entschieden die Schüler, das zweite oben erwähnte verknüpfte Projekt auszuführen, so daß sie ihre Ergebnisse in den Bericht an Herrn Smith einschalten könnten.

4. Die von den Schülern bei diesem Projekt benutzte Literatur.
O'Shea and Kellogg: Body in Health, Seite 280.
[…]
Die Ausführung des zweiten Anschlußprojekts kann aus Raumgründen nur angedeutet werden. – Die Schüler entschieden sich nach längerer Erörterung für zwei Methoden: zunächst, das modern eingerichtete Haus des Herrn Bossermann zu besuchen und zu beobachten, wie er die Fliegen bekämpft, und dann die in Büchern und Merkblättern vorgeschlagenen Mittel zur Fliegenbekämpfung zu untersuchen.
Bei dem Besuche wurde festgestellt, daß Herr Bossermann folgende Maßnahmen getroffen hatte:

1. Abschirmung der Türen, Fenster, Schlafveranda, Eßzimmerveranda und des Milchhauses;
2. Vernichtung aller Abfälle und Unkräuter im Hause und um das Haus;
3. Aufbewahrung aller Abfälle in gedeckten Müllfässern;
4. Regelmäßige Beseitigung des Düngers auf dem Hofe;

5. Fliegenfangen während der warmen Monate Juli, August und September;
6. Fliegenschlagen während der kühlen Monate Oktober, November, Dezember. Herr Bossermann riet ab vom Fliegenschnaps und giftigen Flüssigkeiten, da sie gefährlich und unwirksam wären. Bei der Durchsicht der Bücher und Merkblätter achteten die Schüler auf die Methoden, die für ihre Anwendung gegeben wurden. Nach einigem Lesen wurde festgestellt, daß außer den von Herrn Bossermann getroffenen Maßnahmen folgende angeraten wurden:
7. Sicherung der Aborte gegen Fliegen;
8. Allgemeine Reinhaltung des Hauses.

Die Schüler wählten die Mittel aus, von denen sie annahmen, daß Herr Smith sie ohne Umstände anwenden könnte.
Es wurden folgende damit verknüpfte Projekte ausgeführt: 1. Wir bauen eine Fliegenfalle. 2. Wir bauen einen Müllkübel mit Deckel. 3. Wir schreiben einen Brief zur Bestellung der Merkblätter. 4. Wie die Fliegen in den Häusern unserer Gemeinde bekämpft werden. […]

5. Bei der Fertigstellung des Berichts für Herrn Smith standen die Schüler drei Problemen gegenüber:

1. Was sollte der Bericht enthalten? 2. Wer sollte den Bericht schreiben? 3. Wie könnte der Bericht Herrn Smith zugestellt werden?

Zu 1. einigten sich die Schüler nach einer Aussprache dahin, daß der Bericht aus zwei Teilen bestehen sollte: Zunächst wäre die wahrscheinliche Ursache anzugeben (mit Beweisgründen) und dann die Mittel zur Fliegenbekämpfung mit praktischen Ratschlägen zur sofortigen Durchführung. Zu 2. wurden verschiedene Vorschläge gemacht. Nach ihrer Besprechung wurde der Ausschußplan durchgeführt, d.h. der Gruppenführer ernannte den Ausschuß, der den Bericht schrieb und der Gruppe vorlegte. Nach einigen kleinen Änderungen wurde er angenommen und 3., da gleichzeitig die angefertigte Fliegenfalle und der verschließbare Müllkübel überreicht werden sollten, durch den in der Nähe wohnenden Tommie zugestellt.

Der Bericht lautete:

Herrn R.W. Smith, Goodman, Missouri, R.A. Goodmann, Missouri, R.A. 22. Oktober 1918

Sehr geehrter Herr Smith!
Dies ist der Bericht, den wir Ihnen über die Ursache des Typhus in Ihrem Hause zu senden versprachen. Wir haben mehrere Wochen mit dem Studium dieser Krankheit zugebracht. Wir glauben, daß Fliegen, Unreinlichkeit bei Milch und Wasser und Unsauberkeit überhaupt die Ursache für die meisten Typhusfälle in unseren Familien sind. Wir fanden, daß Ihr Brunnenwasser wahrscheinlich nicht die Ursache des Typhus bei Ihnen ist. Schlechte Milch kann nicht die Ursache sein, da wir fanden, daß Sie keine Milch in Ihrem Hause gebrauchten. Wir haben viele Fliegen in Ihrem Hause beobachtet. Auch, daß Sie keine Schirme für Ihre Türen und Fenster hatten. Wir sahen viele Fliegen in Ihrer Küche. Unsere Nachschlagebücher sagen, daß die Fliege der Träger des Typhuskeims ist. Wenn sie irgendwelche Nahrung berührt, läßt sie die Keime darauf zurück. Wenn diese Nahrung gegessen wird, bekommt man Typhus, weil man den Typhuskeim ißt. Wir glauben, daß es bei Ihnen so ist. Wir studierten mehrere andere Häuser in unser Gemeinde, wo Typhusfälle gewesen waren. Wir fanden in diesen Häusern ähnliche Verhältnisse wie die, die wir in Ihrem Hause gefunden hatten. Fast alle hatten Fliegen und hatten überhaupt keinen Schirm. Unsere Nachschlagebücher und die von der Universität bestellten Merkblätter sagen, daß die Fliege die meisten Typhusfälle verursacht. Wir glauben, daß die Fliege die Hauptursache des Typhus in Ihrem Hause ist, und machen den Vorschlag, daß Sie die folgenden Mittel bei der Fliegenbekämpfung in Ihrem Hause anwenden:
1. Wir schlagen vor, daß Sie Ihre zwei Außentüren und drei Fenster abschirmen. Die Abschirmung der Türen und Fenster wird die Fliegen aus Ihrem Hause fernhalten. Wir haben die Kosten der Abschirmung Ihrer Türen und Fenster berechnet und finden, daß fünf Yards Schirmdraht Ihre Fenster bedecken werden und daß Sie ihn im Goodman-Eisenwarengeschäft für 35 Cent das Yard bekommen können; das macht 1,75 Dollar. Sie können die Schirmtüren für 1,25 Dollar das Stück bekommen, das macht 2,50 für beide. Die Gesamtkosten würden nur 4,25 Dollar betragen.
2. Wir schlagen vor, daß Sie all die Unkräuter und Abfälle auf Ihrem Hofe abmähen und verbrennen. Unsere Bücher geben an, daß die Fliegen darin leben.
3. Wir schlagen vor, daß Sie den Schweinepferch verlegen, der an Ihren Hofzaun stößt. Er zieht Fliegen an und liefert ihnen eine gute Brutstätte.
4. Wir schlagen vor, daß Sie den Düngerhaufen vor Ihrem Hofe fortschaffen. Unsere Bücher sagen, daß der Düngerhaufen die beste Brutstätte ist, die Fliegen finden können.
5. Wir schlagen vor, daß Sie allen Spülicht und Nahrungsabfall in einen verschließbaren Müllkübel bringen. Das auf den Hof geschüttete Spülwasser zieht die Fliegen an und versieht sie auch mit Nahrung.
6. Wir schlagen vor, daß Sie die Fliegenfallen und Fliegenklappen in Ihrem Hause verwenden. Herr Bossermann gebraucht die Fliegenfalle während der heißen Sommermonate Juli, August und September und schlägt die Fliege während der kühlen Monate.
7. Wir senden Ihnen eine unserer großen Fliegenfallen und einen Müllkübel mit Deckel. Wir bauten diese in der Schule und möchten gern, daß Sie diese in Ihrem Hause ausprobieren. Wir würden gern von Ihnen hören, was Sie davon halten.
8. Wir freuen uns zu hören, daß Mary und Johnnie bald wieder zur Schule kommen. Wir vermissen sie.
9. Wir planen, bald einen Elternabend zu veranstalten, um einige Filme über die Fliege zu zeigen. Wir

werden Ihnen durch Tommie Nachricht zukommen lassen. Wir haben die Universität Missouri veranlaßt, Ihnen ein Merkblatt „Die Fliege“ zuzusenden.

Ergebenst
Tommie Beavers, Führer der zweiten Gruppe.

Herr Smith gab durch Tommie Nachricht, daß er sich über die Fliegenfalle und den Müllkübel freue und das Äußerste tun wolle, ihre Vorschläge auszuführen. Das Interessanteste an dieser Arbeit der Schüler war die Tatsache, daß sie Herrn Smiths Vertrauen hinsichtlich ihrer Bemühungen erhalten hatten. Herr Smith führte alle Vorschläge durch. Seit jener Zeit ist Herr Smith ein Fliegenbekämpfer anstatt Fliegenzüchter geworden, und das Ergebnis war, daß im nächsten Herbst sein Haus nicht vom Typhus heimgesucht wurde.
Danach untersuchten die Schüler in einem Anschlußprojekt, welche Krankheiten in jeder Familie in den letzten zwei Jahren vorgekommen waren, um feststellen zu können, ob der Typhus die in der Gemeinde vorherrschende Krankheit sei.

Pädagogisch verantwortete Projekte werden heute in vielen Institutionen durchgeführt. Das folgende Fallbeispiel stammt aus dem Bereich der Elementarpädagogik.

Aufgaben

1. Analysieren und beurteilen Sie das Fallbeispiel mithilfe der Merkmale der an Dewey orientierten Projektmethode.
2. Stellen Sie Bezüge zu anderen Lerntheorien her, die Sie kennengelernt haben.
3. Erörtern Sie, inwiefern es sich um ein fiktives Fallbeispiel handelt, das theoretische Aussagen veranschaulichen soll.

M2 Das Projekt „Mischen von Flüssigkeiten“

6.3.2 Planung und Vorbereitung des Projekts

Um ein Projektthema zu finden, überlegen Kinder und Fachkräfte gemeinsam, was sie herausfinden möchten. Zunächst werden vier Experimente zu verschiedenen naturwissenschaftlichen Themenbereichen vorbereitet, mit denen sich die Kinder in ihrem Alltag immer wieder beschäftigen. In einem ersten Projekttreffen werden an vier verschiedenen Stellen im Forscherraum, einem Funktionsraum der Einrichtung, Experimente zu diesen Themen durchgeführt:

- Schwimmen und Sinken
- Luft
- Wärme und Kälte
- Mischen von Flüssigkeiten

Die Kinder führen die einfachen Experimente selbst durch. Dabei begleiten die Fachkräfte die Kinder durch offene Fragen und stehen ihnen als Lernpartnerinnen zur Verfügung. Nach dieser Experimentierphase zeichnen die Kinder die durchgeführten Experimente auf und dokumentieren auf diese Weise ihre Erlebnisse.
Beim nächsten Projekttreffen werden die Bilder der Kinder genutzt, um noch einmal über die Experimente und die vier Themenbereiche zu reflektieren. Die Kinder berichten, was ihnen besonders Spaß gemacht hat, wie sie durch das Experimentieren etwas herausgefunden haben und welche neuen Fragen entstanden sind. […]
Im Anschluss […] stimmen die Kinder darüber ab, zu welchem Thema sie forschen und experimentieren möchten. Die Mehrheit der Kinder stimmt für den Themenbereich „Mischen von Flüssigkeiten“. […]

Abb. 6.3

Naturwissenschaften als zentraler Bildungsbereich
Kinder und Fachkräfte überlegen gemeinsam, welche Ziele sie durch das Projekt „Mischen von Flüssigkeiten“ erreichen möchten. Naturwissenschaftliche Phänomene zu entdecken und zu erforschen, steht dabei im Vordergrund. Die Kinder möchten Antworten auf ihre Fragen finden und beim Experimentieren „dem Grund der Ergebnisse auf die Spur kommen“. Das Verständnis der Kinder für naturwissenschaftliche Themen soll vertieft werden.

6.3.3 Durchführung des Projekts

Hauptphase des Projekts
Um dem Interesse der Kinder an naturwissenschaftlichen Phänomenen gerecht zu werden und gemeinsam Antworten auf Fragen zu finden, bilden Kinder und Fachkräfte eine lernende Gemeinschaft. In dieser arbeiten sie gemeinsam in einem offenen, sozialen Lernprozess auf das Ziel hin, naturwissenschaftliche Kenntnisse zu vertiefen. […]
Zunächst findet ein Gespräch statt, bei dem gemeinsam Material- und Experimentierideen gesammelt und dokumentiert werden. Die Kinder überlegen, welche Flüssigkeiten sie gerne kennenlernen und mischen möchten und äußern weitere Ziele und Wünsche für das Projekt.

Kinder und Fachkräfte überlegen gemeinsam, welche Materialien für die Durchführung der Ideen benötigt werden. Sie überprüfen, welche Materialien im Forscherraum vorhanden sind und welche zusätzlich gekauft werden müssen. Auf einem Papier malen die Kinder auf, was eingekauft werden muss.
Beim nächsten Projekttreffen geht die Projektgruppe mit dem gemalten Einkaufszettel einkaufen. Es wird darauf geachtet, die richtige Menge einzukaufen. Beim Bezahlen der Materialien suchen die Kinder gemeinsam mit Fachkräften und Kassiererin die passenden Scheine und Münzen aus.
In der Kindertageseinrichtung erstellen Kinder und Fachkräfte nun gemeinsam einen Projektplan, in dem sie festhalten, welche Experimente durchgeführt werden sollen. Auf dem Plan malen die Kinder auf, welche Materialien sie bei den einzelnen Experimenten voraussichtlich benötigen. Der Plan wird im Forscherraum aufgehängt und dient zur Orientierung. Die Kinder verfolgen auf dem Plan, welche Versuche schon durchgeführt wurden und welche Experimente noch ausstehen. Sie suchen gemeinsam mit den Fachkräften zu Beginn jedes Projekttreffens die benötigten Materialien zusammen.

Experimentieren mit Wasser, Zucker, Salz und Mehl
Zu Beginn dieser Projektphase erkunden die Kinder zunächst die Stoffe, die in den nächsten Wochen im Fokus des Projekts stehen sollen. Die Kinder machen Grunderfahrungen mit Zucker, Salz und Mehl, indem sie die Stoffe mit allen Sinnen erfahren. Sie berühren sie und lassen sie über die Hände rieseln, sie riechen daran, schmecken sie, schauen sich die Stoffe an und beschreiben Unterschiede: „In der Hand fühlt sich Mehl weich an, aber Zucker fühlt sich krümelig und hart an."

Die Kinder möchten nun herausfinden, was passiert, wenn man Zucker, Salz und Mehl mit Wasser vermischt. Zuerst stellen die Kinder Hypothesen auf, was passieren wird. Dann mischen die Kinder die einzelnen Stoffe mit kaltem Wasser, überprüfen ihre Hypothesen, beobachten und beschreiben die Versuchsergebnisse.
Danach mischen die Kinder die Stoffe mit warmem Wasser: „Zucker löst sich im warmen Wasser ganz auf, wie im Tee auch, aber der Zucker geht nicht ganz weg, weil das Wasser auch süß schmeckt." Die Kinder vergleichen die Ergebnisse: „Wenn man kaltes Wasser benutzt, dauert es viel länger, als wenn man warmes Wasser benutzt." [...]
Angeregt durch dieses Experiment stellen die Kinder die Hypothese auf, dass Wasser durch Zucker mehr wird, weil dieser zum Wasser „dazukommt". Die meisten Erwachsenen würden diese Hypothese als falsch bezeichnen. Die Fachkräfte weisen die Kinder jedoch nicht auf den vermeintlichen „Fehler" hin, sondern ermuntern die Kinder, ihre Hypothese zu überprüfen. Die Kinder füllen ein Glas mit Wasser und markieren den Wasserstand mit einem Klebebandstreifen. Dann geben sie Zucker in das Glas und beobachten, ob sich der Wasserstand verändert: „Sogar wenn man genau hinsieht: Das Wasser wird einfach nicht mehr!"
Um zu überprüfen, ob der Zucker trotzdem im Wasser ist, stellen Kinder und Fachkräfte einen Teller mit einem Zucker-Wasser-Gemisch auf die Heizung. Beim nächsten Projekttreffen ist das Wasser „verschwunden", auf dem Teller sind dafür Zuckerkristalle zu sehen. [...]
In dieser Situation [...] erhalten die Kinder die Gelegenheit, ihre aus Erwachsenensicht „falsche" Hypothese zu überprüfen. Der vermeintliche „Fehler" wird dadurch zu einem Schritt im Lernprozess der Kinder und ermöglicht es erst, dass diese zu einer neuen Erkenntnis gelangen – nämlich, dass sich der Zucker im Wasser auflöst.
Die Kinder möchten nun herausfinden, wie viel Zucker und Salz sich in Wasser auflöst. Dazu füllen sie zwei Gläser mit Wasser. Sie messen in Interaktion mit den Fachkräften das Wasser mit einem Messbecher ab, damit in beiden Gefäßen gleich viel Wasser ist. Nun geben die Kinder in eines der Gläser einen Teelöffel Salz, in das andere einen Teelöffel Zucker. Diesen Ablauf wiederholen sie, bis sich Salz und Zucker nicht mehr im Wasser auflösen. Sie malen für jeden Löffel Zucker und für jeden Löffel Salz einen Strich auf ein Papier. Am Ende des Experiments vergleichen sie die Strichlisten und beschreiben die Ergebnisse:
- „Wir konnten viel mehr Zucker als Salz auflösen!"
- „Das Wasser hat mehr Hunger auf Zucker und weniger Hunger auf Salz."
- „Wenn man in den warmen Tee Zucker gibt, geht das auch ganz schnell, bis der Zucker aufgelöst ist." [...]

Experimentieren mit Tinte
In einer weiteren Projektphase lernen die Kinder Tinte und ihre Eigenschaften kennen. Die Kinder fragen sich, was passiert, wenn man Tinte in Wasser gibt. Um dies herauszufinden, füllt jedes Kind ein Glasschälchen mit Wasser. Mit einer Pipette nehmen die Kinder etwas Tinte ihrer Lieblingsfarbe auf und geben einen Tropfen in das Wasser. Sie beobachten und beschreiben:
„Zuerst entsteht durch die Tinte im Wasser eine Blume, dann dreht es sich und dann löst es sich ganz auf."
„Wenn man ganz viele Tintentropfen ins Wasser gibt, dann färben die Tintentropfen das Wasser."
Mit einer Pipette geben die Kinder verschiedenfarbige Tinte auf Zuckerwürfel und legen diese auf einen Teller mit Wasser. Die Kinder beobachten, was passiert:
- „Die Tintenfarben vermischen sich miteinander."
- „Sieht so aus, als würden sich die beiden gefärbten Zuckerwürfel küssen, ineinander verlieben, sich gemeinsam auflösen – und sie gehen gemeinsam kaputt."

Um Mischbarkeit und andere Eigenschaften von Tinte und Wasser weiter zu untersuchen, führen Kinder und Fachkräfte weitere Experimente durch. Dabei stellen die Kinder stets vor Versuchsbeginn Hypothesen auf, welche Ergebnisse ihrer Einschätzung nach zu erwarten sind. Während des Experiments beobachten die Kinder genau, was tatsächlich passiert, und beschreiben das Beobachtete. Die Kinder malen die Experimente und Ergebnisse auf. In reflexiven Gesprächen berichten sie sich gegenseitig davon, was sie gesehen und erlebt haben. Sie äußern Vermutungen zu den Ergebnissen der Experimente und denken gemeinsam mit den Fachkräften darüber nach, wie sie zu den Ergebnissen gekommen sind. Kommentare aus diesen Gesprächen,

Hypothesen und Beschreibungen der Experimente dokumentieren die Fachkräfte schriftlich.

Projektaktivitäten mit Backpulver

Einen weiteren Stoff, den Kinder näher untersuchen möchten, ist Backpulver. Es steht die Frage im Raum, wozu Backpulver benötigt wird. Die Kinder kennen es von Backaktivitäten zu Hause und in der Einrichtung. Sie wissen, dass man Backpulver zum Backen benötigt. Was passiert aber, wenn man das Backpulver weglässt?

Lernen in und anhand von Alltagssituationen

Die Kinder möchten gerne ausprobieren, welche Auswirkungen die Verwendung/Nicht-Verwendung von Backpulver hat. Zunächst überlegen Fachkräfte und Kinder gemeinsam, was gebacken werden soll.
In Backbüchern wird nach einem geeigneten Rezept gesucht. Bei einer anschließenden Abstimmung stimmt die Mehrheit für das Backen von Marmortörtchen – mit und ohne Backpulver.
Zunächst malen die Kinder einen Einkaufszettel. Hierzu schreiben sie die Mengenangaben aus dem Kochbuch ab. Gemeinsam mit den Fachkräften werden die Zutaten eingekauft. Auch hier wird auf die richtige Menge der Einkäufe geachtet. Die Kinder orientieren sich an den Zahlenangaben auf ihrem Einkaufszettel.
Zurück in der Einrichtung stellen Kinder und Fachkräfte zwei Teigsorten her: einen Teig mit und einen Teig ohne Backpulver. Nachdem die Törtchen fertig gebacken sind, werden diese im Forscherraum untersucht. Sie werden betrachtet, befühlt, auseinander geschnitten, berochen und probiert:

- „Die Törtchen mit Backpulver sind ganz groß."
- „Die Törtchen mit Backpulver lassen sich in der Mitte gut durchschneiden."
- „Innen drin fühlen sich die Törtchen mit Backpulver weich an."
- „Das Törtchen mit Backpulver hat viele winzige Luftbläschen."
- „Die Törtchen ohne Backpulver sind viel kleiner, haben keine Ritzen und keine Hubbel."
- „Die Törtchen ohne Backpulver sind ganz hart."
- „Beim Reinschneiden in das Törtchen ohne Backpulver geht das Messer ganz schwer in das Törtchen rein."
- „Die Törtchen ohne Backpulver lassen sich schlechter kauen."

Die Kinder fragen sich, ob Backpulver auch beim Bäcker zum Einsatz kommt. Um dies herauszufinden, macht die Projektgruppe einen Ausflug zu einer Backstube in der Umgebung. Dort zeigen die Bäcker Kindern und Fachkräften die Maschinen und Backzutaten. Eine Maschine zum Glattrühren des Teiges wird von den Kindern ausprobiert. Ein Bäcker stellt mit den Kindern einen Teig her. In diesen Teig rühren die Kinder auch Backpulver ein. So erfahren sie, dass auch der Bäcker Backpulver verwendet. Die Kinder kneten den selbst gemachten Teig und stechen Osterhasen aus (es ist kurz vor Ostern). Während die Osterhasen im Ofen backen, stellen die Kinder den Bäckern viele Fragen, die sie interessieren, und kommen mit ihnen in ein Gespräch über das Backen und über die Funktion von Backpulver. Nachdem die Osterhasen fertig gebacken sind, werden sie in der Backstube gegessen. Da die Kinder aber sehr viele Osterhasen hergestellt haben, bleiben noch so viele übrig, dass sie diese mit zurück in die Einrichtung nehmen. Dort kommen alle Kinder und Fachkräfte der Einrichtung zusammen und essen gemeinsam die Osterhasen. Während dieses Treffens berichten die Kinder über ihre Erlebnisse in der Backstube, sie erzählen, was sie gelernt und erfahren haben, und reflektieren auf diese Art und Weise dieses Erlebnis.
Um weitere Eigenschaften von Backpulver herauszufinden und die Kenntnisse darüber zu vertiefen, experimentieren die Kinder mit Backpulver. Sie mischen es mit Wasser und Essig und stellen unter anderem fest, dass die Flüssigkeiten mit Backpulver sehr stark schäumen.

Bildungsorte verknüpfen – alle Lernorte der Kinder einbeziehen

Im Projekt „Mischen von Flüssigkeiten" ist die Kooperation und Vernetzung mit Familien und die Einbeziehung verschiedener Lernorte der Kinder wichtig:

- Die Eltern der am Projekt teilnehmenden Kinder werden durch ein Informationsfaltblatt über die Durchführung des Projekts informiert.
- Durch die Dokumentation des Projekts durch Bilder der Kinder, Fotos und schriftliche Beiträge können sich die Eltern jederzeit über die Inhalte und Aktivitäten des Projekts informieren.
- Im Flur der Kindertageseinrichtung werden einfache Experimente aufgebaut. Kinder und Eltern führen hier in den Bring- und Abholzeiten gemeinsam Experimente durch und treten miteinander in einen Austausch. So können sich die Eltern direkt am Projekt beteiligen.
- Vielfach wollen die Kinder zu Hause die in der Einrichtung durchgeführten Experimente wiederholen. Dabei beziehen die Kinder die Eltern ein und zeigen ihnen „ihre" Experimente.
- Am Ende des Projekts werden die Eltern eingeladen. Die Kinder präsentieren ihnen ihre Experimentierhefte und experimentieren gemeinsam mit ihren Eltern. Die Eltern nehmen die Kinder als Experten wahr, die ihr während des Projekts erworbenes Wissen anwenden und die Eltern beim Experimentieren als Lernpartner und Lernpartnerinnen begleiten.
- Um die Fragen der Kinder zu beantworten, wird eine Backstube besucht und damit zum Lernort für die Kinder. Diese können hier Experten befragen, ihr im Projekt erworbenes Wissen anwenden und feststellen, wie Backpulver für den alltäglichen Bedarf an Backwaren eingesetzt wird. Die Erfahrungen durch den Besuch in der Backstube werden in der Einrichtung wieder aufgegriffen: Die erworbenen Kenntnisse werden durch weitere Experimente vertieft.

Dokumentation und Reflexion

Im Projekt „Mischen von Flüssigkeiten" werden regelmäßig Reflexionsgespräche geführt. Kinder und Fachkräfte überprüfen ihre Hypothesen und beschreiben die Erlebnisse während der Projektaktivitäten. […] Sie werden sich bewusst, wie sie Antworten auf ihre Fragen finden und wie sie beim Experimentieren die eigenen Hypothesen überprüfen können. […]

Jedes Kind erstellt während des Projekts ein Experimentierheft, in dem es seine Beobachtungen durch Bilder und Schrift festhält. Die Fachkräfte schreiben für die Kinder deren Kommentare, Aussagen und Überlegungen auf und stellen sie den Kindern zur Verfügung.

Der Projektverlauf wird durch Wanddokumentationen in Bildern der Kinder, Fotos und Schrift festgehalten. Diese Dokumentation hängt im Flur der Kindertageseinrichtung und kann von Kindern, Eltern und Fachkräften zur Erinnerung, Reflexion und Information genutzt werden. […]

Abschluss des Projekts

Am Ende des Projekts findet in der Projektgruppe ein Reflexionsgespräch statt. Dabei präsentieren sich die Kinder gegenseitig ihre Experimentierhefte und kommen miteinander ins Gespräch über die erlebten Projektaktivitäten.

Im Dialog mit den anderen Kindern und den Fachkräften werden die Kinder angeregt, über eigene Lern- und Entwicklungsprozesse zu sprechen und Problemlösungswege zu beschreiben. Die Kinder äußern, welche Projektaktivitäten sie besonders schön fanden.

Die Kinder möchten zum Abschluss des Projekts ihre Eltern einladen, um ihnen die Experimentierhefte und den Projektverlauf vorzustellen. Außerdem möchten sie gemeinsam mit ihren Eltern experimentieren. In einem letzten Treffen der Projektgruppe wird der Elternnachmittag geplant. Dabei schlagen die Kinder Experimente vor, die sie mit ihren Eltern durchführen möchten und stimmen anschließend darüber ab, welche Experimente beim Elternnachmittag im Mittelpunkt stehen werden.

Beim Elternnachmittag selbst berichten die Kinder ihren Eltern nun vom Projekt und ihren schönsten Erlebnissen. Stolz erzählen die Kinder, was sie gelernt haben und präsentieren ihre Experimentierhefte. Im Anschluss daran führen Eltern und Kinder gemeinsam Experimente durch, die den Kindern durch das Projekt bereits bekannt sind.

6.1.2 Aus Fehlern lernen

Fragen und Anregungen zum Einstieg

Bestimmt haben Sie schon Erfahrungen mit dem Lernen aus Fehlern gemacht.

1. Vergegenwärtigen Sie sich einige solcher Situationen. Überlegen Sie, ob Sie Ihren Mitschülerinnen und Mitschülern davon erzählen wollen.
2. Viele Geschichten in Büchern und Filmen handeln vom Lernen aus Fehlern. Stellen Sie einige von ihnen vor.
3. Unterscheiden Sie solche Situationen, in denen es nicht akzeptiert oder sinnvoll ist, Fehler zu machen, von anderen, in denen das Fehler-Machen hilfreich für die weitere Entwicklung eines Menschen sein kann.
4. Werten Sie Ihre Erfahrungen und die Geschichten aus:
   - Welche Arten von „Fehlern" gibt es?
   - Wann funktioniert das Lernen aus Fehlern?
   - Wann scheitert es?
   - Wie haben sich Eltern, professionelle Erzieher oder andere Mitmenschen in den Fällen verhalten, in denen das Lernen aus Fehlern gelang?
5. „Fehler bei Kindern und Jugendlichen zu akzeptieren, ist pädagogisch falsch und gefährlich!" Erörtern Sie diese Ansicht.

Fritz Oser war Professor für Pädagogik an der Universität Fribourg in der Schweiz.

Abb. 6.4: Fritz Oser (*1937)

M3 Aus Fehlern lernen (Fritz Oser)

1. Vom Aufbau negativen Wissens

Aus Fehlern lernen, ist gesellschaftlich nicht immer akzeptiert. In vielen Situationen möchten wir, dass keine Fehler geschehen, so bei medizinischen Eingriffen, bei Flugpiloten und Fluglotsen, bei Handwerksberufen, bei Politikern, in Partnerschaften etc. Es gibt aber Situationen, in denen Fehler-Machen geradezu notwendig ist, so im Unterricht, bei Erfindungen, bei kreativen Lebenssituationen. […]

Auf der einen Seite sollen wir Fehler vermeiden und sie bekämpfen, auf der andern Seite sollen wir aus Fehlern lernen. Wie geht das zusammen? Wenn man annimmt, dass die Geschichte der Menschheit eine Geschichte des Überwindens von Irrtümern und Fehlhandlungen ist, und wenn man sieht, dass vieles, was Kinder lernen, überhaupt erst sichtbar und bedeutungsvoll wird, weil sie es zuerst falsch machen, ist zusätzlich die Frage gegeben, ob und wie wir aus eigenen und fremden Fehlern lernen, warum wir aus Fehlern oft nicht lernen und welche Leistung es ist, das Richtige aus dem Falschen herauszuarbeiten.
Nehmen wir folgendes Beispiel: Eine Schülerin verwechselt immer wieder das „viel" und „fiel". Bis die Lehrerin ihr eines Tages entrüstet sagt: „Viel Schnee, der vom Himmel fiel, das kann doch jeder auswendig lernen." Die Schülerin ist betroffen, weil sich die Lehrerin so aufregt.
Nehmen wir ein zweites Beispiel: Junge Piloten zur Ausbildung oder gestandene Piloten zur Weiterbildung im Simulator müssen das Flugzeug unter „Absturzbedingungen" zur Landung bringen. Sie scheitern einmal, zweimal. Sie sind schweißgebadet, bis es ihnen dann doch gelingt, die richtigen Steuerbewegungen so auszuführen, dass eine Bruchlandung vermieden werden kann.
Und ein drittes Beispiel. Ein 60-Jähriger erzählt: „Ich war in der 1. Klasse. Immer wenn die Lehrerin das Schulzimmer verließ, hatte ein Kind den Auftrag, sie zu vertreten. Eines Tages fiel die Rolle mir zu. Ich notierte die Namen der Kinder an die Tafel und für jede Untat machte ich einen Strich. Nach einer Weile kam ein Knabe und sagte: „Ich gebe dir 20 Cents, wenn du meinen Strich wegmachst." Ich tat es. Dann kamen fast alle anderen Kinder auch mit Geld und beinahe alle Striche verschwanden. Nur von drei Kindern, die kein Geld hatten, waren die Striche noch da und diese Kinder wurden dann auch von der Lehrerin bestraft.
Als ich stolz mit dem vielen Geld nach Hause kam, erschrak meine Mutter. Sie erklärte mir, dass ich mich hätte bestechen lassen. Das Geld sei nicht rechtmäßig verdient, ich müsse es zurückbringen. Ich konnte die ganze Nacht nicht schlafen. Am nächsten Tag kam meine Mutter den schweren Weg mit mir. Sie sprach mit der Lehrerin. Diese verstand sofort und alles wurde richtiggestellt. Ich habe nie mehr vergessen, was Bestechung ist."
In diesen drei Beispielen, die unterschiedlich sind, gibt es gemeinsame Elemente. In allen drei Fällen erinnern sich die involvierten Personen an das korrigierende Ereignis. Im Fachterminus sagen wir: Sie haben „negatives Wissen" aufgebaut. Negatives Wissen ist Wissen darüber,

- wie etwas nicht ist (deklaratives negatives Wissen),
- wie etwas nicht funktioniert (prozedurales negatives Wissen),
- welche Strategien nicht zu einer Lösung führen (negatives strategisches Wissen),
- welche Konzepte bzw. Theorien falsch sind, weil sie zu falschen Ergebnissen führen (konzeptuelles negatives Wissen).

Wenn wir sagen, die Personen erinnern sich, dann meinen wir, dass sie a) das, was sie erfahren haben, im episodischen Gedächtnis abspeichern; dieses bewirkt ein Verdichten des Ereignisses durch Erleben, b) dass Emotionen mit im Spiel sind, die diese Ereignisse begleiten. Und diese Emotionen machen, dass das Ereignis des Falschen nicht vergessen wird, sondern dass es wie eine Narbe in Erinnerung bleibt und dafür sorgt, dass nächstes Mal, oder im Ernstfall, nicht die gleichen Fehler nochmals passieren. Und c), es ist immer aber auch eine Akzeptanz und ein Getragensein von Drittpersonen da, die helfen, den Fehler zu überwinden.

Abb. 6.5

2. Funktionen des Lernens aus Fehlern

Aus diesem Zusammenhang sehen wir, dass das Lernen aus Fehlern verschiedene Funktionen hat. Fehler bewirken ein sogenanntes Schutzwissen; wir bauen quasi ein Immunsystem dahingehend auf, dass das Gleiche unter ähnlichen Umständen vermieden wird. Wenn wir in eine ähnliche Situation geraten, erinnern wir uns, und diese Erinnerung steuert unser Handeln so, dass wir denselben Fehler nicht wieder tun. Die Erinnerung wird eine Art metakognitives Alarmsystem, das ausgelöst wird, weil die Situation ähnlich ist und wir Gefahr laufen, den gleichen Fehler nochmals zu machen.
Aber es gibt noch weitere Funktionen: Da Fehler (bewusst) und Irrtümer (unbewusst) immer mit Normübertretungen zu tun haben, besteht ein wichtiger Effekt darin, diese Norm ins Bewusstsein zu rufen, was kritisches Hinterfragen einerseits, aber auch Normtransparenz andererseits bewirken kann. Das wird deutlich in all den Fällen, in denen Kinder Fehler machen, ohne dass sie zuerst wissen, dass es ein Fehler ist. Es wird auch deutlich, wenn wir in einem fremden Land etwas falsch machen und wir erst nachher wissen, warum die Menschen so eigenartig reagiert haben. Eine weitere Funktion ist, dass durch Fehler Kontraste gebildet und Abgrenzungen vorgenommen werden können. Das wird sichtbar, wenn Kinder Märchen hören: Sie wissen durch das fehlerhafte Verhalten einer Person, das dem richtigen Verhalten einer andern Person gegenübergestellt wird, was richtig/falsch, heiß/kalt, schwarz/weiß etc. ist. Eine weitere Funktion wäre das Erstellen von Sicherheitsmarken: Nach begangenen Fehlern wird man – unter Umständen – eine Sache so lange üben, bis sie mit hoher

Sicherheit ohne diesen Fehler ausgeführt werden kann. Da wissen Schauspieler, Musiker, Tänzer etc. viele Erfahrungen wiederzugeben. – Diese Funktionen sind bedeutungsvoll, weil sie dazu führen, dass ein Verhalten, das scheitert und dann richtig eingeübt oder richtig wiederholt oder verbessert wird, ein „geschütztes“, „sicheres“ Verhalten wird.

3. Advokatorisches negatives Wissen

Wenn wir von Lernen aus Fehlern sprechen, dann ist damit nicht bloß das Lernen aus den eigenen Fehlern gemeint, sondern auch das Lernen aus den Fehlern von andern. Wir sprechen von advokatorischem Lernen. Romane, Bilder, Filme, Geschichten, Geschichte, politische Entscheidungen etc. sind Kulturbestände und als solche jene Quellen, aus denen wir vor allem dann, wenn sie uns emotional berühren, lernen. […]

Wir können also auch aus Fehlern von andern lernen. Wir haben oben schon die Märchen erwähnt; sie sind besonders geeignet, das Richtige vom Falschen zu unterscheiden und vor allem moralisches und soziales prozedurales negatives Wissen aufzubauen.

4. Fehlerkultur

Ein bedeutsamer Aspekt der Theorie des negativen Wissens besteht darin, dass dieses in besonderer Weise über das Begehen von Fehlern aufgebaut werden kann. Das impliziert aber eine besondere Haltung, die wir als Fehlerkultur bezeichnen. Mit Fehlerkultur ist nicht die Akzeptanz des Falschen gemeint, auch nicht das Lob des Fehlers (das wäre pädagogischer Kitsch) und schon gar nicht das bewusste Fallenstellen, damit Schülerinnen und Schüler Fehler begehen. Es ist viel mehr damit gemeint, dass Fehler, die nicht auftreten sollten, aber, weil Schule eine Lerngemeinschaft ist, auftreten, in einer Weise behandelt werden, dass aus ihnen negatives Wissen aufgebaut werden kann.

5. Verarbeitung des Falschen

Das kann an folgendem Beispiel erläutert werden: Schülerinnen und Schüler arbeiten an Rechnungsbeispielen an der Tafel. Der eine Schüler läuft in eine ganz falsche Richtung. Die Lehrperson sieht dies und sie denkt sich, von diesem Fehler können auch die andern lernen. Sie ruft die Schülerinnen und Schüler zur Tafel und lässt sie den Fehler herausfinden, gibt aber dem Schüler zu verstehen, dass er einen wichtigen Schritt übersehen, aber sonst sehr gut gearbeitet habe und jetzt nochmals versuchen solle. Damit wird sichtbar, was Fehlerkultur ist. Es ist eben nicht Akzeptanz des Falschen, sondern Verarbeitung des Falschen zum Richtigen hin. Es gehört dazu, dass ein Kind zwar Einsicht in das Falsche hat, vielleicht sich darüber sogar ärgert, aber dass es nie bloßgestellt wird und dass es so lange ausprobieren darf, bis das Richtige mit großer Sicherheit hervorgebracht werden kann.

Aufgaben

1. Klären Sie in M3 zunächst unbekannte Namen und Wörter.
2. Arbeiten Sie heraus, wie der Autor die Schlüsselbegriffe versteht.
3. Erläutern Sie mit eigenen Beispielen die Funktionen des Lernens aus Fehlern.
4. Erläutern Sie, was der Autor unter einer pädagogisch verantworteten Fehlerkultur versteht.
5. Vergleichen Sie das Lernverständnis von Oser mit dem allgemeinen psychologischen Lernverständnis (Kapitel 1, S. 12–13, M5).
6. ▲ Entwickeln Sie (über den Text hinausgehend) Grundsätze für einen pädagogisch sinnvollen Umgang mit Fehlern.

6.1.3 Umlernen

M4 Die Knaben und die Tulpen (Ernst Goldbeck)

Erinnerungen und Betrachtungen eines alten Lehrers

In der obersten Klasse des Gymnasiums sollten Weltanschauungsfragen erörtert werden; denn die Jugend im Reifealter, heißt es, fühlt sich von solchen Fragen bewegt, vermöge sie aber von selbst nicht zu lösen. Eine wissenschaftliche Einführung sei nötig.

Abb. 6.6: Camille Flammarion (1888): Der Mensch durchbricht das Himmelsgewölbe

So waren im verdunkelten Physikraum allerlei grellfarbige Blätter von Glanzpapier gezeigt, rote, gelbe, grüne, blaue. Um einfarbiges Licht zu erhalten, waren in brennenden Spiritus einige Handvoll Kochsalz geworfen, die eine flüchtig

flackernde gelbe Flamme erzeugten. Die Papiere hingen an einem horizontalen Faden und wurden von der Flamme beleuchtet. Sie unterschieden sich nur wenig; das eine war etwas dunkler als das andere. Denselben Versuch machen lustige Leute in der Silvesternacht. Es heißt dann, die Gesichter der Umstehenden würden zu Leichengesichtern, und die Hände trügen Leichenfinger. Das Schaurige reizt lebhaft, besonders, wenn es doch nicht ganz ernst zu nehmen ist. Die „wirkliche" Farbe der Papiere hatten die Schüler vorher nicht gesehen. Dann wurde das elektrische Licht angeknipst, und es traten die grellen Farben verblüffend zutage. Man saß zwar immer noch auf den Bänken, aber doch nicht so abgezirkelt, und es schien, als habe die alte Ehrfurcht beträchtlich nachgelassen. Der Versuch hatte interessiert. Allerlei bekannte Erfahrungen wurden herbeigebracht, daß Kleider bei elektrischem Licht anders aussehen wie im Gaslicht oder gar bei Tage, und es wurde klar, daß die Farbe eines Gegenstandes durch die Art der Beleuchtung wesentlich geändert werden könne. Auf diese Feststellungen aber zielte ich nicht ab. Ein Dämon muß mir eingeflüstert haben, ich solle von der Tulpe reden, und so geschah es. Ich erklärte kühnlich, die Tulpe sei an sich gar nicht rot, die Farbe sei nicht dort draußen, an ihr, sondern – wo denn?
Ich handelte meiner Meinung nach in bester Absicht; denn ist es nicht etwas Großes, die Menschen von der Stufe des naiven vorwissenschaftlichen Denkens zum wissenschaftlichen emporzuheben? Mir selbst waren solche Auffassungen lange geläufig. Ich fühlte gar nichts mehr, wenn ich sie aussprach. Ich kannte sogar den langen geschichtlichen Werdegang dieser Erkenntnis einigermaßen und wußte von einigen modernen Einwänden, die ich aber völlig verwarf. Und dennoch war mir nicht ganz wohl, als ich auf die Tulpe kam. Hatte ich gar ein dunkles Vorgefühl, daß ich etwas Gefährliches tat? Kommt es nicht vor, daß ein anscheinend harmloser Mensch mit seltsam lebhaftem Behagen einem anderen Schreckliches erzählt? Bei Todesfällen und furchtbaren Ereignissen will jeder der erste sein, der sie berichtet. Gibt es dergleichen nicht – oft? Und läuft nicht mancher Lehrer, mancher Vater Gefahr, sich dem Schwächeren gegenüber in häßlichen „Überwertigkeitsgefühlen" aufzublähen? Die Jünglingsknaben begannen heftig zu debattieren, meist dawider, sichtlich mit Untertönen des Mißbehagens. Der physikalische Vorgang von der Tulpe bis zum Auge wurde erörtert, der Strahlengang durch das Auge auf die Netzhaut, der dunkle Weg durch den Sehnerv und seine tausendfachen Verästelungen im Gehirn bis hinein in das noch dunklere Gehirn selbst. Und dann kam der Rätsel größtes, und das Rot erschien jenseits des ewigen Abgrunds in jenem Ding – Nichtding, das wir Seele nennen. Der Hauptzweck aber war erreicht. Diese wunderliche Reise hatte das Tulpenrot nicht mitmachen können. Durch soviel Engpässe und Verwandlungen ließ es sich nicht zwängen. Mochte es sein, wo es wolle, an der Tulpe draußen war es nicht. Ich glaubte überzeugt, glaubte gesiegt zu haben. Da flüsterte der Dämon zum zweitenmal, und ich gehorchte ihm. „So ist denn", sagte ich, „ein in herrlichen Farben prangender Sonnenuntergang in Wirklichkeit als solcher nicht vorhanden. All dieses wunderbare Farbenspiel erklingt nur in unseren Seelen ..."

Ein Krach! Lärm! Was ist denn da hinten los? Ein großer, starker und mutiger Knabe erhob sich zornglühend. „Das ist nicht mehr auszuhalten! Dergleichen kann man nicht mehr mit anhören! Solche Lehren müßten auf der Schule verboten sein ...!"
In dem völlig überraschten Lehrer kochte es auf. Er dachte, der ruft nach dem Staatsanwalt wie weiland Melanchthon, als er gehört hatte, Copernicus lehre, die Erde stehe nicht in der Mitte, sondern alles sei vielmehr umgekehrt. Ein vielversprechender junger Mann, fürwahr! Überhaupt ein unangenehmer Mensch! Welche Schwierigkeiten haben wir schon mit ihm gehabt und alles zugedeckt! Praktisch soll er sehr sein. Er ist aber ein untheoretischer Kopf – in diesen Dingen jedenfalls ein Dummkopf!
Klingelzeichen! Es versank in die Tiefe. Aber hatte dieser Dummkopf in dem heftigen Wirrwarr dieser Szene zum Schluß heulend nicht etwas Seltsames gesagt? Das tauchte auf. Es lautete: „Sie haben uns die ganze schöne Welt zerstört!"

Aufgaben

Goldbeck zitiert einen Schüler mit folgenden Worten: „Das ist nicht mehr auszuhalten! Dergleichen kann man nicht mehr mit anhören! Solche Lehren müßten auf der Schule verboten sein ...!"

1. Beschreiben Sie die Gründe für diesen Wutausbruch.
2. Inwiefern geht es dabei um „Lernen"?
3. Beschreiben Sie ähnliche Lernerfahrungen, die Sie selbst erlebt oder beobachtet haben.

Ernst Goldbeck (1861–1940) war Lehrer für die Fächer Mathematik und Physik. Sein Buch „Die Welt der Knaben" erschien zuerst 1926. Käte Meyer-Drawe bezieht sich in ihrem Aufsatz über das Risiko des Lernens auf dieses Buch.

M5 Das Risiko des Lernens (Käte Meyer-Drawe)

Käte Meyer-Drawe ist Professorin für allgemeine Erziehungswissenschaft an der Ruhr-Universität Bochum.

Abb. 6.7: Käte Meyer-Drawe (*1949)

Der Titel meiner Überlegungen [...] soll andeuten, daß Lernende beim Lernen ein Wagnis eingehen, daß sich dieses Wagnis aber gleichzeitig lohnt. Wenn schulischer Unterricht weiterhin die Aufgabe erfüllen soll, so viele Schüler wie möglich am gesellschaftlichen Handeln ebenso wie an der Gestaltung ihres Lebenswegs zu beteiligen, so wird er sie diesem Wagnis aussetzen müssen. [...]
Was wird beim Lernen riskiert, was aufs Spiel gesetzt? Offenbar ist nicht jeder Vollzug, den wir Lernen nennen, in gleicher Weise riskant. Lernen etwa, das durch bloße Mitteilung geschieht, geht kein Wagnis ein, weil hier ein bereits vertrauter Verstehenshorizont erweitert, angereichert wird. [...] Wenn das Kind z.B. gelernt hat, ohne Hilfe zu gehen, dann kann es die erworbenen Möglichkeiten differenzieren. Es kann hüpfen, rennen, tanzen, springen, ohne seine leibliche Unversehrtheit in der Weise bedroht zu sehen wie bei den ersten selbständigen Schritten. Es kommt keine grundsätzliche Unruhe in das Erfahrungsgeschehen. Riskant wird Lernen erst dann, wenn sich ein neuer Verständnishorizont eröffnet, wenn eine neue Sichtweite durchbricht, die das bisher als selbstverständlich geltende Vorwissen in seiner Vertrautheit durchstreicht, es bestreitet. Ein solcher Widerstreit wird von Goldbeck in der anfangs zitierten Unterrichtssituation geschildert. Hier konkurriert die physikalische Sichtweise mit der lebensweltlichen Perspektive. Das Tulpenrot, das in alltäglicher Sicht nichts Fragwürdiges an sich hat, wird in der physikalischen Betrachtung ‚wegrationalisiert'. Die Schüler, die keinen Anlass sehen, ihre lebensweltliche Perspektive infrage zu stellen, rebellieren. Der Lehrer, der überzeugt ist von der Bedeutsamkeit von Wissenschaft, handelt in bester Absicht: Er hat offenbar vergessen, dass das Rot der Tulpe *auch* ein Rot ist von eigener Autorität.
Wenn vom Risiko des Lernens gesprochen wird, dann sind solche Lernschwellen im Blick, wie sie sich etwa im Übergang vom Sprechen zum Schreiben, von der sinnlich erfahrbaren Welt zum physikalischen oder mathematischen System zeigen, kurz: im Übergang von einer vornehmlich durch sinnliche Wahrnehmung strukturierten Erfahrung zu einer vornehmlich epistemisch oder wissenschaftlich geordneten Einsicht. In unseren Überlegungen bezweifeln wir sowohl die grundsätzliche Positivität des Lernens als bloß genußvollen Tuns als auch die Charakterisierung des Lernens als eines durch und durch selbst bestimmten Geschehens. Lernen ist vielmehr ein interaktiver Vollzug, in dem sich Erfahrungsmöglichkeiten begegnen und gegeneinander durchsetzen. Damit wird nicht der ‚Nürnberger Trichter' zu neuem Leben erweckt, denn Interaktion bedeutet, daß auch der Lehrer mit seinen Erfahrungsmöglichkeiten zur Disposition steht. Wir brauchen nur an die Probleme zu erinnern, die heute vermehrt dadurch auftauchen, daß Lernende Erfahrungen machen, die heutige Lehrer als ehemalige Schüler gar nicht machen konnten, etwa im Umgang mit Computern.
Mit der Betonung des Negativen, des Riskanten nehmen wir solche Lernvollzüge in den Blick, in denen Erfahrungshorizonte neu bestimmt werden müssen. Das gilt für den Lehrer als technologischen Laien genauso wie für den Schüler als vorwissenschaftliches Erfahrungssubjekt. Die Frage des Lehrers Goldbeck, ob es nicht etwas Großes sei, Naivität zugunsten von Wissenschaftlichkeit zu beseitigen, zeigt auf die Ambivalenz menschlichen Lernens: Auf der einen Seite gewinnen wir mit jeder neuen Sichtweise neue Möglichkeiten, unsere Welt zu betrachten. Auf der anderen Seite verlieren wir diejenige Naivität, die uns glauben macht, daß alles so ist, wie wir es ‚unmittelbar' erfahren.

Aufgaben

1. Erklären Sie genau, was die Autorin mit dem „Risiko des Lernens" meint.
2. Erläutern Sie Ihre Position mit Rückgriff auf das Beispiel von Goldbeck und andere passende Fallbeispiele.
3. Vergleichen Sie das Lernverständnis von Meyer-Drawe mit dem allgemeinen psychologischen Lernverständnis (Kapitel 1, S. 12–13, M5).

6.1.4 Werten lernen

M6 Werten lehren und lernen (Volker Ladenthin)

Wenn wir handeln, werten wir:
- Wir bevorzugen etwas und lehnen dadurch etwas Anderes ab.
- Wir be-werten etwas und werten auf diese Art.

Werten kann man also gar nicht lernen [...], sondern um lernen zu können, müssen wir schon immer etwas bewertet haben. Uns muss ein Buch wichtiger sein als ein Spaziergang – damit wir es lesen und aus ihm vielleicht etwas lernen.
Und auch Schülerinnen und Schüler müssen schon immer werten können, bevor sie werten lernen:
- Ihnen muss der Unterricht wichtiger sein als das Rumhängen in der Clique.
- Hausaufgaben müssen wichtiger sein als Kaufhaus-Cruisen.
- Aller Unterricht setzt mit dem Werten an und baut auf einem Wertbewusstsein vor allem Unterricht auf.

Man kann schon immer werten – nur ob man richtig wertet, das ist die Frage. [...]
Werten ist also eine aktive geistige Handlung mit massiven praktischen Folgen.
Wer wertet, entscheidet sich. Man kann zwar nicht „nicht-werten" – wohl aber richtig und falsch werten. In Schule und Elternhaus lernt man, wie man richtig wertet. Man lernt, wie man Werte erkennt, identifiziert, wonach oder wie man sie ordnet, welche man bevorzugt und ablehnt. Die pädagogische Frage lautet also: „Wie lernt man das richtige Werten?"
Wie, zum Beispiel, lernt man, zwischen Sicherheit und Gewinnmaximierung abzuwägen? Oder zwischen Zufall und realer Chance? Man könnte seine Entscheidungen

mithilfe der Wahrscheinlichkeitsrechnung absichern. So wird die Wahrscheinlichkeitsrechnung zu einem Wert, zu etwas Wertvollem. Ohne Kenntnis dieser Berechnungsart lebte man „auf gut Glück", auf „Deubel komm raus", ginge „auf volles Risiko". Mit der Wahrscheinlichkeitsrechnung kann man lernen, das Risiko einzuschätzen: Lohnt sich das Lottospielen? Die Sportwette? Wie sicher sind Verhütungsmittel? Wie hoch sind meine Chancen, in einen Beruf zu kommen und mit welchem Abschluss? Wie kann ich meine Chancen verbessern? Das wären Beispiele für Werterziehung im Mathematikunterricht. Die Grundfrage ist: Was ist der Wert bestimmter mathematischer Verfahren?
Werterziehung im Physikunterricht ginge von der Frage aus: Welchen Wert haben physikalische Erkenntnisse? Mit dem Ottomotor kann ich Kraftfahrzeuge antreiben und den Menschen das Leben erleichtern, also Mobilität erhöhen. Das sind unzweifelhaft „Werte". Ein Ottomotor verbreitet aber auch Lärm und Abgase mit den bekannten (oder kennenzulernenden) Folgen. Lärm und Abgase sind unzweifelhaft „Un"-Werte, negative Folgen also. Werterziehung heißt demnach: Über Bedeutung und Folgen des Gelernten aufzuklären.
Der biologische Einblick in die menschliche Fortpflanzung gibt uns Wissen, mit dem wir planen können, ob wir Kinder haben wollen oder nicht. Wer keine Kinder in die Welt setzen möchte, bevorzugt bestimmte Werte, vielleicht den der Sorge um mögliche Behinderungen (bei entsprechender Erbanlage – und damit „Wahrscheinlichkeit") oder den Wert der Vermeidung von Risikoschwangerschaften. Wer Kinder in die Welt setzen möchte, bevorzugt vielleicht den Wert der Zukunftssicherung, der Daseinsvorsorge. So jedenfalls könnte sich der Schreiber dieser Zeilen entsprechende Wertungen vorstellen. Ein junges Paar, gar Schülerinnen und Schüler in dem Alter, in dem sie in der Schule alles über Zeugung und Schwangerschaft lernen, würden bestimmt ganz anders argumentieren. Sie bewerten eine Schwangerschaft aus anderen Perspektiven, aus ihrer Lebensmitte. Und das ist gut so.
Aber wie kommen sie zu ihren Wertungen? Sind sie richtig? Sind sie moralisch gut?
Darüber muss und kann man sprechen.
Werte sind keine letzte Entscheidungsgrundlage. Vielmehr sind sie Folge einer Entscheidung.
Man sieht etwas als „wert-voll" an und daher bekommt etwas für uns einen Wert. Ohne diese Wertung „hat" nichts einen Wert. Wasser zum Beispiel wird erst ein Wert, wenn man es braucht. Hat man es bei Sturm-Flut im Überfluss und bei Hochwasser im Keller, ist es ein Unwert.
Erst wenn wir etwas bewerten, erhalten wir einen Wert. Von daher können „Werte" auch kein Erziehungsziel sein. Nur die Erkenntnis von Werten ist ein Unterrichtsziel – und zwar ein Ziel, dass man in jedem Fach in jeder Stunde immer schon anstrebt. (Manchmal implizit, manchmal explizit.) Denn die Inhalte der Stunden, die Lehrpläne und Stundentafeln sind ja nichts anderes als Ergebnis von Wertungen – „Werte" also. Der Stoffplan ist ein Wertekatalog. Die ausgewählten Lehrgegenstände erscheinen der älteren Generation so wertvoll, dass sie sie an die nachfolgende Generation weitergeben möchte.
Diese freilich muss den Wert prüfen und – wenn möglich – einsehen. Ungeprüft wird sie nichts wirklich übernehmen. Die Gesamtheit von Werten kann man „Kultur" nennen. […]
Elternhaus und Schule stellen in den Lerninhalten Werte vor, die sie für bedeutsam halten.
Aber warum sind diese Lerninhalte bedeutsam?
Elternhaus und Schule haben die Aufgabe, diese Frage zu beantworten und die Bedeutsamkeit der Lerninhalte herauszustellen. Wenn ihnen das nicht gelingt, wenn die Schülerinnen und Schüler den Wert des Gelehrten nicht verstehen, einsehen und akzeptieren, dann werden sie es auch nicht lernen (oder allenfalls bis zur nächsten Prüfung). Werterziehung heißt, dass die ältere Generation sich zur Disposition stellt: Sie muss den Wert des zu Lernenden jedes Mal, bei jedem Kind, in jedem Fach, in jeder Stunde erweisen, nachweisen, offenlegen, und so darlegen, dass er auch für die Lernenden erkennbar ist. […]
Was ist der Wert der Grammatik? Welche Dritt-Sprache hat einen höheren Wert: Spanisch, Französisch oder Türkisch? Lehren wir heute in unseren Schulen die Sprache, die unter diesen dreien auch den höchsten Wert für die Schüler hat? Welches Fach ist als ordentliches Fach wichtiger: Sozialkunde, Politik oder Pädagogik?
Da unser Tag nur 24 Stunden hat und wir nicht alles lehren können, müssen wir uns als Stundenplaner entscheiden – eine Wertentscheidung.
Wie begründen wir sie? […]
Mit William Frankena muss man moralische von außermoralischen Wertungen unterscheiden.
Die außermoralischen Wertungen sichern ein gutes Leben. Die moralischen Wertungen sichern ein sittliches Leben. Beide Male wird gewertet: Zum einen werden Handlungen danach bewertet, ob sie das gute Leben sichern, die menschliche Lebensbedingungen („Conditio humana"), Lebensqualität schaffen. Zum anderen werden Handlungen danach bewertet, ob sie die Würde der Menschen sichern, die eigene und die fremde Würde.
Werterziehung ist Erziehung zum bewussten Leben. Die Erziehung dazu, eigene Entscheidungen als solche wahrzunehmen und zu lernen, sie sachlich, sittlich und sinnvoll begründet vorzunehmen. Wir vollziehen immer schon Wertungen, gerade dann, wenn wir es ablehnen, bewusst zu werten. Dann bevorzugen wir unbedacht den Wert, alles beim Alten zu lassen. Werterziehung kommt also nicht zum Unterricht hinzu – sondern ist die Reflexion auf den Vollzug von Unterricht. Jeder Lehrer, jede Lehrerin betreibt demnach immer schon und immerzu Werterziehung.
Dazu bedarf es keiner Aufforderung aus jenen gesellschaftlichen Bereichen, die immer mehr in Schule hineinreden möchten, um ihre Interessen durchzusetzen (statt die Interessen der Kinder). Die Werte, die in der Schule vorgestellt werden, sind jene, die für die Bildung des Menschen bedeutsam sind. […]
Werte sind einerseits kulturspezifisch – aber das Werten ist andererseits überkulturell. Jeder muss werten, und zwar nach den gleichen Kriterien: Humanität und Sittlichkeit. Was erziehenden Unterricht auszeichnet, ist die Planung im Hinblick auf Bedeutung und Bedeutsamkeit.

Mit folgenden erschließenden Fragen kann wertorientierter Unterricht geplant werden:

1. Was kann man mit dem erkannten Wissen (oder Können) machen? Welchen Zweck kann es (heute oder später) erfüllen?
2. Inwiefern trägt das erkannte Wissen (oder Können) zur Conditio Humana, das heißt zur Gestaltung einer menschenwürdigen Welt bei?
3. Welche ethischen Implikationen hat das gelernte Wissen – oder der lebensweltliche Umgang mit dem Wissen?
4. Welchen Sinn könnte das erkannte Wissen für die Gestaltung eines gelingenden Lebens eröffnen?

Mit diesen vier Fragen bewerten wir das in der Schule zu thematisierende Wissen aus einer wertorientierten Perspektive. [...]

Aufgaben

1. Erläutern Sie folgende Aussagen:
- „Wenn wir handeln, werten wir" (Zeile 1).
- „Man kann schon immer werten – nur ob man richtig wertet, das ist die Frage" (Zeile 18–19).
- „Wer wertet, entscheidet sich" (Zeile 22).
- „Werte sind keine letzte Entscheidungsgrundlage. Vielmehr sind sie Folge einer Entscheidung" (Zeile 73–74).

2. Erklären Sie die Unterschiede zwischen moralischen und außermoralischen Wertungen. Beachten Sie dabei vor allem die beiden Wertmaßstäbe „Würde des Menschen" und „Lebensqualität".

3. Was bedeuten folgende Aussagen:
- „Die Werte, die in der Schule vorgestellt werden, sind jene, die für die Bildung des Menschen bedeutsam sind" (Zeile 141–143).
- „Werte sind einerseits kulturspezifisch – aber das Werten ist andererseits überkulturell" (Zeile 144–145).

4. Beantworten Sie die vier Fragen vom Ende des Textes im Hinblick auf Ihr neu erworbenes Wissen und Können in diesem Kapitel.

5. Setzen Sie das Konzept des Werten-Lernens in Beziehung zum pädagogischen Bildungsbegriff.

6. Vergleichen Sie das Lernverständnis von Ladenthin mit dem allgemeinen psychologischen Lernverständnis (Kapitel 1, S. 12–13, M5).

7. Erklären Sie einem Laien das Konzept des Wertenlernens.

6.1.5 Wissen – Können – Leben – Lernen lernen (Michael Göhlich/Jörg Zirfas)

M7 Modi des Lernens (Michael Göhlich/Jörg Zirfas)

Abb. 6.8: Prof. Dr. Michael Göhlich (Universität Erlangen)

[...] Lernen ist aus pädagogischer Sicht der erfahrungsreflexive, auf den Lernenden – auf seine Lebensfähigkeit und Lebensweise sowie auf seine Lernfähigkeit und Lernweise – sich auswirkende Prozess der Gewinnung von spezifischem Wissen und Können. Inhaltlich sind dementsprechend die – im Lernprozess selbst stets verbundenen – Aspekte des Wissen-Lernens, Können-Lernens, Leben-Lernens und Lernen-Lernens zu unterscheiden. Modal verläuft Lernen erfahrungsbezogen, dialogisch, sinnvoll und ganzheitlich:

- *erfahrungsbezogen*, da Lernen immer an Erfahrungen anknüpft und in Lernerfahrungen inhaltliche oder strukturelle Modifikationen von Erfahrungen bewirkt werden, insofern der Lernende, wenn er etwas gelernt hat, etwas anderes und/oder etwas anders weiß, kann und ist, sodass er in Zukunft von einer – inhaltlichen und/oder strukturell – anderen Erfahrungsbasis ausgehen kann;
- *dialogisch*, da Lernen kein bloß individueller Vorgang, sondern eine dialogisch gelingende Auseinandersetzung mit (ggf. sich selbst: eigenem Wissen, Fähigkeiten, Fertigkeiten, Gewohnheiten etc. als) Anderem resp. Anderen ist, welche nicht nur inhaltlich, sondern auch formal resp. modal von diesem Anderen mitbestimmt wird, weshalb der Gestalt und Gestaltung des jeweiligen Anderen höchste pädagogische Aufmerksamkeit zu gelten hat;
- *sinnvoll*, da sich im Lernen selbst ein dieses weiter vorantreibender oder hemmender, ablenkender oder fokussierender, letztlich kontingenter und so Horizonte des Möglichen öffnender – wie schließender – Geschehenssinn bildet. Dieser Sinn kann auf unterschiedlichen Ebenen angesiedelt sein, auf einer körperlichen, biografischen, sozialen, kulturellen etc.;
- *ganzheitlich*, da das Lernen nicht nur Verhaltensänderung oder Änderung einer kognitiven Struktur, sondern ein sinnvoller Prozess ist, welcher aufgrund der Kontingenz von Sinn Transformationsoptionen auch jenseits des im Lernen Fokussierten eröffnet (so führt Wissen-Lernen immer auch Können-, Leben- und Lernen-Lernen mit sich und umgekehrt) und dabei – wenngleich in unterschiedlichem Ausmaß – den gesamten Lernenden (sowie die mit ihm verbundene Welt) berührt und ggf. auch jenseits des im Lernen Fokussierten transformiert.

M8 Dimensionen des Lernens (Michael Göhlich/Christoph Wulf/Jörg Zirfas)

Die […] inhaltliche Systematik diverser Lerndimensionen des Wissen-, Können-, Leben- und Lernen-Lernens […] versteht sich als historisch – systematische Heuristik von Lernprozessen, die je unterschiedliche Akzentuierungen im Lernbegriff vorschlägt. Diese Sichtweise impliziert, dass die im Folgenden dargestellten Lernmomente keine Lerntypen sui generis darstellen, die sich in realen pädagogischen Prozessen als reine Lerntypen rekonstruieren ließen; vielmehr sind umgekehrt gerade in vielen und wohl den meisten Lernprozessen alle hier genannten Lernfacetten in irgendeiner Form beteiligt, denn indem wir etwas lernen, lernen wir etwas zu wissen, etwas zu können, etwas für das Leben und gleichzeitig lernen wir auch etwas über das Lernen selbst. In diesem Sinne dient die Strukturierung des Lernbegriffs einer Komplexitätsreduktion der vielfältigen, oftmals kaum wahrnehmbaren und erfahrbaren Formen und Prozesse des Lernens. […]

Beim *Wissen-Lernen* geht es um die Sache. Auch Körperliches, Soziales, Emotionales oder Sprachliches wird als Wissen sachlich lernbar gedacht. Im Wissen-Lernen geht es mithin um das Know-what. Lernen als Wissen-Lernen erscheint dabei als kognitiver, oftmals auch reflexiver Erfahrungsprozess bzw. als Übergang zu einem reicheren und tieferen Wissen um Begründungen und Implikationen von Sachverhalten. Lernvorgänge des Wissens lassen sich als analytische Vorgänge der Erläuterung unseres Wissens bzw. als differenzierende Untersuchung verstehen. Man versteht das Gelernte besser, indem man von undeutlicher zu deutlicher Erkenntnis vordringt. Darüber hinaus lässt sich Lernen als Erweiterung und Vermehrung unseres Wissens synthetisch verstehen, wobei hierin einerseits die Möglichkeit besteht, dass der Übergang vom Nichtwissen zum Wissen additiv (Dazulernen), andererseits innovativ (Umlernen) verläuft. Dieser – auf den Erwerb von Kenntnissen und Wissen beschränkte – Lernbegriff lässt sich in seiner Gangstruktur als didaktischer Lernbegriff – von Aufnehmen (Aisthesis), Verknüpfen (Reflexion) und Behalten (Gedächtnis) – explizieren. Bis heute wird Wissen-Lernen daher insbesondere mit der Institution Schule verbunden und im didaktischen Diskurs vorrangig behandelt. Diese enge ideengeschichtliche Verbindung hat im Wesentlichen zwei Gründe: zum einen, dass Wissen im Unterschied zu Können und anderen Aspekten des Lernens als von der Person lösbar und damit auch als Gegenstand vermittelbar erscheint; zum anderen, dass Wissen unter Absehung vom Kontext nach standardisierbaren Kriterien prüfbar erscheint.

Beim *Können-Lernen* geht es um verkörperlichte Handlungsfähigkeit, um eine bis zum Automatismus entwickelbare Prozessgewissheit. Oftmals ist in diesem Kontext auch vom praktischen, poetischen oder technischen Wissen die Rede. Körperliches, Sprachliches, Emotionales oder Soziales wird als Können nicht zur objektivierten Sache. Weil Können nicht vom könnenden Akteur gelöst werden kann, kann es nicht einer Sache gleich übergeben, sondern nur mittels Mimesis, tastendem Versuchen, wiederholendem Üben, Experimenten u.a. erlernt werden. Mit dem Können-Lernen werden die körperliche Dimension der Lernprozesse und die Weiterentwicklung von Handlungspraktiken und Habitusformen betont. Im Mittelpunkt steht ein praktisches Erfahrungslernen, das sich von virtuellen Erfahrungsmöglichkeiten als Eröffnen von Könnensmöglichkeiten über die realen Erfahrungen mit Materialien, Methoden etc. bis hin zum virtuosen Können im Beherrschen-Können und Experimentieren mit Darstellungsformen und Praktiken erstreckt. Können-Lernen wird, abgesehen von den Grundfertigkeiten (Lesen, Schreiben, Grundrechnen, Kommunizieren), hierzulande traditionell weniger der Schule zugeschrieben als vielmehr Werkstätten, Sportstätten, Ateliers und Laboren. Die Geringschätzung des Können-Lernens in der Schule ist nicht zuletzt in der Trennung von Allgemein- und Berufsbildung in der Nachfolge Humboldts, im didaktisch nicht überwundenen Dualismus von Körper und Geist bei Bevorzugung des Geistes sowie in der Jahrhunderte alten gesellschaftsstratifizierenden Funktion dieses Dualismus begründet.

Abb. 6.9

Der historisch zuletzt – explizit erst im 20. Jahrhundert – pädagogisch im breiten Umfang bedeutsam gewordene Aspekt ist der des *Leben-Lernens*. Der Bedeutungsumfang des Leben-Lernens lässt sich systematisch in mindestens fünf Facetten, die auch als Stufen zu denken sind, unterscheiden: Überleben-, Lebensbefähigung-, Lebensbewältigung-, Biografisches- und Lebenskunst-Lernen. Beim Überleben-Lernen geht es darum, zu lernen, wie das Leben gesichert werden kann. Es geht um die Existenz, um das Erlernen basaler Techniken und um Ressourcenbildung. Über viele Jahrhunderte war dies das hauptsächliche Lernen der übergroßen Mehrheit der Bevölkerung. Leben-Lernen als Lebensbewältigung-Lernen erfolgte vor dem Hintergrund der Flexibilisierung und Pluralisierung von Lebenspraxen in den letzten beiden Jahrhunderten vorzugsweise in jenen Bereichen des pädagogischen Diskurses, die das Leben außerhalb der Bildungseinrichtungen zu fokussieren suchen, insbesondere in der Sozialpädagogik. Vier Grunddimensionen der Lebensbewältigung werden dabei betont: die Erfahrung des Selbstwertgefühls, die soziale Orientierung, der soziale Rückhalt und die Normalisierung. Lebensbefähigung zu erwerben, d.h. kritisch leben zu lernen, erlangt mit der Wohlstandsgesellschaft enorme Bedeutung. Hiermit sind Fragen der Emanzipation, der Chancengleichheit und der sozialen und politischen Mitgestaltung des Alltags verbunden. In der Erweiterung und Neuakzentuierung der traditionellen Fokussierung der Pädagogik auf schulische Lernprozesse verweist der Begriff des lebensgeschichtlichen oder biografischen Lernens auf die Bedeutung eines

Lernens in und mit der Biografie, aber auch auf das Lernen aufgrund einer Biografie. Damit rückt das biografische Lernen die Lebensgeschichte als individuelle Lerngeschichte in den Fokus. Schließlich betont das Lernen der Lebenskunst seit der Antike einen wahrnehmungsintensiven, philosophisch-reflexiven und performativ-ästhetischen Entwurf der eigenen Endlichkeit. Hier geht es in der Moderne nicht (nur) um ein Dazulernen im Sinne einer Informationserweiterung (Datenlernen) und auch nicht (nur) um ein Umlernen im Sinne einer Neustrukturierung von Wahrnehmungs-, Denk- und Handlungsmustern (Regellernen), sondern auch darum, zu lernen, sich als Individuum originell zu stilisieren.

Der Aspekt des *Lernen-Lernens* zieht sich quer durch die anderen Aspekte und läuft in jeglichem Lernen mit. Wer ein bestimmtes Wissen erlernt, lernt dabei bewusst oder unbewusst - nicht automatisch, aber oftmals - auch den Modus, die Art und Weise, in der dieses Wissen-Lernen geschieht. Und dieser Sachverhalt trifft auch auf das Lernen des Können-Lernens und des Leben-Lernens zu. Der Aspekt des Lernen-Lernens wird zwar schon bei einzelnen antiken und humanistischen Autoren erwähnt, seine nachdrückliche Wertschätzung verdanken wir jedoch vor allem der Aufklärungspädagogik. Bezieht man die genannten Facetten auf das Lernen-Lernen, so lässt sich holzschnittartig festhalten, dass mit dem Lernen des Wissen-Lernens Prozesse der intensiveren Wahrnehmung, der differenzierenderen Reflektion und der systematischeren Erinnerung, der Verortung, Navigation und Strukturierung des Wissens einhergehen, dass mit dem Lernen des Können-Lernens auf Prozesse der imaginären Entfaltung von Handlungsspielräumen, der individuellen und sozialen Erweiterung von Aktions- und Interaktionsmöglichkeiten und habitualisierten Verselbstständigungsprozessen des Handelns gezielt wird und dass schließlich mit dem Lernen des Leben-Lernens die stufenförmige Erweiterung von basalen Lebenstechniken über Möglichkeiten der Lebensbewältigung und -befähigung bis hin zur biografisch kohärenten und individuell-stilistischen Lebensgestaltung nachvollzogen werden kann.

Aufgaben

1. Erläutern Sie die vier Modi (die Art und Weise des Vollzugs) und die vier Dimensionen des Lernens. Greifen Sie dazu auch auf eigene Beispiele und Ihr Wissen aus diesem Kurs zurück.
2. Arbeiten Sie heraus, inwiefern „Bildung" als pädagogische Grundidee für den Lernbegriff von Göhlich und seinen Mitautoren leitend ist.
3. Setzen Sie den pädagogischen Lernbegriff von Göhlich und seinen Mitautoren in Beziehung zu Ihnen bekannten Konzepten von Bildung und Erziehung.
4. Vergleichen Sie das Lernverständnis von Göhlich und seinen Mitautoren mit dem allgemeinen psychologischen Lernverständnis (Kapitel 1, S. 12–13, M5).
5. Entwickeln Sie eine Visualisierung dieses Lernbegriffs.

6.2 Grenzen nicht-pädagogischer Lerntheorien aus pädagogischer Perspektive

Sie haben in diesem Kurs unterschiedliche Zugänge zum Lernen kennengelernt. Der folgende Text bewertet den Ertrag der psychologischen und biowissenschaftlichen Vorstellungen vom Lernen aus pädagogischer Perspektive.

M9 Pädagogische und nicht-pädagogische Zugänge zum Lernen (Michael Göhlich/Christoph Wulf/Jörg Zirfas)

Lernen ist lebenswichtig. Dies gilt für alle Lebewesen, insbesondere jedoch für den Menschen. Denn Lernen ist Voraussetzung nicht nur menschlichen Überlebens, sondern auch der Menschwerdung des Menschen. Lernen ist Bedingung und Chance des Menschen als Mensch. Dementsprechend ist Lernen von pädagogischem Interesse. Wo und wie auch immer pädagogische Praxis lernenden Menschen begegnet, menschliches Lernen zu unterstützen und zu befördern sucht, stets folgt sie nicht nur einem Bild von Mensch und Welt, sondern auch einer Theorie des Lernens. Die Pädagogik kann das Phänomen des Lernens deshalb nicht, wie allzu lange geschehen, dem psychologischen oder auch, wie aktuell, dem biowissenschaftlichen Diskurs überlassen. Sie muss es aus eigenem Interesse selbst ergründen und in seiner Vielfältigkeit verstehen.

Das pädagogische Interesse am Lernen ist dadurch gekennzeichnet, dass es nicht nur nach den Modalitäten des Lernens, sondern auch nach dessen Inhalten fragt, d.h. danach, was dieses Lernen mit dem Lernenden und der Welt macht. Im pädagogischen Diskurs sind hierzu am ehesten Argumente und Antworten der Didaktik präsent. Allerdings ist die Didaktik traditionell eher auf die Ermög-

Abb. 6.10

lichung von Lehre ausgerichtet. In diesem Sinne zielt sie stärker auf Lernziele, auf Lehrinhalte und die (im Verhältnis zum Bildungsbegriff konstatierte) ideologische Neutralität oder auch auf die Gestaltung der Lernumgebung, weniger hingegen auf ein tieferes Verständnis des Phänomens „Lernen" insgesamt. Das der Pädagogik eigene Verständnis von Lernen blickt nicht nur auf den Lernenden, sondern auch auf die Welt, die gelernt wird. Lernen zu verstehen heißt aus pädagogischer Sicht immer, ein Verhältnis zwischen Lernendem und Welt als Möglichkeit der Weiterentwicklung dieses Verhältnisses zu begreifen. […]

Disziplinäre Abgrenzungen

Damit ist bereits angedeutet, dass die Pädagogik ein eigenes Interesse am Lernen und eigene Zugänge zu diesem Phänomen hat, welche sich von den Perspektiven anderer, am Lernen interessierter Wissenschaften – wie der Psychologie und den Biowissenschaften – unterscheiden. Um die Differenzen deutlich zu machen, werden zunächst die Perspektiven der beiden genannten Disziplinen skizziert.

Im psychologischen Diskurs lassen sich behavioristische, kognitivistische und konstruktivistische Theorien des Lernens unterscheiden. Über weite Strecken des 20. Jahrhunderts wurde der psychologische Lernbegriff vom Behaviorismus geprägt, einer Theorie, die menschliches Verhalten in Reiz-Reaktions- bzw. (Re-)Aktions-Konsequenz-Ketten zu zerlegen sucht und auf die Heranziehung innerpsychischer Vorgänge zur Erklärung von Verhalten verzichtet. Die lang anhaltende Hegemonie des Behaviorismus ist an Hilgard und Bowers „Theories of Learning" (1948, dt. 1970, Neuauflagen bis in die 1980er) zu erkennen, aus dem die oft zitierte Definition von Lernen als „der Vorgang, durch den eine Aktivität im Gefolge von Reaktionen des Organismus auf eine Umweltsituation entsteht oder verändert wird" (ebd., S. 16) stammt. Es war insbesondere das Konzept der operanten Konditionierung bzw. des instrumentellen Lernens, welches dem Behaviorismus die hegemoniale Stellung verschaffte. Lernen erscheint aus dieser Sicht als mittels Verstärkung bewirkbare Transformation wirkungsoffenen in wirkungsgebundenes Verhalten.

Die zeitweise enorme Popularität dieses Ansatzes bedarf der Erklärung. Die behavioristische Lerntheorie bietet eine Reihe von Vorteilen: So ermöglicht sie, jahrhundertelang tradierte und populäre Vorstellungen vom Lernen (durch Lob und Tadel, allgemeiner durch Belohnung und Bestrafung) auch in einer wissenschaftlich geprägten Gesellschaft beizubehalten. Sie vereinfacht die Erforschung des Lernens, indem tierisches und menschliches Lernen im Wesentlichen gleichgesetzt wird. […] Dass die Verhaltenstherapie häufig mit tokens, d. h. Münzverstärkern, die bei Erreichen einer bestimmten Anzahl in einen primären oder sekundären Verstärker eingetauscht werden können, arbeitet, passt zudem zu unserer auf Ökonomie und Effizienz fokussierten Gesellschaft. […].

Als größter Nachteil behavioristischer Lerntheorien – egal welcher Richtung – muss gelten, dass sie allesamt große Schwierigkeiten haben, unerwartetes Verhalten zu erklären. Das schöpferische Tun des Menschen bleibt aus behavioristischer Sicht unerklärlich.

Auch in der Pädagogik wurde und wird die behavioristische Lerntheorie zumindest implizit goutiert. So ist heute in vielen (v. a. Grund-)Schulen die Vergabe von Smileys für erledigte Hausaufgaben verbreitet. […]

Neben der Bestrafungs-Belohnungs-Tradition gibt es allerdings noch eine andere pädagogische Tradition, der wir entschieden näherstehen und die wir mit diesem Band zu stärken suchen, nämlich die Auffassung, dass Pädagogik als Lernunterstützung vor allem auf dem Vertrauen in das eigendynamische Interesse und Wollen der Lernenden sowie auf dem antizipativen Zutrauen in die Kompetenz der Lernenden beruht. Aus dieser Perspektive, die zur behavioristischen in entschiedenem Widerspruch steht, wird Lernen als schöpferischer Akt des Lernenden gesehen.

Die Psychologie kognitiver und insbesondere konstruktivistischer Provenienz kommt dieser Perspektive schon näher. Aus kognitivistischer Sicht ist Lernen ein Informations-

Abb. 6.11

verarbeitungsprozess. Der Kognitivismus versteht Lernen als Wechselwirkung des externen Angebots (z.B. eines Lehr- resp. Lernmaterials) mit der internen Struktur des Lernenden. Bruner hat die kognitivistische Lernpsychologie stärker an die Pädagogik herangeführt, indem er die Bedeutung entdeckenden Lernens und dessen Ermöglichung im Unterricht betont hat. Entdeckendes Lernen in seinem Sinne heißt, dass der Lernende selbst Informationen finden, Regeln aus ihnen ableiten und in ihnen enthaltene Probleme lösen muss. Motivational liegt dem kognitivistischen Lernbegriff die Idee intrinsischer – und nicht wie dem behavioristischen extrinsischer – Motivation zugrunde.
Vom Kognitivismus scheint es nur noch ein kleiner Schritt zum Konstruktivismus zu sein. Doch es gibt einen wesentlichen Unterschied. Während Kognitivisten Lernen als Informationsverarbeitung auffassen, ist der Mensch aus konstruktivistischer Sicht ein informationell geschlossenes System. Informationen werden dieser Theorie zufolge ausschließlich vom (autopoietischen) psychophysischen System selbst erzeugt. Wahrnehmen, Erkennen und Lernen sind demzufolge keine Informationsverarbeitungs-, sondern Konstruktionsprozesse. Lernen erscheint als ein Konstruieren von Wissensstrukturen, wobei allerdings als offene Frage gelten muss, ob bzw. inwieweit die konstruktivistische Perspektive auch den Erwerb praktischen Wissens, das Können- und Leben-Lernen […] im Blick hat.
In der pädagogischen Psychologie hat sich (stärker als in der eigentlichen Lernpsychologie) die konstruktivistische Perspektive etabliert […]. Auch in die Didaktik hat der Konstruktivismus Eingang gefunden […]. Didaktik erscheint dabei nicht mehr als Theorie der Abbildung, Erinnerung und Rekonstruktion von Wahrheit, sondern als konstruktive eigene Welt-findung, die in Beziehungen ausgehandelt wird. Weist die behavioristische Psychologie auf die Bedeutung von Wiederholung, zeitlicher Nachbarschaft und extrinsischer Motivation hin, so bieten kognitivistische und konstruktivistische Psychologie der am Lernen interessierten Pädagogik Hinweise auf die intrinsische Motivation, auf die Aktivität und Eigensteuerung des Lernenden. So wichtig es für die Pädagogik ist, die psychologischen Lerntheorien zur Kenntnis zu nehmen, so wenig können ihr diese genügen. Es fehlt der Blick auf die Qualität der Beziehung zwischen Mensch und Welt und auf Möglichkeiten einer Verbesserung dieser Beziehung im Interesse beiderseitiger Weiterentwicklung. Eine pädagogische Lerntheorie zielt eben auf diese Zusammenhänge.
In letzter Zeit scheinen die Biowissenschaften der Psychologie die Rolle der hegemonialen Referenzwissenschaft für Fragen des Lernens im öffentlichen Diskurs abzunehmen. Einer an Lerntheorien interessierten Pädagogik geht es mit Bezug auf die Biowissenschaften um die Frage, ob und inwiefern die Erkenntnisse der Biowissenschaften Lernmodelle implizieren, die für die Pädagogik interessant, aufschlussreich und anschlussfähig sind und inwiefern diese Modelle auch ihre pädagogischen Grenzen haben […].
Zwar finden sich in den Biowissenschaften eine ganze Reihe von spezifischen Lerntheorien: implizites Lernen, das auf den Erwerb motorischer und ästhetischer Fähigkeiten abhebt, explizites Lernen, das als bewusster Erwerb von Wissen und Können betrachtet wird, assoziatives Lernen, das mit einer behavioristisch verstandenen Konditionierung gleichgesetzt wird und auch nicht-assoziatives Lernen, das mit der Habituation und Sensitivierung in Verbindung gebracht wird – doch schlussendlich sind alle diese Lerntheorien notwendigerweise mechanistisch und assoziativ konstruiert, da Lernen auf die kausalen Funktionen von Nervenzellen zurückgeführt wird, die zu einer Abspeicherung und Reaktualisierung des Wissens führen […].
In diesem Sinne definiert Spitzer Lernen wie folgt: „Lernen bedeutet Modifikation synaptischer Übertragungsstärke" (Spitzer 2002). Das hier zugrunde liegende kausale Modell ist simpel, denn je höher die Synapsenstärke, desto mehr Lernen, je niedriger diese Stärke, desto geringeres Lernen. Einmal abgesehen davon, dass die Graduierung des Lernens selbst noch einer genaueren Betrachtung bedarf und mit der Synapsenstärke auch die Modularitäten des (theoretischen, praktischen, sozialen, ästhetischen etc.) Lernens nicht impliziert zu sein scheinen, bleibt der Verdacht, dass mit den neuronalen Aktivitäten der Informationsübertragung mithilfe spezieller Transmitter von den Übergangsstellen für neuronale Erregungen Lernen noch nicht zureichend erklärt und verstanden worden ist.
Denn letztlich erklären die Biowissenschaften Lernen

Abb. 6.12

durch die Rückführung auf ein materielles Substrat. Das, was Lernen ausmacht, wird auf materielle (biologische, physikalische, chemische, neuronale etc.) Prozesse bezogen. Hierbei ist einerseits zu fragen, ob die hiermit verbundene Aufsplitterung in Teilaspekte, also die Elementarisierung, zum Verständnis komplexerer Sachverhalte wie Lernen wirklich beitragen kann. Zwar kann man mittlerweile lückenlose Assoziationsketten zwischen Hirnleistungen und molekularen Prozessen rekonstruieren, doch sprechen selbst Hirnforscher hier von einem notwendigen Reduktionismus […], der die Komplexität der Phänomene, auch des Lernens, in Einzelteile zerlegt.
Andererseits ist aber vor allem zu bedenken, inwieweit Lernen mit seinen subjektiven, kulturellen, historischen Konnotationen in Substanzen fassbar ist, ohne das Eigentümliche dieses Phänomens aufzugeben und Kategorienfehler zu begehen. Hier sollte auf die Differenz zwischen subjektivem Erleben und individuellen Erfahrungen von

Lernprozessen und der wissenschaftlichen Rekonstruktion von Hirnleistungen hingewiesen werden. Lernen kann gut und schlecht, bedeutsam und unwichtig, wertvoll und schlecht sein, neuronale Aktivitäten sind das nicht: Neuronale Lerntheorien machen „keinen Sinn“. [...]
Da das Gehirn (konstruktivistisch) als selbstreferentiell geschlossenes System gedacht wird, kann durch die experimentelle Fremdreferenz kein Zugang zum eigentlichen Lernprozess erfolgen; unterstellt wird eine Korrelation von Erfahrung und neuronalen Veränderungen, die von biografischen, kulturellen und historischen Semantiken abstrahiert; das Lernen selbst wird mit einer Verhaltensänderung und nicht mit einer Veränderung der Wahrnehmungs-, Denk- und Handlungsstrukturen und damit mit Bewusstseinsveränderungen, Intentionalitäten und Erkenntnissen in Verbindung gebracht.
Zusammenfassend lässt sich festhalten, dass das reduktionistische, mechanistische, korrespondenztheoretische, funktionalistische und repräsentationelle Lernmodell der Biowissenschaften nur sehr begrenzten Erklärungswert für die Pädagogik hat. Es erklärt als evolutionäre und neurowissenschaftliche Hintergrundtheorie sehr allgemeine Lernmöglichkeiten und -grenzen, die konkretisiert zu Wiederholungen von in der Geschichte der Pädagogik schon bekannten Einsichten führen. Zudem verweist es auf die biologischen und neurologischen Korrelate des Lernens, ohne dabei das Lernen selbst mit Leben und Erfahrung, d.h. mit Bedeutung zu füllen.

Aufgaben

1. Arbeiten Sie heraus, welche unterschiedlichen Zugänge zum Lernen in Pädagogik, Psychologie und Biowissenschaften gewählt werden.
2. Geben Sie wieder, welche pädagogische Bedeutung die Zugänge von Psychologie und Biowissenschaften für die Pädagogik haben und wo – aus pädagogischer Sicht – ihre Grenzen liegen.

Fragen und Anregungen zum Abschluss

1. Sie haben bei der Arbeit an den pädagogischen Lernbegriffen neue Theorien und Fachbegriffe kennengelernt.
   Sichern Sie Ihr neu erworbenes Wissen, indem Sie es mithilfe von geeigneten Verfahren wie Visualisierungen oder einem Glossar ordnen.
2. Überlegen Sie vor allem, wie die pädagogischen Vorstellungen von Lernen mit den erzieherischen Einwirkungen, mit den Formen erzieherischen Handelns zusammenhängen.
3. Reflektieren Sie zum Abschluss dieses Kapitels Ihren Lernprozess. Dabei können Ihnen die folgenden Fragen helfen:
   a) Welche Fragen haben Sie zu Beginn entwickelt? Sind sie beantwortet worden?
   b) Welche besonderen Schwierigkeiten mussten Sie überwinden?
   c) Welche Lernschritte sind Ihnen leichtgefallen?
   d) Welche Methoden haben Sie bei der Lösung der Aufgaben eingesetzt?
   e) Welche Erleichterungen und welche Schwierigkeiten gab es bei der Zusammenarbeit mit anderen Kursteilnehmern?
4. Was würden Sie beibehalten, was ändern, wenn Sie die Aufgaben dieses Kapitels erneut bearbeiten müssten?
5. Überlegen Sie, welchen Sinn die neu erarbeiteten Erkenntnisse für Sie selbst haben bzw. haben können. Dabei können Sie sich an folgenden Fragen orientieren:
   a) Inwiefern verändert das neue Wissen und Können Ihre Sicht auf pädagogisches Handeln?
   b) Wie haben Sie es in Ihr Vorwissen aus dem letzten Halbjahr integriert? Welche Bezüge zu diesem Vorwissen haben Sie hergestellt?
   c) Welchen Wert hat dieses Wissen und Können für die Gestaltung von Erziehung?
   d) Gibt es gegenwärtige Situationen, zu deren Bewältigung sie nützlich sein können?
   e) Kann Ihnen das neu erworbene Wissen und Können in Zukunft helfen?
   f) Welche Fragen sind im Hinblick auf die pädagogischen Lernbegriffe bei Ihnen offen geblieben? Welchen Fragen möchten Sie im Unterricht noch nachgehen?

7. Lern-Debatten

In diesem Kapitel geht es um Ihr Urteil. Sie gewinnen Einblick in einige aktuelle Lern-Debatten, die Wissenschaftler, pädagogische Laien und eine interessierte Öffentlichkeit zurzeit führen. Lassen Sie sich auf die Debatten ein und positionieren Sie sich.

Sie haben im ersten Kurs bereits die Formen pädagogischen Argumentierens kennengelernt (siehe Heft 1, S. 62). Wenn Sie sich mit den folgenden Lern-Debatten beschäftigen, sollten Sie Ihr Wissen und Können zum pädagogischen Argumentieren auffrischen. In den folgenden Argumentationen finden Sie zahlreiche deskriptive Feststellungen und normative Behauptungen, singuläre, partikulare und generelle Sätze. Mit ihrer Hilfe werden Positionen begründet – und das heißt: Geltungsansprüche erhoben.

Was ist damit genau gemeint?

Geltungsansprüche kritisieren und begründen

M1 Geltungsansprüche kritisieren und begründen (Daniel Wrana)

[...] Der Satz:
Getrenntgeschlechtlicher Unterricht führt zu höheren Schülerleistungen
(müsste) genaugenommen geschrieben werden [...] als:
Ich behaupte, dass es stimmt, dass getrenntgeschlechtlicher Unterricht zu höheren Schülerleistungen führt.

Jede konstative (feststellende) Aussage ist von jemandem behauptet. Sie beinhaltet einen Geltungsanspruch. Und nur weil das so ist, ist sie auch kritisierbar. Man kann sagen: „... ich bezweifle, dass es stimmt, dass ..."
Jürgen Habermas zeigt [...], dass es ein wesentliches Merkmal moderner Gesellschaften ist, dass Aussagen als Aussagen mit Geltungsansprüchen aufgefasst werden: Prinzipiell kann jede Aussage bezweifelt werden und umgekehrt kann man von jedem und jeder verlangen, eine Aussage zu begründen [...]. Der Ort der Auseinandersetzung um die Geltung von Aussagen ist nach Habermas die Argumentation. „Argumentationen nennen wir den Typus von Rede, in dem die Teilnehmer strittige Geltungsansprüche thematisieren und versuchen, diese mit Argumenten einzulösen oder zu kritisieren. Ein Argument enthält Gründe, die in systematischer Weise mit dem Geltungsanspruch einer problematischen Äußerung verknüpft sind. Die Stärke eines Argumentes bemisst sich, in einem gegebenen Kontext, an der Triftigkeit der Gründe; diese zeigt sich u.a. daran, ob ein Argument die Teilnehmer eines Diskurses überzeugen, d.h. zur Annahme des jeweiligen Geltungsanspruchs motivieren kann." [...]

Argumentationen bestehen demnach aus Thesen und Argumenten, das Ziel ist es, die Anderen zu überzeugen. Aber nicht durch *rhetorische Finten*, sondern durch triftige Gründe oder wie Habermas formuliert: den „zwanglosen Zwang des besseren Arguments". [...]

Jede Aussage beinhaltet einen Geltungsanspruch und muss prinzipiell kritisierbar und begründbar sein. [...]
Diese Eigenschaft von Aussagen, Geltungsansprüche zu beinhalten, *erlaubt daher Kritik*.

Kritik ist zunächst die Infragestellung eines *Geltungsanspruchs*. Jede Aussage kann kritisiert werden. Innerhalb eines Argumentes hat die *Argumentationstheorie* zwischen Prämissen und Konklusionen (Schlüssen) unterschieden.

[...] Konkret und bezogen auf Texte gibt es einige Möglichkeiten, Kritik zu üben:

- Man kann die Richtigkeit von Prämissen infrage stellen, z.B.: Stimmt es wirklich, dass ... So können Aussagen im Text hinterfragt werden, die die Autoren gar nicht begründen, weil sie sie für selbstverständlich halten.
- Man kann die Relevanz von Prämissen infrage stellen, z.B.: Hat die Feststellung ... wirklich etwas damit zu tun, dass ...
- Man kann das Schlussverfahren infrage stellen, z.B. aus „Ich kenne zwei dumme Männer mit roten Haaren" folgt keineswegs „Alle Männer mit roten Haaren sind dumm".
- Es kann geltend gemacht werden, dass die angeführten Gründe für die vorgebrachte These nicht ausreichen. Man würde dann sagen, die These ist zu „stark", weil die Argumente eben zu „schwach" wären.
- Man kann untersuchen, welche Wirklichkeitsbereiche von einer Position ausgespart werden. Es könnten Wirklichkeitsbereiche sein, die gegen die Gültigkeit der behaupteten Aussagen sprechen.
- Man kann darauf aufmerksam machen, welche Implikationen eine Position hat, was also erst gegeben sein muss, damit etwas wahr ist.
- Man kann auf Folgen, Konsequenzen, Kontexte, Begleitumstände hinweisen, die im Text gar nicht genannt sind, und die dann als Gegenargumente gelten.

- Durch den Bezug auf den sozialen Ort einer Position kann darauf hingewiesen werden, dass sich Wahrheitsanspruch und partikulares Interesse vermischen. [...]

[...] Was ist zunächst ein Argument?

Ein Argument ist eine Begründung von Thesen
Dietrich Hoffmann schreibt: „Argumentieren bedeutet, mithilfe von Beweismitteln eine Behauptung begründen. Genau genommen heißt dies, dass man für die eigenen Hypothesen oder Theorien positive Gründe anführen muss." [...] Darüber gilt für jede Argumentation ein zweites.

Mit einem Argument wird eine These verteidigt
Lorenzen schreibt: „Eine Aussage zu behaupten heißt, sich anheischig zu machen, sie gegen den Dialogpartner, den Opponenten zu verteidigen." [...]
Ein Argument führt also Gründe an, warum eine These gelten soll, die jemand in Zweifel gezogen hat oder in Zweifel ziehen könnte. Genaugenommen gilt das für jede Aussage. Diesen Umstand nennt man den Geltungsanspruch von Aussagen.

Manche sprechen von einer These und nennen die diese These stützenden Gründe Argumente (z. B. Habermas 1981). Die formallogische Argumentationstheorie bezeichnet beides zusammen als Argument. Sie unterscheidet die Prämissen und die Konklusion.

Beispiel:
„Jedes Erziehungssystem kann als Manifestation bestimmter historisch entstandener Wertorientierungen interpretiert werden. Es wirkt zudem als Verstärker: Durch die Institutionen wird das Überlieferte bekräftigt und in seiner Wirksamkeit konserviert" (Mollenhauer).

Prämisse 1: „Durch die Institutionen wird das Überlieferte bekräftigt und in seiner Wirksamkeit konserviert."
Prämisse 2: „Das Erziehungssystem ist eine Institution."
Konklusion: „Das Erziehungssystem wirkt als Verstärker historisch entstandener Wertorientierungen."

Die zweite Prämisse steht nicht explizit im Text. Mollenhauer hat vorausgesetzt, dass Sie wissen, dass das Erziehungssystem als Institution betrachtet werden kann. Wenn Sie noch am Anfang Ihres Studiums sind, werden Sie sich vielleicht fragen, wie sie darauf kommen sollen! Eine Möglichkeit ist, in einem erziehungswissenschaftlichen Lexikon nachzuschlagen [...]. Dort findet sich der Begriff Institution. Es findet sich auch erklärt, was Institutionen sind, bzw. was die Sozialwissenschaften darunter verstehen.

Es zeigt sich jetzt, dass das Argument von Mollenhauer zwei Ebenen hat:

1. Eine formallogische Ebene
Es handelt sich um ein Argument, das dieselbe Struktur aufweist wie das folgende:

Prämisse 1: Hunde haben vier Beine.
Prämisse 2: Waldi ist ein Hund.
Konklusion: Waldi hat vier Beine.

Die formale Logik kann zeigen, dass Mollenhauer korrekt argumentiert hat, auch wenn er die zweite Prämisse einfach weglässt, ein übrigens geläufiges Verfahren in der Rhetorik. Die formale Logik erlaubt es, Fehlschlüsse zu identifizieren. Wenn man Argumente erst einmal wie oben geschehen genau ansieht, merkt man schon eine ganze Menge solcher Fehlschlüsse, ohne sich explizit mit formaler Logik zu beschäftigen. [...]

2. Eine inhaltliche, bereichsbezogene Ebene
Sie müssen wissen, dass das Erziehungssystem eine Institution ist, um das Argument zu erkennen. Und wenn Sie einen Handbuchartikel über „Institutionen" lesen, oder entsprechendes Vorwissen haben, werden Sie erkennen, dass Mollenhauer korrekt argumentiert hat.

Aufgaben

1. Unterscheiden Sie in den folgenden Debatten zwischen den empirischen und den normativen Aussagen.
2. Prüfen Sie, wie die damit erhobenen Geltungsansprüche jeweils begründet werden. Berücksichtigen Sie dabei auch die oben eingeführten Instrumente zur methodischen Prüfung von Geltungsansprüchen.
3. Entwickeln Sie Argumente, die Ihre Positionen zu den umstrittenen Themen stützen.

7.1 Gemeinsam lernen: Inklusion

Am 13. Dezember 2006 verabschiedete die UN-Generalversammlung das „Übereinkommen über die Rechte von Menschen mit Behinderungen" (UN-Behindertenrechtskonvention). Ziel war es, die Menschenrechte behinderter Menschen zu sichern und ihnen die gleichberechtigte Teilhabe am gesellschaftlichen Leben zu ermöglichen. Seit dem 26. März 2009 gilt dieses Übereinkommen auch in der Bundesrepublik Deutschland und führt zu gravierenden Veränderungen vor allem im Schulsystem. Dieser Prozess ist von heftigen Kontroversen begleitet. Dieser Abschnitt führt Sie in grundlegende Positionen und kontroverse Standpunkte ein. Am Ende ist Ihr eigenes Urteil gefordert.

M2 UN-Behindertenrechtskonvention – Artikel 24 Bildung

(1) Die Vertragsstaaten anerkennen das Recht von Menschen mit Behinderungen auf Bildung. Um dieses Recht ohne Diskriminierung und auf der Grundlage der Chancengleichheit zu verwirklichen, gewährleisten die Vertragsstaaten ein integratives [inklusives][1] Bildungssystem auf allen Ebenen und lebenslanges Lernen mit dem Ziel,

a) die menschlichen Möglichkeiten sowie das Bewusstsein der Würde und das Selbstwertgefühl des Menschen voll zur Entfaltung zu bringen und die Achtung vor den Menschenrechten, den Grundfreiheiten und der menschlichen Vielfalt zu stärken;

b) Menschen mit Behinderungen ihre Persönlichkeit, ihre Begabungen und ihre Kreativität sowie ihre geistigen und körperlichen Fähigkeiten voll zur Entfaltung bringen zu lassen;

c) Menschen mit Behinderungen zur wirklichen Teilhabe an einer freien Gesellschaft zu befähigen.

(2) Bei der Verwirklichung dieses Rechts stellen die Vertragsstaaten sicher, dass

a) Menschen mit Behinderungen nicht aufgrund von Behinderung vom allgemeinen Bildungssystem ausgeschlossen werden und dass Kinder mit Behinderungen nicht aufgrund von Behinderung vom unentgeltlichen und obligatorischen Grundschulunterricht oder vom Besuch weiterführender Schulen ausgeschlossen werden;

b) Menschen mit Behinderungen gleichberechtigt mit anderen in der Gemeinschaft, in der sie leben, Zugang zu einem integrativen [inklusiven], hochwertigen und unentgeltlichen Unterricht an Grundschulen und weiterführenden Schulen haben;

c) angemessene Vorkehrungen für die Bedürfnisse des Einzelnen getroffen werden;

d) Menschen mit Behinderungen innerhalb des allgemeinen Bildungssystems die notwendige Unterstützung geleistet wird, um ihre erfolgreiche Bildung zu erleichtern;

e) in Übereinstimmung mit dem Ziel der vollständigen Integration [Inklusion] wirksame individuell angepasste Unterstützungsmaßnahmen in einem Umfeld, das die bestmögliche schulische und soziale Entwicklung gestattet, angeboten werden.

(3) Die Vertragsstaaten ermöglichen Menschen mit Behinderungen, lebenspraktische Fertigkeiten und soziale Kompetenzen zu erwerben, um ihre volle und gleichberechtigte Teilhabe an der Bildung und als Mitglieder der Gemeinschaft zu erleichtern. Zu diesem Zweck ergreifen die Vertragsstaaten geeignete Maßnahmen; unter anderem

a) erleichtern sie das Erlernen von Brailleschrift, alternativer Schrift, ergänzenden und alternativen Formen, Mitteln und Formaten der Kommunikation, den Erwerb von Orientierungs- und Mobilitätsfertigkeiten sowie die Unterstützung durch andere Menschen mit Behinderungen und das Mentoring;

b) erleichtern sie das Erlernen der Gebärdensprache und die Förderung der sprachlichen Identität der Gehörlosen;

c) stellen sie sicher, dass blinden, gehörlosen oder taubblinden Menschen, insbesondere Kindern, Bildung in den Sprachen und Kommunikationsformen und mit den Kommunikationsmitteln, die für den Einzelnen am besten geeignet sind, sowie in einem Umfeld vermittelt wird, das die bestmögliche schulische und soziale Entwicklung gestattet. […]

(5) Die Vertragsstaaten stellen sicher, dass Menschen mit Behinderungen ohne Diskriminierung und gleichberechtigt mit anderen Zugang zu allgemeiner Hochschulbildung, Berufsausbildung, Erwachsenenbildung und lebenslangem Lernen haben. Zu diesem Zweck stellen die Vertragsstaaten sicher, dass für Menschen mit Behinderungen angemessene Vorkehrungen getroffen werden.

Anmerkung

1 In der deutschen Übersetzung der UN-Behindertenrechtskonvention wurde der englische Begriff inclusive mit integrativ übersetzt. Völkerrechtlich bindend ist jedoch die englische Fassung, die korrekt mit inklusiv zu übersetzen ist.

Aufgaben

1. Erläutern Sie die Abschnitte des Artikels 24 der Behindertenrechtskonvention.
2. Sammeln Sie weitere Informationen im Internet und in einschlägigen Publikationen.
3. Informieren Sie sich über die Verfahren zur Inklusion an Ihrer Schule und an anderen Schulen.

Die folgenden Texte stammen von einem der profiliertesten Befürworter einer möglichst weitgehenden Inklusion.

M3 Inklusion und Integration (Andreas Hinz)

Entwicklungsetappen des Bildungswesens

Für die Einordnung von Integration und Inklusion in die Entwicklung des Bildungswesens insgesamt hat Alfred Sander [...] mit Bezug auf die Sonderpädagogik einen Vorschlag gemacht, der im Folgenden wiedergegeben, mit Symbolen verdeutlicht und auf das Bildungs- und Erziehungssystem im Ganzen erweitert wird. Sander unterscheidet [...] insgesamt fünf Phasen des Umgangs mit Menschen mit Beeinträchtigungen, die er folgendermaßen benennt: Am Anfang steht die ‚Exklusion', gefolgt von der Zeit der ‚Segregation', an die sich wiederum die ‚Integration' anschließt, die abgelöst wird von der ‚Inklusion' – bevor es schließlich eines fernen Tages erstmalig zu einer ‚Allgemeinen Pädagogik' mit „Vielfalt als Normalfall" [...] kommt.

In der Phase der **Exklusion** werden bestimmte Personen ganz und gar aus dem System der Bildung und Erziehung ausgeschlossen, während andere selbstverständlich Zugang zu Bildung bekommen. In der symbolischen Darstellung dieser Phase (vgl. Abb. 7.2) zeigen sich diese beiden Gruppen einerseits als die Menschen ‚im grünen Bereich', also die ‚richtigen' und die ‚eigentlichen' Menschen und andererseits als die jenseits einer massiven Barriere als die ‚schwarzen', die ‚falschen', die ‚uneigentlichen' Menschen; die schwarze Linie zwischen beiden Gruppen kann als massive Mauer oder als Erdboden gedeutet werden. Schärfer – als mit der Infragestellung des Bildungsrechts und damit verbunden des Lebensrechts – kann die Differenz zwischen zwei Gruppen nicht betont werden.

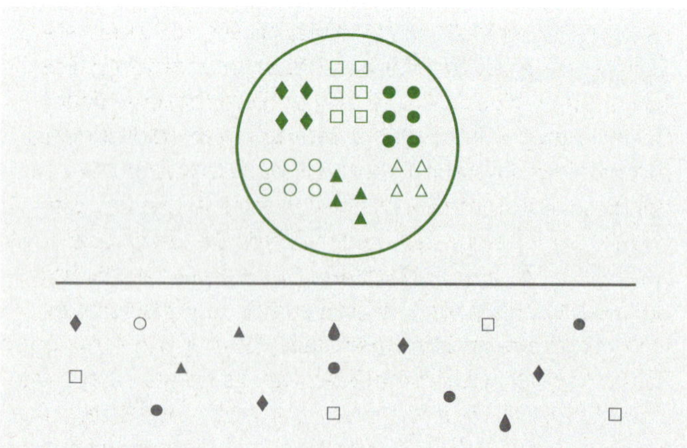

Abb. 7.1: Exklusion

Bei der **Segregation** werden alle Kinder und Jugendlichen nach bestimmten Kriterien – vorrangig nach Leistung, aber wie mit PISA nochmals bestätigt wurde, auch nach sozialem Milieu – in je eigenen Institutionen gruppiert (vgl. Abb. 7.3). Ein bestimmter Teil von ihnen befindet sich wiederum im ‚grünen Bereich' der Normalität; wer zu weit davon abweicht, gerät in den ‚gelben Bereich' des Randes von Normalität und steigt in eine andere Institution ab. Auch von ihr kann bei zu großer Verschiedenheit in eine weitere Stufe des Systems abgestuft werden, sodass die Person in den ‚roten Bereich' gerät und gehört. Schließlich gibt es auch noch einen Rest vom Rest vom Rest, der als quasi ‚armer lilafarbener Tropf' in die letzte Institution gehört. Und es flammen immer wieder Diskussionen darüber auf, ob es nicht sinnvoll ist, auch für Kinder und Jugendliche mit ‚schwerer Mehrfachbegabung' – als blaue Sterne – ebenfalls eigene Klassen oder gar Schulen einzurichten. Hier fände das differenzierte, vorgeblich begabungsgerechte ‚System der Be-Sonderung' seine konsequente Vollendung.

Dieses System der Segregation lässt sich auf das gegliederte Schulsystem insgesamt beziehen, in dem dann das Gymnasium der grüne, die Realschule der gelbe, die Hauptschule der rote und schließlich die Sonderschule der lilafarbene Bereich wären. Es bildet sich ebenso im Sonderschulwesen ab, bei dem der grüne Bereich die Schulen für Sinnesgeschädigte, der gelbe die für Lernbehinderte, der rote die für Geistigbehinderte und der lilafarbene Bereich die Klassen für Schwerst- und Mehrfachbehinderte symbolisiert. Dies ist die Struktur, die das deutsche Schulwesen – international eher exotisch – kennzeichnet. Differenz wird nun zwar nicht mehr exklusiv bestimmt, dominiert aber nach wie vor, auch auf institutioneller Ebene.

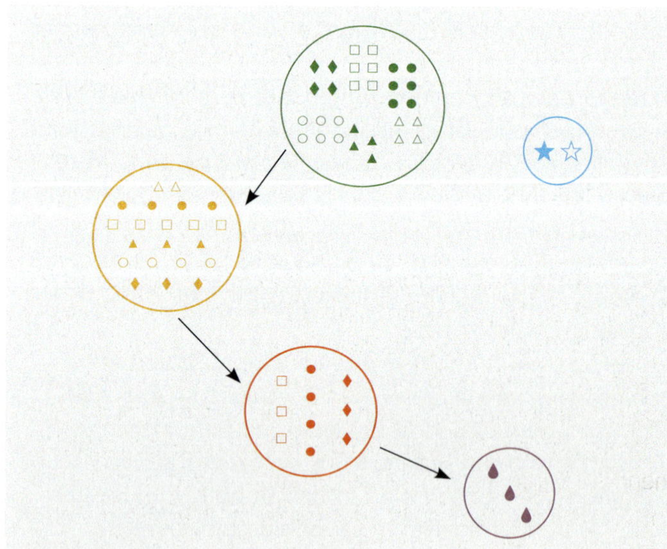

Abb. 7.2: Segregation

Bei der **Integration** (vgl. Abb. 7.4) bestehen die verschiedenen farblichen Bereiche weiterhin, allerdings befinden sich, wenn auch eher am Rand, auch ‚gelbe' und ‚blaue' Personen in der allgemeinen Klasse – und dorthin werden auch mitunter ‚rote' und mit sehr viel Glück und unter extrem günstigen Umständen in seltenen Fällen ‚lilafarbene' Personen ‚hinein integriert' mit einer auf die einzelne Person bezogenen, spezifischen sonderpädagogischen Unterstützung. Was jedoch bleibt, ist eine „Zwei-Gruppen-Theorie" [...] mit der Dominanz der ‚grünen Normalität' gegenüber der Gruppe der Andersfarbigen, verbunden mit den Rollen der Integrationsaktivität der Normalen und der Integrationspassivität der Anderen (vgl. auch Tervooren 2003, 29). Es hängt immer von konkreten Konstellationen ab, ob und wenn wie viele ‚Andersfarbige' in die Lerngruppe der ‚Grünen' integriert werden können. Und es bleibt häufig doch bei der Dominanz der tradierten, diskriminierenden Umgangsstrategien mit den ‚Andersfarbigen', sie nämlich entweder ignorierend zu tolerieren, solange sie nicht weiter auffallen, oder sie durch besondere Förderung positiv zu diskriminieren, durch die sie zwar Unterstützung erhalten, ihre Bedürftigkeit als Abweichende jedoch gleichzeitig abwertend dokumentiert wird […]. Hier wird eigentlich ein dialektisches Verständnis von Egalität und Differenz angestrebt, in der Praxis trägt allerdings die Zwei-Gruppen-Theorie massiv dazu bei, dass im Alltagsverständnis Differenz dominant bleibt, auch wenn sie institutionell nicht mehr zu Trennungen und Aufteilungen führt. Differenz innerhalb einer integrativen Klasse wird dann häufig durch individuelle Unterstützung zu bewältigen versucht, wodurch die Gefahr einer „Schäferhundpädagogik" für „Auch-Kinder" […], die an einem Thema ‚auch' etwas arbeiten können, und damit sozialer Behinderung und Deklassierung besteht.

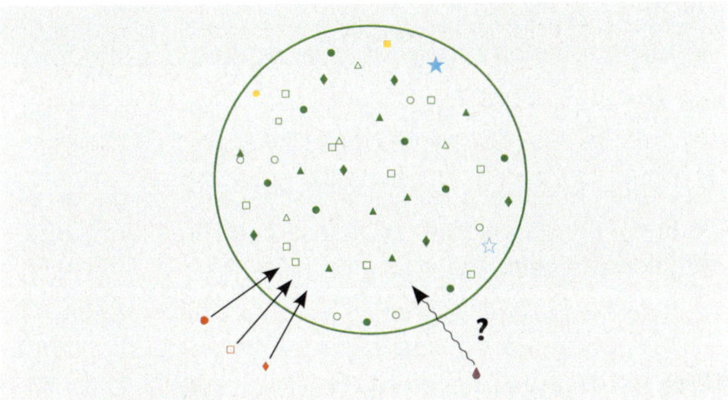

Abb. 7.3: Integration

Der **Inklusion** nach befinden sich (vgl. Abb. 7.4) alle ‚unterschiedlich Farbigen' in einer gemeinsamen Gruppierung, sie bilden eine Gruppe, bei der Farben und Formen gemischt vorkommen und keine ‚grüne Normalität' mehr in dem Sinne dominiert, dass alle Anderen damit mehr oder weniger an den Rand gedrängt sind. Hier stellt sich nicht mehr die Frage, welche Personen mit welchen Farben und Formen integriert werden können, da sich bereits alle von vornherein in dieser farb- und form-heterogenen Gruppierung befinden […].

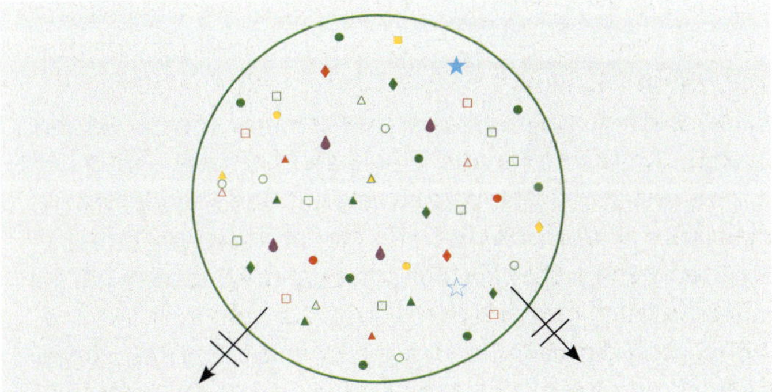

Abb. 7.4: Inklusion

M4 Inklusion – ein neuer pädagogischer Begriff (Andreas Hinz)

Inklusion – ein neuer pädagogischer Begriff

Bereits seit den 1970er-Jahren ist der Inklusionsbegriff im englischen Sprachraum gebräuchlich, er bildet den internationalen Standardbegriff u. a. in vielen Statements internationaler Organisationen wie UNO und UNESCO, auch im Zusammenhang des Programms „Education for all". Erst relativ spät erreicht er auch den deutschsprachigen Diskurs […].

Abb. 7.5

Vier konzeptionelle Eckpfeiler der Inklusion

Bei der Analyse der englischsprachigen Literatur lassen sich folgende konzeptionelle Eckpfeiler benennen […]:

- Inklusion fasst Heterogenität von Gruppierungen und Vielfalt von Personen positiv auf. Damit wendet sie sich gegen alle Tendenzen, Menschen unter einen Maßstab zu bringen und sie in möglichst homogenen Gruppen zusammenzufassen – ein für das deutsche Bildungssystem brisanter Ansatz, der mit den grundlegenden Strukturen kollidiert.
- Inklusion nimmt alle Dimensionen von Heterogenität in den Blick und betrachtet sie gemeinsam. Dabei kann es um unterschiedliche Fähigkeiten, Geschlechterrollen, ethnische Herkünfte, Nationalitäten, Erstsprachen, Rassen, soziale Milieus, Religionen und weltanschauliche Orientierungen, körperliche Bedingungen oder anderes mehr gehen. Charakteristisch ist, dass Inklusion dabei hilft, dichotome Vorstellungen zu überwinden, die jeweils zwei Kategorien konstruieren: Deutsche und Ausländer, Männer und Frauen, Behinderte und Nichtbehinderte, Body-Maß-Index-Gemäße und Abweichler, Heterosexuelle und Homosexuelle, Reiche und Arme etc. Diese dichotomen Kategorisierungen sind als alltägliche „Zwei-Gruppen-Theorien" weit verbreitet und helfen, die Komplexität von Gruppierungen zu bewältigen, werden aber einzelnen Personen wenig gerecht, sondern tragen in der Regel zur Stigmatisierung einer der beiden Gruppen – wenn nicht beider – bei. Daher setzt sich Inklusion auch mit den Mechanismen der Diskriminierung in all diesen Heterogenitätsdimensionen wie Sexismus, Rassismus, Homophobie, Behindertenfeindlichkeit etc. auseinander. Im englischsprachigen Diskurs werden jüngst auch Phänomene des ‚fetism' als negative Verfolgung der

Abweichung vom BMI und des ‚adultism', als grundsätzliche Überlegenheit des Erwachsenseins gegenüber dem Kindsein problematisiert.
- Inklusion orientiert sich an der Bürgerrechtsbewegung und ringt um Vermeidung jeglicher gesellschaftlicher Marginalisierung. In der inklusiven Pädagogik finden sich unterschiedliche Konzepte: „Diversity" nimmt vor allem „class", „race" und „gender" in den Blick, „teaching for social justice" wendet sich vor allem gegen soziale Benachteiligung und „citizenship education" nimmt eine bürgerrechtsorientierte Perspektive ein.
- Inklusion vertritt die Herausforderung des Abbaus von Diskriminierung und Marginalisierung und damit die Vision einer inklusiven Gesellschaft.

Mit diesen vier Eckpunkten ist klar, dass Inklusion kein Zustand ist, der irgendwann vollständig erreicht ist. Eher ist sie als Orientierung zu verstehen, als ‚Nordstern', der für nächste Entwicklungsschritte genutzt werden kann, wenn es darum geht, die generelle Richtung mit den konkreten Schritten in Übereinstimmung zu bringen und zu halten.

Drei Ebenen der Inklusion

Eine weitere Ausdifferenzierung kann das Verständnis von Inklusion vertiefen. Der englische Pädagoge Tony Booth [...] unterscheidet drei Ebenen, die erst in ihrer Ergänzung Inklusion erkennbar machen – „die Perspektive auf die Teilhabe von Individuen, die Perspektive auf die Teilhabe an Systemen und die Perspektive auf die Teilhabe an Werten":
- Eine erste Ebene bezeichnet die Teilhabe von Personen: Dies ist die gewohnte Ebene des Agierens, denn alle Menschen sollen die Chance haben, an gesellschaftlichen Aktivitäten und Lebensbereichen teilzuhaben, unabhängig von ihren Fähigkeiten und Unterstützungsbedarfen. Dies war auch jahrzehntelang die Art und Weise, wie die Integrationsbewegung für den Gemeinsamen Unterricht in der Schule argumentiert hat. Gleichzeitig zeigen sich hier jedoch auch Beschränkungen: Es ist der spezifische Unterstützungsbedarf, auf dem die Debatte basiert, auf den die Person, um die es geht, auch reduziert zu werden droht. Und das Problem liegt bei der Person, nicht oder zumindest weitaus weniger bei der Institution, die diese Herausforderung annehmen kann oder auch nicht. So droht das Problem weitergeführt und verfestigt zu werden, das doch gelöst werden soll. [...]
- Eine zweite Ebene ergänzt die erste durch den Blick auf Barrieren in Systemen. Erst durch sie ist das System – Kindertageseinrichtung, Schule, Stadtteil, Kirche, ... – in seiner Qualität insgesamt herausgefordert: Es ist sein Problem, wie es mit Heterogenität umgeht und nach welchen Kriterien es Menschen zur Partizipation zulässt bzw. ausschließt. Hier erst kommt auch die ganze Komplexität von Heterogenität in den Blick.
- Die dritte Ebene schließlich reflektiert die Umsetzung von inklusiven Werten. Hier spielen Aspekte wie Gleichheit, Rechte, Partizipation, Lernen, Gemeinschaft, Anerkennung von Vielfalt, Vertrauen und Nachhaltigkeit, aber auch zwischenmenschliche Qualitäten wie Mitgefühl, Ehrlichkeit, Mut und Freude eine zentrale Rolle. Und hier erreicht die Reflexion innerhalb des Systems eine andere Tiefe, wenn sie sich ihre Werte, auf denen sie basiert, bewusst macht und Einigungsprozesse ansteuert.

Aufgaben

1. Erläutern Sie die zentralen Begriffe, vor allem den der Inklusion, und die Bezüge zwischen ihnen.
2. Entwickeln Sie eine Übersicht über die Herausforderungen, die beim gemeinsamen Lernen im Sinne der Inklusion zu bewältigen sind.
3. Erörtern Sie Vor- und Nachteile dieses Ansatzes von Inklusion.

Abb. 7.6

Die beiden folgenden Texte sind Fallbeispiele, in denen es um Erfahrungen mit dem gemeinsamen Lernen im Sinne der Inklusion geht.

M5 Inklusion hat mich gerettet (Denise Linke)

Abb. 7.7: Denise Linke © Ben de Biel

24.08.2014

Die Debatte um die Inklusion läuft immer wieder auf das gleiche Argument hinaus: Eine Schule, die lern- oder sonstig behinderte Kinder zusammen mit den sogenannten normalen unterrichte, betreibe gefährliche Gleichmacherei. Denkt man darüber bloß ein paar Sekündchen nach, offenbart sich, dass das kompletter Unsinn ist. Niemand behauptet, dass alle Schüler gleich seien. Selbst in Regelschulklassen sind alle Schüler unterschiedlich. Und viele Schulen tun sich schon bei „normalen" Schülern schwer

damit, niemanden hinten runterfallen zu lassen. Woraus besorgte Eltern aber den Schluss ziehen: Da ist nun wirklich kein Platz und keine Zeit für die blöden Kinder, die meinen Kindern das Lernen erschweren.
Stimmt: Kinder mit Behinderungen können, abhängig von der Art ihrer Behinderung, dafür sorgen, dass der Unterricht noch unbrauchbarer wird, als er es häufig eh schon ist. Deswegen will auch kein Mensch, der bei Verstand ist, einfach alle Behinderten in Regelschulen kippen und den Deckel zumachen. Die Schulen müssen barrierefrei werden, die Klassen kleiner, die Lehrer besser geschult. Das kostet ja so viel. Aber kostet es, über die Jahre gerechnet, wirklich mehr, als wenn man Menschen, die eigentlich in der Lage wären, einen Beruf zu erlernen und auszuüben, in Förderschulen schickt und damit dafür sorgt, dass der Staat bis zu ihrem Tod die finanzielle Unterstützung übernimmt?

Ist das wirklich billiger? Hat das mal jemand ausgerechnet?

Ich bin Asperger-Autistin. Nun ist es raus. Ich bin eine von denen, die man bei Lanz oder Jauch dafür loben würde, dass sie ihr Abitur geschafft hat und jeden Morgen allein ihre Zähne putzt. Man würde mich vermutlich sogar loben, wenn ich jemanden erschossen hätte. Weil ich es als Autistin geschafft hätte, mein Gefühl zu erkennen und mir auch noch eine Waffe zu besorgen, und das ist nun wirklich eine ganz tolle Sache – wenn man einer BeckmannSendung vom Januar dieses Jahres Glauben schenkt.

Nach vielen Autounfällen war das klar

Das Asperger-Syndrom ist eine Form von Autismus, um die, wie eigentlich um alle Formen von Autismus, viele Mythen kreisen. Das „Rain Man"-Phänomen. Ich bin aber weder Raymond Babbitt noch Dr. Dr. Sheldon Cooper oder Christopher Boone. Zur Überraschung nahezu aller Menschen, die mir seit meiner Diagnose Fragen gestellt haben, kann ich weder Streichhölzer noch Karten zählen, kann so gut wie gar nichts auswendig (am wenigsten Fahrpläne), schreie nie bei lauten Geräuschen (wie unsinnig, das wäre ja bloß ein weiteres lautes Geräusch), bin in der Lage, Empathie zu empfinden, und bin zu allem Übel auch noch eine Frau.
Zum Asperger-Syndrom gehört, dass sich mir soziale Interaktionen nicht erschließen. Ich habe Gespräche, insbesondere Small Talk, gelernt, so wie andere Formeln oder Daten für eine Prüfung lernen. Mimik sagt mir gar nichts, deswegen sehe ich Menschen nicht von Natur aus in die Augen – ich muss mich zum Augenkontakt zwingen. Und ich bin nicht in der Lage, Reize zu filtern. Alles ist immer gleich laut, das Gespräch, das ich führe, das Gespräch, das neben mir geführt wird, die Kaffeemaschine, die Autos, die spielenden Kinder, der Wind in den Bäumen.
Es ist wohl wenig überraschend, dass es mir zuweilen sehr schwerfällt, mich zu konzentrieren. Die einzige Möglichkeit, überhaupt etwas problemlos in mich aufzunehmen, besteht darin, es für mich interessant zu machen. Sobald etwas interessant ist, schaffe ich eine Art von Hyperfokus – und bekomme plötzlich gar nichts mehr mit. Ich habe viele Autounfälle gebraucht, um das festzustellen. Und um zu lernen, dass die anderen Verkehrsteilnehmer immer wichtiger sein müssen als der vorbeifliegende Vogel oder eine reflektierende Reklametafel.

Auf dem Sofa im Lehrerzimmer geht es weiter

Tatsächlich war ich auf einer kooperativen, integrativen Gesamtschule. Klingt schwierig, bedeutete aber einfach, dass Hauptschüler, Realschüler und Gymnasiasten in vielen Fächern gemeinsam unterrichtet werden; und dass es I-Klassen gibt, Klassen also, in denen Menschen mit und ohne Behinderung gemeinsam unterrichtet werden. Für einen reibungslosen Ablauf sorgten kleinere Kursgrößen, das Konzept der Ganztagsschule, zwei Sozialpädagoginnen, die von Schulbeginn bis Schulschluss anwesend waren, mehrere zu Schlichtern ausgebildete Schüler, das Abschaffen der Pausenklingel, auf die Bedürfnisse von Schülern ausgerichtete Pausenzeiten, die Tatsache, dass unsere Hausmeister ein Kleinwüchsiger und eine Transsexuelle waren, die Freizeitangebote, eine Tierstation für Kinder, die keine Haustiere haben konnten oder durften, und die von Lehrern angebotenen Forder- und Förderkurse.
Das Lehrerzimmer stand Schülern jederzeit offen, und nicht selten verbrachten wir die Pausen damit, dort, auf den Sofas und mit einer Tasse Kaffee in der Hand, weiterzudiskutieren. Einige Lehrer luden ihre Schüler regelmäßig zum Grillen zu sich nach Hause ein. Nach wie vor lädt die Schule alle Schüler, Lehrer und Ehemaligen jeden Advent zu einem Fest ein, bei dem Geld für eine Partnerschule in Afrika, mit der ein reges Austauschprogramm betrieben wird, gesammelt wird.

Abb. 7.8

Und alle haben das Abitur geschafft

Von meiner ersten Schule, einem altehrwürdigen Gymnasium, in dem die Abiturienten noch Oberprimaner heißen, ging ich, weil ich gemobbt wurde – von Schülern und Lehrern. Warum ich gemobbt wurde, war mir ein Rätsel, meine Asperger-Diagnose bekam ich, wie viele Betroffene, erst nach der Schulzeit. Mein Verhalten kam mir nicht seltsam vor und fiel an meiner neuen Schule kaum auf. Wir waren sowieso ein bunter Haufen aus Gehörlosen, Rollstuhlfahrern, Nichtbehinderten, Autisten und AD(H)Slern. Ohne den Wechsel auf die Gesamtschule hätte ich, trotz Zentralabitur, niemals einen Abschluss bekommen und würde heute Hartz IV beziehen.
Meine Noten waren grauenhaft, man legte mir nahe, es doch auf einer Realschule zu probieren. Dank des sozialen

Fokus meiner neuen Schule verließ ich nie den Gymnasialzweig, machte mein Abitur, schloss ein Studium ab und bin derzeit dabei, neben meiner journalistischen Arbeit eine eigene Firma zu gründen. Tatsächlich war es so, dass in meinem Jahrgang an meiner Schule niemand durch das Abitur fiel. Anders als an meiner alten Schule. Und das, wie bereits erwähnt, trotz des Zentralabiturs. Viele meiner Mitschüler kamen von anderen Schulen, weil sie dort gemobbt wurden, viele kamen von Haupt- oder Realschulen, machten dank guter Noten ihr Abitur und arbeiten nun in guten Jobs bei Banken oder Beratungen, studieren Jura oder Medizin. Ein überdurchschnittlich großer Anteil meiner Mitschüler entschied sich, selbst Lehrer zu werden, weil sie Vorbilder hatten. Meine Deutschlehrerin schreibt regelmäßig eine E-Mail an ihren gesamten Kurs, um zu erfahren, was wir treiben.
Das klingt alles nett, mögen Sie denken: Aber was hat das mit Inklusion zu tun?
Ganz einfach: alles.

Der Rettungsvorschlag des Biologielehrers
Der Inklusionsgedanke ist tief im Konzept dieser Schule verankert. Forderung und Förderung waren immer genauso wichtig wie das Akzeptieren aller Lebensentwürfe, Austausch und Diskussionen. Ich hatte nie ein Problem damit, Menschen mit Behinderung als gleichwertige Menschen anzusehen, weil sie schlicht gleichwertig waren. Gleichwertig bedeutet nicht gleichmachen, es bedeutet, jedem dieselbe Chance zu geben. Das bedeutet auch, dass besonders gute Schüler, besonders schlechte Schüler und durchschnittliche Schüler an nichts gehindert werden. An meiner Schule hat es niemanden gestört, dass ich kaum zu Augenkontakt fähig war. Meine Lehrer haben akzeptiert, dass ich mich nicht melde und haben meine schriftlichen Noten schlicht und ergreifend mehr gewichtet, meine Hausaufgaben mehr kontrolliert, mir gesonderte Heimarbeit gegeben und sie gelesen. Wenn es mir in einer Prüfung nicht möglich war, ein Wort aufs Papier zu bringen, weil das Atmen und die Stifte meiner Mitschüler zu laut waren, dann haben sie mich die Prüfung eben in einem anderen Raum schreiben lassen. Ohne Aufsicht, mit viel Vertrauen. Geschummelt habe ich eh nie. Und während an meiner alten Schule mehrfach zur Debatte stand, mich aufgrund meiner dramatisch schlechten Noten in Mathematik und den Naturwissenschaften auf die Realschule zu schicken, sagte man sich an der neuen Schule, dass ich nun einmal in einigen Gebieten viel weiter und in anderen sehr weit hinter den anderen Schülern war.
Mein Biologielehrer war besonders feinfühlig und fragte mich einfach, ob ich zur Aufbesserung meiner Note nicht einen Vortrag zu einem für mich interessanten Thema halten möchte. Ihm war aufgefallen, dass ich in einigen Teilgebieten sehr gut und in anderen sehr schlecht war – Evolutionslehre konnte ich ohne Anstrengung in mich aufsaugen; mir Ökologie beizubringen war nahezu unmöglich. Ich hielt einen Vortrag über die Encephalitis lethargica, bekam dafür 15 Punkte und rettete mich damit vor dem Durchfallen.

Menschen, die sich Mühe mit Menschen geben
Vom Sportunterricht wurde ich größtenteils befreit, nachdem ich ungezählte Male über meine eigenen Füße gestolpert war. Motorisches Unvermögen, oder wie ich es nenne, Bewegungslegasthenie, gehören zu Asperger und machen die meisten Übungen und Sportarten gefährlich für mich. Man ließ mich dafür die Regeln lernen und die Punkte bei Spielen zählen. Und das alles vor meiner Diagnose. Einfach, weil man meine Unzulänglichkeiten und meine Stärken sah und darauf einging.
Ich brauchte keinen Zettel, auf dem irgendeine Krankheit stand, keine Therapie und keinen Wechsel zur Realschule. Ich brauchte Menschen, die sich Mühe mit mir geben, so wie ich mir Mühe mit ihnen gebe.
Es ist durchaus möglich, dass ein Kind mit Down-Syndrom sehr gut in Mathe und sehr schlecht in Sport ist. Wenn man den Matheunterricht so aufbaut, dass alle Schüler dieselbe Aufmerksamkeit bekommen, vielleicht, indem man den Beruf des Lehrers attraktiver macht, mehr gute Lehrer ausbildet und mehr auf den Einzelnen eingehen kann, dann werden die Guten besser, die Schlechten nicht schlechter, und die Durchschnittlichen haben eine Chance, sich den Guten anzunähern. [...]

Denise Linke ist 1989 geboren, arbeitet als Journalistin und organisiert zurzeit per Crowdfunding den Start der Zeitschrift „N#mmer", eines Lifestyle-Magazins für Autisten.

M6 Illusion mit der Inklusion (Katrin Hummel)

Als es am zweiten Schultag zur ersten Stunde klingelte, blieb Yasar* auf dem Schulhof stehen. Martin Lebert*, sein Klassenlehrer, ging hinaus, um ihn zu holen. Doch Yasar lief weg. Als Lebert hinterherlief, bewarf der Siebenjährige ihn mit kleinen Steinen. Auch am dritten, vierten und fünften Schultag wiederholte sich das. Irgendwann ging Lebert morgens nicht mehr auf den Schulhof, um ihn zu holen. Fortan kam Yasar nach einiger Zeit von selbst in die Klasse gelaufen, mitten hinein in den Unterricht. Er blieb vier oder fünf Minuten, dann lief er wieder raus. Wenn Martin Lebert ihn aufforderte, dazubleiben, sagte er: „Halt die Fresse." Oder: „Ich kauf mir 'ne Pistole und bring euch alle um."

Manchmal blieb Yasar auch im Unterricht. Dann spuckte er mit Schnipseln von Arbeitsblättern, die er zuvor in den Mund gesteckt hatte, um sich. Ab und zu biss er seine Mitschüler in den Hinterkopf, machte ihnen blaue Flecken oder schlug sie ins Gesicht. Einmal schüttete er eine Flasche Apfelsaft auf seinem Tisch aus, legte seinen Kopf in die Lache und wischte dann mit den Händen drin herum. Anschließend rannte er durch die Klasse und schmierte alle Kinder an. Fing Lebert ihn ein, trat Yasar ihm gegen das Schienbein, schlug um sich und rief: „Ich hasse die Schule, die Lehrer, alles hier!" Ruhig war der Junge nur, wenn er in einen Nebenraum geführt und in ein Gespräch über Star Wars oder Ninja Turtles verwickelt wurde. [...]

Abb. 7.9

Die Leistungsstarken kommen zu kurz

Was in Klassen geschieht, in denen Lehrer mit Kindern wie Yasar ganz alleingelassen werden, kann Monika Meltzer*, eine 54 Jahre alte Grundschullehrerin aus Niedersachsen, erzählen. Sie ist Klassenlehrerin einer ersten Klasse mit 24 Kindern, von denen eins neben seiner Lernbehinderung genau wie Yasar emotional-sozialen Förderbedarf hat. Der Siebenjährige redet ununterbrochen, läuft rum, macht Geräusche und beansprucht gemeinsam mit einem anderen auffälligen Jungen neunzig Prozent ihrer Energie. Die restlichen 22 Kinder müssen sich die verbleibenden zehn Prozent teilen. „Dabei sind auch unter ihnen etliche, die Unterstützung brauchten: liebe, schwache Kinder, die eine halbe Stunde vor ihren Aufgaben sitzen und nicht weiterkommen."

Doch Meltzer hat meist keine Zeit, denen mal kurz über die Schulter zu schauen und Tipps zu geben. „Es ist haarsträubend, dass das so schiefläuft und dadurch so viele brave Kinder hinten runterfallen! Das darf man deren Eltern gar nicht sagen, die würden sonst sofort zum Schulamt gehen", glaubt sie.

Ebenso wenig kümmern kann sie sich um die besonders leistungsstarken, die daher ebenfalls zu kurz kommen. Sie hat beobachtet: „An Tagen, an denen die beiden auffälligen Kinder nicht da sind, kann ich den übrigen Kindern dreimal so viel Stoff vermitteln wie sonst. Wir wären im Mathebuch zwanzig Seiten weiter, wenn diese Jungen nicht wären."

Kaum hat sie das ausgesprochen, tut es ihr leid, weil sie findet, dass man so nicht rechnen sollte. Oder doch? Denn Fakt ist auch: „Das, was es diesen beiden Förderkindern bringt, dass sie in der Klasse sind, steht nicht im richtigen Verhältnis zu dem Schaden, der den anderen neunzehn Kindern dadurch zugefügt wird."

Wie lässt sich der Erfolg von Inklusion messen?

In der Tat gibt es bisher keine Studie, die belegt, dass Förderkinder, die Inklusionsklassen besuchen, öfter einen Schulabschluss schaffen als Förderkinder, die eine Förderschule besuchen. Aber sollte man den Erfolg von Inklusion allein daran messen?

Inklusion bedeutet in erster Linie, dass Kinder mit unterschiedlichen Stärken gemeinsam gefördert werden. Sie bedeutet nicht, dass alle das Gleiche lernen sollen. Aber eine gute Lernatmosphäre in der Klasse, die sollte es schon geben. Die Heiligenstockschule im hessischen Hofheim macht seit Jahren vor, dass Inklusion auch unter schwierigen Bedingungen kein Ding der Unmöglichkeit ist. In der Grundschule mit angeschlossener weiterführender Schule, die – eine hessische Besonderheit – bis zur sechsten Klasse führt, werden 400 Kinder unterrichtet, davon 32 diagnostizierte Förderkinder und 16 Erst- und Zweitklässler, die demnächst zu Förderkindern werden könnten. Insgesamt gibt es dafür sechs Förderlehrerstellen und 27 Regellehrer. Noch nie hat die Schule ein Kind an eine Förderschule verwiesen, im Gegenteil melden sich manchmal sogar Förderschüler von anderen Grundschulen an, die auf die Heiligenstockschule wechseln möchten. Aber was, wenn ein Kind wie Yasar unter den Schülern ist?

„Bei ganz extremen Fällen reduzieren wir für eine gewisse Zeit den Unterricht des Schülers, er kommt dann jeden Tag nur wenige Stunden und wird in dieser Zeit rund um die Uhr individuell betreut", erzählt Schulleiter Steffen Nagel. Außerdem hole man sich Hilfe von außen: Das Schulamt, der Schulpsychologische Dienst, das Jugendamt, aber auch Förderlehrer von einem externen Zentrum und die Ärzte der Kinder würden mit einbezogen. Besonders wichtig sei die Zusammenarbeit mit den Eltern, die man regelmäßig treffe und denen man Erziehungshilfe vermittle, sofern dies nötig sei. Die Situation bessere sich irgendwann immer. Am Ende der Grundschulzeit könnten diese Kinder meist auf eine weiterführende Regelschule wechseln.

Anmerkung

* Die Namen im Text wurden verändert.

Aufgaben

1. Arbeiten Sie bei beiden Texten heraus, was zum Gelingen von Inklusion beiträgt, und zeigen Sie die Schwierigkeiten und Grenzen auf, die angesprochen werden.
2. In beiden Texten geht es um Einzelfälle. Entwickeln Sie Ansätze zu einem Plan, mit dessen Hilfe Erfolge und Grenzen von Inklusion so untersucht werden können, dass die Ergebnisse verallgemeinerbar sind.

Weiterführende Aufgabe

Untersuchen Sie mithilfe der Ihnen bekannten Begriffe zur Inklusion und zum Lernen die Arbeit an der Grundschule Berg Fidel in Münster. Diese kann in dem Dokumentarfilm „Berg Fidel – Eine Schule für alle" beobachtet werden.

Abb. 7.10

In den nächsten beiden Texten können Sie die kontroverse Diskussion über ein zentrales Anliegen der Inklusion nachvollziehen: die Dekategorisierung. Dabei geht es auch um die sogenannten „sonderpädagogischen Förderschwerpunkte". Diese sind von der Kultusministerkonferenz 2010 so benannt worden:

- Emotionale und soziale Entwicklung (früher: Erziehungsschwierige),
- Geistige Entwicklung (früher: Geistigbehinderte), Hören (früher: Gehörlose und Schwerhörige), körperliche und motorische Entwicklung (früher: Körperbehindertenpädagogik),
- Lernen (früher: Lernbehinderte),
- Sehen (früher: Sehbehinderte und Blinde), Sprache (früher: Sprachbehinderte).

Bernd Ahrbeck weist auf Grenzen und Probleme der Dekategorisierung hin, Hans Wocken, einer der prominentesten Vertreter der Inklusion, antwortet.
Bilden Sie sich Ihr eigenes Urteil.

M7 Kritik der Dekategorisierung (Bernd Ahrbeck)

In der Inklusion sollen Kinder auf gänzlich veränderter Grundlage betrachtet werden. Allgemein verbindliche Maßstäbe rücken demzufolge in den Hintergrund, auch eine gruppenspezifische Bewertung soll es möglichst nicht mehr geben. Die Bewertungsmaßstäbe richten sich vielmehr, so die neue Leitlinie, weitestgehend an den individuellen Lern- und Entwicklungsverläufen der Kinder aus. Ohne dass sie von objektiven Kriterien geleitet sind, auch von solchen nicht, die dem sonderpädagogischen Förderbedarf zugrunde liegen. Die angestrebte Dekategorisierung bezieht sich deshalb ausdrücklich auch auf einen speziellen personengebundenen Förderbedarf, der als unzeitgemäß und theoretisch unhaltbar gilt [...].
Entfallen die Kategorien eines personenbezogenen sonderpädagogischen Förderbedarfs, dann erweitert sich der Aufmerksamkeitsfokus zwangsläufig. Lehrerinnen und Lehrer müssen im Gemeinsamen Unterricht überall hinblicken, am besten zur gleichen Zeit, uneingeschränkt und möglichst unbeeinflusst durch Vorannahmen. Angesichts sehr unterschiedlicher kindlicher Bedürfnisse und Entwicklungsnotwendigkeiten stellt sich die Frage, wem und mit welcher Begründung besondere Aufmerksamkeit geschenkt werden soll. Eine ernst gemeinte Antwort lautet: unspezifisch allen. Befriedigend ist sie allerdings nicht, und ein wenig lebensfremd ist sie auch. Faktisch bedarf eine gewisse Anzahl von Kindern einer besonderen und überdauernden Aufmerksamkeit: Aufgrund offensichtlicher oder versteckter Notlagen, oder auch, weil sie diese Aufmerksamkeit aufgrund innerer Notwendigkeiten mit Macht einklagen. Insbesondere bei hohem Betreuungsbedarf und größerer zeitlicher Intensität ist eine eindeutige und gut begründete Legitimation erforderlich. Das gebietet schon das Gerechtigkeitsprinzip. Sie zu vergeben, stellt eine dekategorisierte Inklusion vor einige Probleme. Ohne elaborierte, überprüfbare Kriterien ist dies schwerlich möglich. Ansonsten wird die Vergabe besonderer Mittel in das subjektive Belieben einzelner Lehrerinnen und Lehrer gestellt, einem versteckten Kriterienkatalog gehorchend oder hochpersönlichen Bewertungen und Neigungen folgend. In diesem Fall ist die Gefahr groß, dass Kinder in ihrer speziellen Bedürftigkeit von Lehrern falsch eingeschätzt werden. Besondere Hilfestellungen finden nicht den richtigen Ort, es entsteht ein Zuviel oder Zuwenig an Zuwendung. Insbesondere Schüler, die keine auffällige oder lärmende Symptomatik zeigen, drohen übersehen zu werden.
Bei realistischer Betrachtung gibt es keine Dekategorisierung, die einen begriffslosen Raum hinterlässt. Dekategorisierung bedeutet, dass eine bestimmte Begrifflichkeit im offiziellen Sprachgebrauch aufgelöst wird. An ihre Stelle treten dann aber mehr oder weniger schnell andere formelle oder informelle Kategorien der Besonderheit. Sie können elaborierter und fachlich angemessener sein und somit einen Fortschritt darstellen, oder auch das Niveau der Auseinandersetzung senken und für unnötige Irritationen sorgen, also überwiegend Nachteile mit sich bringen. Nur, und das sei noch einmal betont, der frei gegebene Platz wird, ob man will oder nicht, anderweitig besetzt werden.
Bei Hinz [...] bekommt man einen Eindruck davon, wie dieses Dilemma gelöst werden soll. Gruppenkategorien hält er für unproblematisch, insofern sie sich auf Beschreibung und Analyse gesellschaftlicher Gegebenheiten beziehen. „Solange es um die gesellschaftliche Analyse von Marginalitätserfahrungen geht, ist es nicht nur legitim, sondern geboten, in Gruppenkategorien zu denken und mit ihnen zu arbeiten. Gruppenbezogene Kategorisierungen bestehen auf gesellschaftlich normativer Ebene, sie sind als Konstrukte vorhanden. Sobald es jedoch darum geht, wie Strukturen entwickelt und Interventionen geplant werden können, werden Kategorisierungen gefährlich" (Hinz 2009). So gefährlich, dass sie wegen ihres diskriminierenden Charakters aus den Köpfen getilgt werden sollen.
Auf gesellschaftlicher Ebene soll also gesehen und anerkannt werden, dass Menschen, die bestimmte Besonderheiten haben, ein spezielles soziales Schicksal erleiden. Der Blick und das Veränderungsbegehren richten sich dabei auf die äußere Lebensrealität, auf handfeste soziale Benachteiligungen und Diskriminierungen, die sich auf die individuelle Lebensführung nachteilig, eben behindernd auswirken können. Bei (schulischen) Interventionen hingegen, in der Zuwendung zur einzelnen Person, dürfen die gesellschaftsanalytisch favorisierten Gruppenkategorien dann aber keine Rolle mehr spielen. Ableitungen, die einzelne Personen betreffen, gelten als überflüssig und schädlich. Eine entsprechende kategoriale Wahrnehmung soll im Erleben der Lehrerinnen und Lehrer möglichst nicht mehr auftauchen; und wenn sie es tut, kognitiv und emotional ohne Bedeutung bleiben. Damit wird, so scheint es auf den ersten Blick, die Basis für einen Neuanfang gelegt, der die bisherige sonderpädagogische Theorie und exkludierende Praxis hinter sich lässt. Die Täuschung, die darin liegt, [...]

beruht – psychologisch betrachtet – unter anderem darauf, dass verleugnende Abwehrleistungen eingefordert werden, die sich stabil und langfristig kaum erbringen lassen. Per Deklaration werden sich unliebsame Inhalte nicht aus dem Bewusstsein fernhalten lassen, das ist eine psychodynamische Grunderkenntnis. Sie bahnen sich auf eigene Weise ihren Weg: Zum Beispiel dadurch, dass sie in verkleideter Form wieder auftauchen oder sich alltagssprachlicher Ausdrucksformen bedienen.

M8 Antwort auf die Kritik der Dekategorisierung (Hans Wocken)

These 1: Behinderungskategorien führen nicht zu einer Individualisierung des diagnostischen und pädagogischen Handelns, sondern genau im Gegenteil zu einer deindividualisierenden Typisierung und Pauschalisierung.
Jegliche Kategorisierung ist immer auch mit einer Depersonalisierung oder Deindividualisierung verbunden. Kategorien abstrahieren von individuellen Besonderheiten und heben nur die gemeinsamen, verallgemeinerbaren Merkmale hervor. Abstraktion und Generalisierung – das ist der Sinn und die Leistung aller Kategorien, also genau das Gegenteil einer sehr individuellen Wahrnehmung und eines sehr persönlichen Umgangs. Kategorien sind nicht detailverliebt und von Natur aus völlig unsensibel für etwaige Eigentümlichkeiten. Bei kategorisierten Menschen verschwindet die ureigene Individualität hinter zugeschriebenen Merkmalen der Kategorie. „Man" ist Angehöriger dieser Gruppe, ist Mitglied einer bekannten Kaste, fällt in eine bestimmte Schublade, wird einer bestimmten „Sorte Mensch" zugerechnet. Kategorien interessieren sich nicht für den einzelnen Fall, den je einzigartigen Menschen. Kategorien heben im Gegenteil die Einzigartigkeit von Menschen auf; ein einziges ausgewähltes Merkmal rückt in den Mittelpunkt des Interesses und strahlt tendenziell auf die ganze Person aus („Hof-Effekt"). Kategorien sind der Anfang und das Mittel der Ausgrenzung, und zugleich auch der Anfang und der Kern aller Vorurteile, die bekanntlich ein dominantes Merkmal übergeneralisieren und sich keinen differenzierten Blick auf den je einzelnen Menschen gönnen.
Für pädagogisches Handeln sind Kategorien nur ein sehr grobes Hilfs- und Orientierungsmittel. Wenn ich einen Schüler „lernbehindert" nenne, besitze ich nur einige vage Vermutungen über diesen Schüler: Wahrscheinlich sind seine Schulleistungen unterdurchschnittlich, vermutlich ist sein intellektuelles Potential eingeschränkt und möglicherweise entstammt er einem belasteten sozialkulturellen Milieu. Den Schüler selbst mit all seinen Facetten und persönlichen Eigentümlichkeiten kenne ich aber aufgrund der Zugehörigkeit zur Gruppe der „Lernbehinderten" nicht. Eine individuelle Förderung, die diesen Namen verdient, kann ich auf kategorialen Informationen wohl kaum aufbauen. Pädagogik, die lediglich auf Kategorien fußt, ist eher eine unspezifische Breitband-Behandlung. […]

Abb. 7.11

These 2: Kategorien sind keine harmlosen Klassifikationen, sondern vielfach mit gravierenden Stigmatisierungen verbunden.
Kategorisierungen sind zumeist auch mit Bewertungen, nicht selten mit negativen Bewertungen verbunden. Die Kategorisierung allein ist unbedenklich, die kategorialen Folgen sind dagegen vielfach höchst problematisch. Die Kategorie „Mädchen" ist weitestgehend wertneutral. Die Kategorie „Jude" ist bis auf den heutigen Tag vorurteilsbelastet, im Nationalsozialismus war sie tödlich. Die Kategorie „homosexuell" ist prekär und die Kategorie „Straftäter" legt einen Ausschluss von sozialer Teilhabe nahe. Die Kategorie „Behinderung" ist je nach Behinderungsart mehr oder minder diskreditierend. Behinderungen gelten allgemein als unerwünscht; die Unerwünschtheit von Behinderungen ist dabei universal, sie trifft für alle Zeiten und für alle Länder dieser Erde zu […].
Kategorien […] dienen der Abgrenzung. Der Schritt von der Abgrenzung zur Ausgrenzung ist dann nicht mehr weit, und die Stigmatisierung der Ausgegrenzten lässt nicht lange auf sich warten. Dass Kategorien der Aussonderung und Ausgrenzung unvermeidlich mit Diskriminierung verbunden sind und schwerwiegende Folgen für die Selbstwahrnehmung und das Selbstwertgefühl haben, ist eine Erkenntnis, die auch im konservativen Lager durchaus bekannt ist, aber scheinbar nicht so recht ernst genommen, ja banalisiert wird. […]

Aufgaben

1. Erläutern Sie Ahrbecks Kritik an der Dekategorisierung und Wockens Erwiderung darauf.
2. Erörtern Sie beide Positionen.
3. Welcher Position stimmen Sie zu?

Weiterführende Aufgabe

Erarbeiten Sie in Kleingruppen ein Informationsblatt oder -heft, in dem Sie Eltern über den Ansatz der Inklusion informieren.

Fügen Sie einen Kommentar hinzu, in dem Sie Ihr eigenes Urteil über gemeinsames Lernen im Sinne der Inklusion vorstellen und begründen.

Projektvorschlag

Wie wird Inklusion an Ihrer Schule bzw. anderen Schulen in Ihrer Nähe praktiziert? Was kennzeichnet gelingende Praxis? Wo liegen die Schwierigkeiten?

Sie können diesen Fragen nachgehen, indem Sie „leitfadengestützte Experteninterviews" durchführen. Die folgenden Informationen führen Sie in diese Forschungsmethode ein.

Leitfadengestütztes Experteninterview

Allgemeines zum Interview

[...] Das Interview ist eine Form des verbalen Kommunizierens, in welcher grundsätzlich dem Interviewten die Aufgabe zukommt, aktiv Ereignisse, Erfahrungen, Handlungen und Wissen zu rekonstruieren. Bei der Auswahl der zu Befragenden gehen die Forschenden davon aus, dass sie zum jeweiligen Forschungsinteresse in einer relevanten Beziehung stehen. Diese Feststellung gilt auch für die standardisierte Massenbefragung: Hier besteht die relevante Beziehung der ausgewählten Interviewpartner zum Forschungsthema eben in ihren repräsentativen Qualitäten in Relation zur Stichprobenkonstruktion. Diese Feststellung gilt aber natürlich vor allem für das nicht-standardisierte („qualitative") Interview, bei dem die Interviewten eben nicht unter Aspekten statistischer Repräsentativität, sondern im Hinblick auf ihre - zunächst unterstellte, im Untersuchungsverlauf dann theoretisch begründete bzw. zu begründende - typischen Eigenschaften ausgewählt werden. [...]

Leitfadeninterview

[...] Ein klassischer Fragebogen, der ausschließlich aus geschlossenen Fragen besteht, würde keine Strukturierung durch die Informanten erlauben und eine hohe Strukturierung durch die Interviewenden.
Leitfadengesteuerte Interviews bewirken dagegen auf beiden Seiten eine mittlere Strukturierungsqualität. Ein Leitfaden besteht zum einen aus Fragen, die sicherstellen, dass bestimmte Themenbereiche angesprochen werden, die jedoch andererseits so offen formuliert sind, dass narrative Potenziale des Informanten nutzbar werden können. Deshalb sollte der Interview-Leitfaden nicht zu umfangreich sein.
Ein Leitfadeninterview stellt somit sicher, dass interessierende Aspekte auch angesprochen werden und gestattet somit eine Vergleichbarkeit mit anderen Interviews, denen der gleiche Leitfaden zugrunde lag. Um einen Leitfaden entwickeln zu können, sind gute Kenntnisse des Objektbereichs notwendige Voraussetzung, da sich die Leitfragen in der Regel auf vorher als relevant ermittelte Themenkomplexe beziehen. Die Leitfaden-Handhabung erfolgt in der Regel flexibel und wird nicht im Sinne eines standardisierten Ablaufschemas gehandhabt, damit soll die Möglichkeit einer unerwarteten Themendimensionierung durch die Interviewten offen bleiben. Insgesamt hat der Leitfaden eher die Funktion einer Gedächtnisstütze und eines Orientierungsrahmens in der allgemeinen Sondierung.

Experteninterview

[...] Im Experteninterview [...] interessiert der in einen Funktionskontext eingebundene Akteur. Das Experteninterview zielt auf den Wissensvorsprung, der aus der privilegierten Position des Experten in einem Funktionskontext resultiert. [...]

Als angemessenes Erhebungsinstrument wird vielfach ein leitfadengestütztes offenes Interview angewandt. Der Leitfaden wird flexibel und nicht im Sinne eines standardisierten Ablaufschemas gehandhabt, um unerwartete Themendimensionierungen durch den Experten nicht zu unterbinden. Somit wird den Experten die Möglichkeit gegeben, zu berichten, wie Entscheidungen getroffen werden, anhand von Beispielen zu erläutern, wie sie in bestimmten Situationen vorgehen, zu extemporieren etc.
Die Auswertung hat zum Ziel, im Vergleich der Interviews überindividuell-gemeinsame Wissensbestände herauszuarbeiten, die gleichsam das allgemeine Wissensniveau der Interviewten definieren. Die Äußerungen der Experten werden von Anfang an im Kontext der institutionell - organisatorischen Handlungsbedingungen betrachtet, sie erhalten von hierher ihre Bedeutung und nicht von daher, an welcher Stelle des Interviews sie fallen. Dieser Kontext soll die Vergleichbarkeit der Interviews sichern. Die institutionell-organisatorischen Handlungsbedingungen sind dabei als Komponenten zu verstehen, welche Verhalten, Denkmuster und Gestus der Interviewten selbst und damit auch deren Äußerungsmodus im Interview beeinflussen.

Anregungen zur Weiterarbeit

Um dieses Projekt durchzuführen, müssen Sie einige **Entscheidungen** treffen:

1. Wer soll interviewt werden? Wer ist Experte für das Thema?
2. Wie kann mit den Experten Kontakt hergestellt werden?
3. Welche Fragen sind auf jeden Fall für den Interview-Leitfaden wichtig? Wie sind sie zu formulieren?
4. Wie sind die Antworten der Experten festzuhalten?
5. Wie können die Antworten systematisch ausgewertet werden?
6. Wie können die Ergebnisse dargestellt und wo können sie veröffentlicht werden?

7.2 Im Netz lernen: Neue Medien

Der in Ulm lehrende Mediziner und Neurowissenschaftler Manfred Spitzer (geb. 1958) hat sich in vielen Büchern und Fernsehsendungen mit dem Lernen beschäftigt. Im Jahre 2012 erregte er mit seinem Buch „Digitale Demenz" breite Aufmerksamkeit, in dem er die These vertrat, dass die digitalen Medien (Fernsehen, Internet, Computerspiele etc.) vor allem bei Kindern und Jugendlichen zu Entwicklungsschäden führten. Wissenschaftliche Studien zeigten, dass vor allem Gedächtnis-, Konzentrations- und Lernleistungen durch den Konsum dieser Medien litten.

M9 Im Netz (Manfred Spitzer)

Abb. 7.12: Prof. Dr. Dr. Manfred Spitzer: ärztlicher Direktor der Psychatrischen Universitätsklinik in Ulm

Digitale Medien wie Computer, Satellitenfernsehen, Spielekonsolen und Smartphones verändern unser Leben. In den Vereinigten Staaten verbringen Jugendliche mittlerweile etwa 7,5 Stunden am Tag mit digitalen Medien – mehr Zeit als mit Schlafen. Hierzulande verschlingt die Beschäftigung mit diesen Medien etwa 5,5 Stunden täglich; das ist mehr als der Unterricht in der Schule, der, auf die ganze Woche bezogen, im Durchschnitt knapp vier Stunden in Anspruch nimmt. Was hat das zu bedeuten?
Der Publizist Nicolas Carr beschreibt die subjektiv erlebten Folgen des Internetgebrauchs wie folgt: „Das Netz scheint meine Fähigkeit zur Konzentration und zur Kontemplation zu zerstören. Mein Geist erwartet, Informationen in genau der Weise aufzunehmen, wie sie im Netz geliefert werden: in Form eines rasch bewegten Stroms kleiner Teilchen … Meine Freunde sagen dasselbe: Je mehr sie das Netz benutzen, desto mehr müssen sie kämpfen, um sich auf das Schreiben längerer Abschnitte zu konzentrieren."

Und so schildert ein 17 Jahre alter Jugendlicher in einer amerikanischen Studie über den Medienkonsum seinen Alltag: „Jede Sekunde, die ich online verbringe, bin ich am Multitasken. Jetzt gerade schaue ich fern, checke meine E-Mails alle zwei Minuten, lese Nachrichten darüber, wer Kennedy erschoss, brenne Musik auf eine CD und schreibe diese Nachricht." Die Mutter eines 15 Jahre alten Jungen entwirft von der Vorbereitung ihres Sohnes auf eine Klassenarbeit folgendes Bild: „Die Lehrbücher lagen ungeöffnet in seiner Tasche, wohingegen der Laptop auf seinem Schreibtisch immer aufgeklappt war. Auf dem Bildschirm waren irgendwelche Geschichte/Englisch/Physik-Dokumente geöffnet, aber gleichzeitig auch seine Facebook- und iTunes-Seiten. In seinen Ohren spielten die iPod-Ohrhörer einen Podcast, und manchmal, nur um seine Konzentration noch weiter zu unterbrechen, lief auch noch ein Video auf You-tube."

Für das digitale Zeitalter ist es charakteristisch, dass viele Menschen fast ihre gesamte wache Zeit online verbringen; sie werden also permanent mit neuen Texten und Bildern konfrontiert. Die Auswirkungen dieser digitalen Revolution auf Bildungsprozesse wurden von vielen zunächst ausschließlich positiv beurteilt. Wie vor einem halben Jahrhundert bei der Verbreitung des Fernsehens als Massenkommunikationsmittel hieß es, der ungehinderte Zugang zu Informationsquellen eröffne grenzenlose Bildungschancen für alle – und wurde daher als ungeahnter psychologischer, sozialer und ökonomischer Fortschritt dargestellt.

Im Hinblick auf das Fernsehen weiß man aber längst, dass diese Bildungsrevolution nicht stattgefunden hat. Im Gegenteil: Je höher der Fernsehkonsum, desto geringer die Bildung. Nach allem, was bisher bekannt ist, verhält es sich mit den digitalen Medien ähnlich: Eine besondere Auswertung von Daten der Pisa-Studie hat ergeben, dass ein Computer zu Hause bei 15 Jahre alten Heranwachsenden mit schlechteren Schulleistungen einhergeht. Aus einer anderen Untersuchung geht hervor, dass eine Spielekonsole („Playstation") schon nach vier Monaten dazu führt, dass die Leistungen in der Schule sinken und die Probleme zunehmen.

Abb. 7.13

Die Auswirkungen der digitalen Revolution lassen sich aber nicht nur mit Erfahrungsberichten und empirischen Studien erfassen. Auch die Gehirnforschung kommt zu Ergebnissen, die Aufmerksamkeit verdienen. Die wichtigste Erkenntnis der modernen Neurobiologie lautet, dass sich das Gehirn durch seinen Gebrauch permanent verändert. Jedes Wahrnehmen, Denken, Erleben, Fühlen und Handeln

Abb. 7.14

hinterlässt Spuren, die man seit mehr als einhundert Jahren auch so nennt: Gedächtnisspuren. Bis in die Achtzigerjahre hinein nur hypothetische Gebilde, sind sie heute jedoch sichtbar zu machen. Denn Synapsen, also jene Verbindungsstellen zwischen Nervenzellen, über welche die elektrischen Signale laufen, mit denen das Gehirn arbeitet, können mittlerweile fotografiert und sogar gefilmt werden. Man kann zusehen, wie sie sich bei Lernprozessen verändern. Werden funktionelle bildgebende Verfahren eingesetzt, dann lässt sich sogar die Aktivität ganzer Bereiche des Gehirns sichtbar machen. So kann man die neuronalen Auswirkungen von Lernprozessen gleichsam im großen Stil nachweisen.

Wenn nun aber das Gehirn immer lernt – denn eines kann es nicht: nicht lernen –, dann hinterlässt dort auch die mit digitalen Medien verbrachte Zeit ihre Spuren. Doch welche? Unser Gehirn ist das Produkt der Evolution, es entstand während eines langen Zeitraums durch Anpassung an bestimmte Umweltbedingungen. Die digitalen Medien gehörten aber nicht dazu. So wie man heute viele Zivilisationskrankheiten als Ausdruck eines Missverhältnisses zwischen der früheren Lebensweise – Jagen und Sammeln mit viel Bewegung und ballaststoffreiche Nahrung – und dem modernen Lebensstil – mit wenig Bewegung und ballaststoffarmer Nahrung – versteht, sind auch die negativen Auswirkungen der digitalen Medien auf geistig-seelische Prozesse im evolutions- und neurobiologischen Rahmen besser zu erfassen.
Dabei lassen sich ganz unterschiedliche Mechanismen und Prozesse beschreiben, die kognitive Leistungen wie die Aufmerksamkeit oder die Entwicklung von Sprache und Intelligenz betreffen und sich in der Summe auf die Bildung eines Menschen auswirken. Hinzu kommen die Einflüsse des Medienkonsums auf emotionale und soziale psychische Prozesse bis hin zu ethisch-moralischen Einstellungen und unserer Sicht auf uns selbst, also auf unsere personale Identität.

Bis zu einem Alter von zwei bis drei Jahren können Kinder von Bildschirmen und Lautsprechern nichts lernen, wie entsprechende Studien belegen. In Kalifornien konnten neun bis elf Monate alte Säuglinge chinesische Laute von einer Chinesin lernen, die ihnen vorlas. Wenn sie dieselbe Chinesin auf CD oder Video hörten oder sahen, lernten sie jedoch nichts. Säuglinge brauchen den sozialen Kontakt und eine Stimulation über alle Sinne, was zudem räumlich und zeitlich genau zusammenpassen muss: Genau dann und dort, wo sich zwei Gläser berühren, macht es „ping!". Wenn das Geräusch auch nur fünf Millisekunden zu früh oder zu spät kommt, kann das Kind beide Sinneseindrücke nicht zusammenbringen und lernt somit nicht, was es heißt, wenn sich zwei Objekte aus Glas berühren. Kleine Kinder lernen – das abgedroschene Wort muss hier genannt werden, weil kein anderes so gut passt – ganzheitlich. [...]

Kleine Kinder können spätestens im Alter von drei Jahren vom Bildschirm lernen. Dieser Befund hat vor allem die Werbewirtschaft auf den Plan gerufen. Experimente mit Kindern im Vorschulalter zeigten, dass diese den Inhalt von Werbespots nach nur wenigen Darbietungen gelernt hatten und das Produkt auswählten. Weil in den Vereinigten Staaten die Kinder im Alter von durchschnittlich neun Monaten beginnen fernzusehen und im Vorschulalter im Durchschnitt 1,5 Stunden am Tag Medien ausgesetzt sind, hat das Trommelfeuer der Werbung unter anderem zur Folge, dass ein Kind beim Eintritt in die Schule mehr als 200 Markennamen kennt. Etwa 65 Prozent der Werbung, die an Kinder gerichtet ist, gelten Nahrungsmitteln, die wiederum zu hundert Prozent ungesund sind. Die Folge ist eine epidemieartige Zunahme von Fettleibigkeit und sogar Altersdiabetes bei Kindern und Jugendlichen.
Die Neurobiologie des Essverhaltens zeigt zudem, dass eine „westliche", kalorienreiche Ernährungsweise ähnlich wie Suchtstoffe (Nikotin, Amphetamin, Kokain) die Empfindlichkeit des gehirneigenen Belohnungssystems vermindert. Es muss daher immer mehr konsumiert werden, um denselben belohnenden Effekt zu erzielen. Der medial verursachte Dauerkonsum der Kinder von Zucker und Fett entspricht aus neurobiologischer Sicht dem „Anfixen" mit Rauschgift. Allerdings normalisiert sich das Belohnungssystem nach dem Absetzen etwa von Amphetamin deutlich schneller als nach dem Verzicht auf Käsekuchen und Pommes frites. Mithilfe der Medien wird somit ein Teufelskreis in Gang gesetzt, der allein in Deutschland vorsichtig geschätzt jährlich 20 000 Tote und zehn bis fünfzehn Milliarden Euro Gesundheitskosten verursacht.

Die negativen Auswirkungen der Medien auf den Körper werden nur noch von einem übertroffen: den negativen Effekten auf den Geist, nimmt man die Auswirkungen auf die kognitiven, emotionalen und personalen Prozesse zusammen. Beginnen wir mit der Bildung. Schule wird von Schülern nicht selten als bestenfalls langweilig erlebt. Verglichen mit der Zeit, die nachmittags an Konsolen, Computern und Bildschirmen verbracht wird, ist der Unterricht am Vormittag langweilig. Weil aber Emotionen für Lernprozesse wichtig sind, wird in der Schule nur wenig gelernt. Es kommt hinzu, dass gerade Gelerntes stets verfestigt werden muss, um dauerhaft im Gedächtnis verankert zu sein. Dieser Prozess, Konsolidierung genannt, kann durch Emotionen gestört werden. Wenn also vormittags im Französisch- oder Physikunterricht gelangweilt wenig gelernt worden ist, dann sorgt der Umgang mit der Playstation am Nachmittag dafür, dass das wenige, das am Vormittag dennoch hängen blieb, regelrecht gelöscht wird.

Die permanente „Online-Existenz" wirkt sich zusätzlich negativ aus: Zur Konsolidierung des Gelernten braucht das Gehirn Zeiten der Ruhe. Das kann ein kurzer Mittagsschlaf sein, muss es aber nicht: Dösen, an die Decke starren, die Gedanken einfach treiben lassen und eben nicht Reize von außen verarbeiten - darauf kommt es an. Genau das wird aber durch ein Leben „online" verhindert. Immer mehr Zeitgenossen sind dauernd mit der ganzen Welt verbunden, aber um den Preis, dass sie sich immer weniger wirklich mit ihr auseinandersetzen, weil sie immer weniger dazu fähig sind.

Abb. 7.15

Aufgaben

1. Geben Sie Spitzers Argumente übersichtlich wieder.
2. Arbeiten Sie heraus, welche lerntheoretischen Bezüge im Text hergestellt werden.
3. Recherchieren Sie im Internet und in der Fachliteratur zur Kontroverse um Spitzers These zur „digitalen Demenz".
4. Sammeln Sie vor allem Gegenargumente.
5. Entwickeln Sie Ihr eigenes (pädagogisches) Urteil und stellen Sie es im Kurs zur Diskussion. Ziehen Sie dazu auch die Lerntheorien heran, die Sie kennengelernt haben.

7.3 Pädagogische Kompetenz

Kompetenzcheck

Hier finden Sie eine Übersicht über die Kompetenzen, die Sie vor allem in den Kapiteln 5, 6 und 7 erwerben konnten. Versuchen Sie selbst einzuschätzen, wie gut Sie sie beherrschen.

Sachkompetenz

Ich …	… sicher	… noch nicht sicher genug	Hier kann ich nachschlagen:
… erkläre den Zusammenhang zwischen Erziehung und Lernen.			
… beschreibe die Lernbedürftigkeit und Lernfähigkeit des Menschen.			
… stelle pädagogische Praxisbeispiele zu den Lerntheorien dar.			
… stelle den Einfluss pädagogischen Handelns auf Lernprozesse exemplarisch dar.			
… beschreibe pädagogisches Handeln vor dem Hintergrund von Erziehung und Bildung.			
… stelle den steuernden Einfluss von Erziehungszielen auf pädagogisches Handeln in Fallbeispielen dar.			
… beschreibe inklusive Bildung als Menschenrecht im Sinne der UN-Behindertenrechtskonvention.			

Urteilskompetenz

Ich …	… sicher	… noch nicht sicher genug	Hier kann ich nachschlagen:
… bewerte mein Vorverständnis von Lernen mithilfe wissenschaftlicher Theorien.			
… beurteile die pädagogische Relevanz des psychologischen Verständnisses von Lernen.			
… beurteile einfache Fallbeispiele für Lernprozesse hinsichtlich der Möglichkeiten, Grenzen und Folgen darauf bezogenen Handelns aus den Perspektiven verschiedener Akteure.			
… beurteile pädagogisches Handeln mithilfe der pädagogischen Grundbegriffe Erziehung und Bildung.			

Methodenkompetenz

Ich …	… sicher	… noch nicht sicher genug	Hier kann ich nachschlagen:
… beschreibe mithilfe der Fachsprache pädagogische Praxis und ihre Bedingungen.			
… führe eine Expertenbefragung durch.			
… ermittle Absichten der jeweiligen Autoren und benenne deren Interessen.			
… analysiere Texte, insbesondere Fallbeispiele.			
… werte mit qualitativen Methoden gewonnene Daten aus,			
… analysiere die erziehungswissenschaftliche Relevanz von Erkenntnissen aus der Psychologie und den Neurowissenschaften.			

Handlungskompetenz

Ich …	… sicher	… noch nicht sicher genug	Hier kann ich nachschlagen:
… entwickle Handlungsvarianten für Einwirkungen auf Erziehungs- und Lernprozesse.			
… gestalte unterrichtliche Lernprozesse unter Berücksichtigung von pädagogischen Theoriekenntnissen mit.			

8. Erziehung – Bildung – Lernen: ein (Zwischen-)Fazit

Zum Abschluss finden Sie Texte von Andreas Flitner (geb. 1922). Diese können Sie nutzen, um Ihr in den beiden Halbjahren neu erworbenes Wissen und Können aufzuarbeiten, zu vernetzen und zu systematisieren.

Einen weiteren Text von Flitner finden Sie in Heft 1, S. 124 bzw. unter dem PP-Code p38p5t.

M1 Vom Gehorsam zur Einsicht (Andreas Flitner)

Für uns Heutige liegt die zentrale Aufgabe der Erziehung darin, ein Kind zur Selbständigkeit und Eigenverantwortung zu führen, das heißt, ihm durch Hilfe, Einübung, Unterstützung zu ermöglichen, in immer weiteren Bereichen „erwachsen" zu werden. Es soll sich selber Wissen und Orientierung aufbauen, sich ein eigenes Urteil bilden, Verantwortung für sich und andere übernehmen lernen. Auch die moralische Erziehung und die Gewissensbildung haben erst dann ihr Ziel erreicht, wenn das Kind die Bewertungsmaßstäbe und Handelnsgrundsätze als seine eigenen erkennt. Es soll dahin gelangen, nicht aus Gehorsam zu handeln, sondern aus Einsicht und eigener Überzeugung, sei es in Übereinstimmung mit seinen Erziehern, sei es abweichend von ihnen. Diese Hilfe zur Selbständigkeit ist nicht ein altüberliefertes, sondern ein relativ junges Ziel der Erziehung. Solange die Verhältnisse der Gesellschaft und der Arbeit, der familiären und sozialen Zugehörigkeit, der Ortsansässigkeit und des Gemeinschaftslebens andere waren, solange unsere Gesellschaft, auf agrarischen und vorindustriellen Arbeiten beruhend, sich in ihrer geistigen und sozialen Ordnung als fest gefügt und statisch empfand, galten andere Grundsätze der Erziehung. Es gab nur eines, was Kinder lernen und an das sie gewöhnt werden mussten, das gehorsame Eintreten und Sicheinfügen in die bestehende Ordnung. […]

Gehorsam, Hören auf Menschen, die Wissen und Erfahrung haben, ist gewiss auch heute nicht überflüssig geworden. Aber unser Zeitalter hat so schrecklichen, inhumanen Missbrauch des Gehorsams erlebt, dass auch die Erzieher sehr genau die Grenzen und Kriterien des Gehorsams reflektieren müssen. Gehorsam soll zeitlich befristet und sachlich begründet sein. Er darf nicht als „blinder" verlangt werden, sondern ist, soweit das Kindesalter es erlaubt, mit Einsicht in die Sache zu verbinden. Er soll am Gewissen orientiert bleiben und muss mit Gründen verweigert werden können. Gehorsam, Einsicht, Selbständigkeit sind zusammengehörige Momente der Erziehung.

M2 Anthropologische Überlegungen zum Lernen (Andreas Flitner/Peter Fauser/Klaus J. Fintelmann)

Der Mensch ist die „Frühgeburt" und der „Spätentwickler" par excellence. Frühgeburt: Er ist zu einem physiologisch früheren Zeitpunkt aus dem Mutterleib entlassen und der sozialen Beeinflussung und Förderung ausgesetzt; er muss unendlich viel mehr lernen als jedes andere Lebewesen. Und Spätentwickler: Der Mensch verfügt über eine weit größere Zeit des Lernens, des Übens, der Übernahme von Wissen und Können als jedes vergleichbare Lebewesen; schon von seiner Natur her, die exemplarisch in der späten Geschlechtsreife deutlich wird; und mehr noch von der sozialen Zuordnung her, die ihn weit über die Geschlechtsreife hinaus im Zustand des Lernens und Sich-Entwickelns belässt und ihm ein großes Maß an Lernaufgaben zuweist. Beides, biologische Voraussetzungen und gesellschaftliche Bedingungen, schaffen also enorme Zeiten und Möglichkeiten des Lernens und der Entwicklung für den Menschen – er kann zeitlebens ein Lernender sein. Seine körperliche Ausstattung ist unspezifisch, unfestgelegt, in der Organentwicklung und Spezialisierung vergleichbaren Tieren unterlegen; deshalb auch lernfähig, weltoffen, einer breiten „Bildung" bedürftig. Die Offenheit und Unspezialisiertheit unserer Hand ist stets als das prägnanteste Beispiel dafür angeführt worden, dass diese mangelnde Festlegung eben nach einer durch Lernen und Üben erst zu gewinnenden Befähigung geradezu ruft. Aber nicht nur die Hand – so wissen wir durch die Untersuchungen zur kognitiven Entwicklung -, sondern der ganze Körper, die ganze Sensualität und Motorik, ist ein Organ des Lernens. Alle Analysen des Lernens kleiner Kinder weisen darauf hin, wie sehr das Bewegungssystem, der Körper mit seinen Erfahrungsdimensionen, Sinneswahrnehmungen, Empfindungszonen und Bewegungsmöglichkeiten an allen Lernprozessen beteiligt ist.

Anthropologisch besteht kein Zweifel am engen und grundlegenden Zusammenhang zwischen der Körperlichkeit und dem menschlichen Lernen. […] Die handelnde Auseinandersetzung mit der Welt bildet anthropologisch und stammesgeschichtlich die Basis auch der intellektuellen Leistungen, des Denkens. Mit dem Denken schiebt sich eine distanzierende und vermittelnde Ebene zwischen die

Umwelt und den Organismus: der Mensch handelt nicht instinktgebunden und naturwüchsig aufgrund bestimmter angeborener Verhaltensformen und gemäß situativer Anreize, sondern zwischen Umwelt und Handeln bildet das Denken eine verzögernde, beurteilende und lenkende Instanz. Die Instinktreduktion und die Umweltoffenheit, die damit einhergehen, begründen die Erziehbarkeit und auch die Erziehungsbedürftigkeit des Menschen (Adolf Portmann, Heinrich Roth), sein Lernen-Können und Lernen-Müssen, seine Fähigkeit, Erfahrungen zu machen und sein Angewiesensein auf Erfahrung.
Die Instinktreduktion und Umweltoffenheit des Menschen haben also pädagogische Konsequenzen nicht nur für die geistige, seelische oder intellektuelle Entwicklung. Auch der Körper bedarf der erziehenden Förderung, braucht Anregung, Schutz, Hilfe und vielfältige Erprobungsmöglichkeiten. Gerade die gegenwärtigen Lebensverhältnisse – mit ihrem eigenen Zug zur Stillegung des Körpers […] – belehren uns darüber, dass der Mensch auch seinen Körper bewusst bilden, fördern, pflegen, dass er mit ihm umzugehen lernen muß. Zwar ist beim normalen Kind eine – wie man meinen könnte – angeborene Funktionslust und Bewegungsfreude gegeben: Kinder im Vorschul- und Grundschulalter üben und verbessern ihre Körpergeschicklichkeit durch ihre Neugier im Spiel ständig und ganz von selbst. Aber wir wissen auch, wie sehr diese aktive, allseitige Lernhaltung verkümmern oder gar völlig ausfallen kann, wie Lernfähigkeit und Erfahrungsbereitschaft geschädigt werden können, wenn die Erziehung versagt oder eine förderliche Umwelt fehlt. Mit der Offenheit des Kindes und seinen Entwicklungsmöglichkeiten ist zugleich die erzieherische Verantwortung des Erwachsenen gegeben: Aufwachsen heißt nicht von selbst reifen, sondern bedarf der Hilfe anderer Menschen und der aktiven Auseinandersetzung mit ihnen und der Welt.

M3 Lernen im Generationenverhältnis (Andreas Flitner)

Die Anthropologin Margaret Mead (1971) hat in einem Büchlein über die Abfolge und das Lernen der Generationen unsere gegenwärtige Lage auf dem Hintergrund anderer Kulturen zu verstehen versucht. Sie hat dabei drei Arten des kulturellen Lebens unterschieden, an die wir uns, in freier Verwendung ihres Modells, hier anlehnen wollen.
Die erste bezeichnet das Lernen der jungen von der älteren Generation, bei dem die einen dem Vorbild der anderen folgen. „Post-figuratives Lernen“ nennt es Margaret Mead, und sie meint damit den Stil und das Bewusstsein der alten Pädagogik. Die Erwachsenen haben hier das Wissen und Können, und sie teilen es den Kindern mit. Sie wissen den Weg, auf dem die Kinder ihnen nachfolgen sollen; und sie beherrschen die Figuren des Lebens, in die die Jungen sich einfügen müssen. Veränderungen wird es dabei nur dort geben, wo die Erziehenden und Lehrenden sie für nötig halten, wo z. B. der Fortschritt der Wissenschaft und Technik sie fordert.

Abb. 8.1

Als zweite Art lässt sich danebensetzen das Lernen von den Altersgenossen, die horizontale Sozialisation, von Mead „ko-figuratives Lernen“ genannt. Es tritt dort auf, wo Gesellschaften im Umbruch sind, weil Wertvorstellungen und Verhaltensweisen sich ändern oder weil ein neues und anderes Wissen von der jungen Generation direkter und leichter ergriffen wird. Unterstützt wird dieses Lernmodell in unserer Gesellschaft durch die gewissermaßen quergestreifte Lernorganisation: In der Schule, im Kindergarten, in der Lehre, im Studium sind die Kinder und Jugendlichen für einen großen Teil ihres Lebens in Altersgruppen und Jahrgangsklassen organisiert. Sie werden dort kollektiv und oft nur fachlich unterrichtet. Der Lebenszusammenhang mit anderen Altersstufen, besonders mit den älteren Generationen geht dabei verloren. […]
Ein drittes Lernmodell ergibt sich dort, wo Eltern, Lehrer und Erzieher verstehen, dass sie Wichtiges weiterzugeben haben, dass sie aber auch selber, in immer neuen Situationen, Anderes und Neues lernen müssen. „Prä-figurativ“ nennt Margaret Mead diesen Typus und meint damit, dass das Lernen den gegebenen Figuren immer auch vorauseilen, dass es sie überholen müsse. […] „Mit Kindern lernen“ wäre die Formel für das prä-figurative Modell.
Den Älteren wird es heute nicht erlassen, immer und immer wieder zu prüfen, was sie festhalten können, was ihnen ihre Kultur, ihr Glaube, ihre Auffassung von Humanität und Verantwortung bedeuten und was sie den jungen Menschen weitergeben, worum sie mit ihnen ringen wollen. Sie müssen zugleich auch sehen, dass es nicht mehr nur um die Weitergabe überlieferter Moral und Kultur gehen kann. Die Jüngeren werden unter Bedingungen leben, von denen diejenigen, welche jetzt noch Politik und Gesellschaft bestimmen, kaum eine Vorstellung haben. Sie werden Probleme lösen müssen, die ihnen die Älteren eingebrockt haben oder die zumindest von den Älteren aufgeschoben wurden in die nächste Generation. […]

Aufgaben

1. Flitner macht in diesen Texten Aussagen über
a) die anthropologischen Dimension des Lernens,
b) die kulturellen und gesellschaftlichen Bedingungen, unter denen Kinder heute aufwachsen,
c) Aufgaben und Ziele der Erziehung,
d) Verfahren und Formen erzieherischen Handelns,
e) beabsichtigte und tatsächliche Wirkungen erzieherischen Handelns.

Stellen Sie die auf die einzelnen Punkte (a, b, c, d, e) bezogenen Aussagen zusammen.

2. Erläutern Sie sie mithilfe der Begriffe Erziehung, Bildung, Sozialisation, Enkulturation und Lernen.

3. Setzen Sie die Aussagen (1, a, b, c, d, e) von Flitner in Beziehung zu den entsprechenden Konzepten und Theorien, die Sie in den letzten beiden Kursen kennengelernt haben. Stellen Sie Gemeinsamkeiten und Unterschiede heraus.

Weiterführende Aufgaben

1. Am Ende von Heft 1 haben Sie eine Concept Map erarbeitet, in der Sie den Stand Ihrer Erkenntnisse zur pädagogischen Perspektive zusammengefasst haben (siehe Heft 1, S. 125).

Überprüfen Sie am Ende dieses Kurses Ihre Concept Map angesichts des neu erworbenen Wissens und Könnens über Lernen, Erziehung und Bildung und verändern bzw. ergänzen Sie sie.

2. Auf Seite 27–28 in Heft 1 finden Sie einen Text von Oliver Hechler zur „Begründung erzieherischen Handelns". In diesem Text werden Grundbegriffe der pädagogischen Perspektive eingeführt, erläutert und zueinander in Beziehung gesetzt. Greifen Sie erneut auf diesen Text zurück. Erläutern Sie den Text (vor allem die Grundbegriffe und ihre Beziehungen zueinander) mit Bezug auf Ihr in den beiden Einführungskursen erworbenes Wissen.

Stichwortverzeichnis

Übersicht über die Operatoren

Operatoren	Definitionen
Anforderungsbereich I	
• nennen • benennen	ausgewählte Elemente, Aspekte, Merkmale, Begriffe, Personen etc. unkommentiert aufzählen
• skizzieren	einen bekannten oder erkannten Sachverhalt oder Gedankengang in seinen Grundzügen ausdrücken
• formulieren • darstellen	den Gedankengang oder die Hauptaussage eines Textes oder eines anderen Materials mit eigenen Worten darlegen
• wiedergeben	einen bekannten oder erkannten Sachverhalt oder den Inhalt eines Textes unter Verwendung der Fachsprache mit eigenen Worten ausdrücken
• beschreiben	die Merkmale eines Bildes oder anderen Materials mit Worten in Einzelheiten schildern
• herausarbeiten	aus Aussagen eines *wenig komplexen* Textes, einen Sachverhalt oder eine Position ermitteln und darstellen
• zusammenfassen	die Kernaussagen eines Textes oder anderen Materials komprimiert und strukturiert darlegen

Operatoren	Definitionen
Anforderungsbereich II	
• einordnen • zuordnen • anwenden	einen bekannten oder erkannten Sachverhalt in einen neuen oder anderen Zusammenhang stellen oder die Position eines Verfassers bezüglich einer bestimmten Religion, Konfession, Denkrichtung etc. unter Verweis auf Textstellen und in Verbindung mit Vorwissen bestimmen
• belegen • nachweisen	Behauptungen durch Materialbezug (z. B. Textstellen) oder bekannte Sachverhalte fundieren
• konkretisieren	Beispiele für einen Sachverhalt finden und ihn verdeutlichen
• erläutern • erklären • entfalten	einen Sachverhalt, eine These etc. ggf. mit zusätzlichen Informationen und Beispielen nachvollziehbar veranschaulichen
• herausarbeiten	aus Aussagen eines *komplexeren* Textes, einer Statistik o. Ä. einen Sachverhalt oder eine Position ermitteln und darstellen
• vergleichen	nach vorgegebenen oder selbst gewählten Gesichtspunkten Gemeinsamkeiten, Ähnlichkeiten und Unterschiede ermitteln und darstellen
• analysieren • untersuchen	unter gezielter Fragestellung Elemente, Strukturmerkmale und Zusammenhänge systematisch erschließen und darstellen, z. B. bei Experimenten/Studien: Forschungsbereich, Problemfeld, Hypothesen, Variablen, Operationalisierung, Durchführung, Design, Ergebnisse, Messverfahren, Auswertung, Präsentation benennen
• in Beziehung setzen	Zusammenhänge unter vorgegebenen oder selbst gewählten Gesichtspunkten begründet herstellen
• befragen	eine Position aus einer anderen Perspektive beleuchten

Operatoren	Definitionen
Anforderungsbereich III	
• begründen	eigene Aussagen durch Argumente stützen und nachvollziehbare Zusammenhänge herstellen
• sich auseinandersetzen mit	ein begründetes eigenes Urteil zu einer Position (z. B. zur Reichweite und Leistungskraft einer Theorie) oder einem dargestellten Sachverhalt entwickeln
• beurteilen • bewerten • Stellung nehmen • einen begründeten Standpunkt einnehmen • die eigene Überzeugung argumentativ vorstellen	zu einem Sachverhalt unter Verwendung von Fachwissen und Fachmethoden sich begründet positionieren (Sach- bzw. Werturteil), z. B. bei Experimenten/Studien: Objektivität, Reliabilität, Validität, Generalisierbarkeit begründet bestimmen, eine mögliche Gegenposition entwickeln und sich mit dieser kritisch auseinandersetzen, dabei Beurteilungskriterien bewusst machen und begründen
• erörtern	die Vielschichtigkeit eines Beurteilungsproblems erkennen und darstellen, dazu Thesen/ggf. Hypothesen erfassen bzw. aufstellen, Argumente formulieren und dabei eine begründete Schlussfolgerung erarbeiten (dialektische Erörterung)/ggf. Wege empirischer Überprüfung entwickeln
• prüfen • überprüfen	eine Meinung, Aussage, These, Hypothese, Argumentation nachvollziehen, kritisch hinterfragen und auf der Grundlage erworbener Fachkenntnisse begründet beurteilen
• interpretieren	einen Text oder ein anderes Material (Bild, Karikatur, Tondokument, Film, Statistik etc.) sachgemäß analysieren und auf der Basis methodisch reflektierten Deutens zu einer schlüssigen Gesamtauslegung gelangen
• gestalten • entwerfen	sich kreativ (z. B. fiktives Gespräch oder Visualisierung) mit einer Fragestellung auseinandersetzen
• Stellung nehmen aus der Sicht von ... • eine Erwiderung formulieren aus der Sicht von ...	eine unbekannte Position, Argumentation oder Theorie aus der Sicht einer bekannten Position kritisieren oder infrage stellen und ein begründetes Urteil abgeben
• Handlungspläne entwickeln	begründete Handlungskonsequenzen zu einer Fallstudie entwerfen
• Konsequenzen aufzeigen • Perspektiven entwerfen	aus einer Position Schlussfolgerungen ziehen

Quellenverzeichnisse

Textquellenverzeichnis

5 Ulla Hahn: Irritierende Erfahrungen eines Arbeiterkinds. In: Ulla Hahn: Das verborgene Wort. München: DTV, 2008, S. 178–188; **7** Ulla Hahn: Suum cuique. In: Ulla Hahn: Aufbruch. München: Deutsche Verlags-Anstalt, 2011, S. 239–243; **9** Helen Keller: Lernerfahrungen eines taub-blinden Mädchens. In: Helen Keller: Geschichte meines Lebens. Berlin: Evangelische Verlagsanstalt Berlin, 1972, S. 31–34; **12** Sandra Winkel/Franz Petermann/Ulrike Petermann: Ein allgemeiner Begriff des Lernens. In: Sandra Winkel/Franz Petermann/Ulrike Petermann: Lernpsychologie. Paderborn: Ferdinand Schöningh Verlag, 2006, S. 11–14; **14** Dorle Klika/Volker Schubert: Kritik des psychologischen Lernverständnisses aus pädagogischer Perspektive. In: Dorle Klika/Volker Schubert: Einführung in die Allgemeine Erziehungswissenschaft. Erziehung und Bildung in einer globalisierten Welt. Weinheim/Basel: Beltz Juventa, 2013, S. 108–112; **15** Klaus Prange: Was bedeutet eigentlich „lernen"? In: Klaus Prange: Was bedeutet eigentlich „lernen"? In: Praxis Schule 5–10, Heft 5, 2002, S. 6–8; **18** Mollenhauer, Klaus: Methoden erziehungswissenschaftlicher Bildinterpretation. In: Friebertshäuser, Barbara/Prengel, Annedore (Hrsg.): Handbuch Qualitative Forschungsmethoden in der Erziehungswissenschaft. Juventa, Weinheim, München 2003, S. 247–264; **19** Klaus Prange: Zeigen und Lernen. In: Klaus Prange: Die Ethik der Pädagogik. Paderborn/München/Wien/Zürich: Ferdinand Schöningh Verlag, 2010, S. 20–22; **20** Klaus Prange: Lernen und Erziehen: die pädagogische Differenz. In: Klaus Prange: Die Zeigestruktur der Erziehung. Grundriss der operativen Pädagogik. Paderborn/München/Wien/Zürich: Ferdinand Schöningh Verlag, 2005, S. 58–59; **21** Andreas Gruschka: Lehren und Lernen in Chardins „Die junge Schulmeisterin". In: Andreas Gruschka: Lehren. Stuttgart: Kohlhammer, 2014, S. 40–42; **22** Jürgen Rekus/Dieter Hintz/Volker Ladenthin Bildsamkeit und Selbsttätigkeit als pädagogische Grundprinzipien. In: Jürgen Rekus/Dieter Hintz/Volker Ladenthin: Die Hauptschule. Alltag, Reform, Geschichte, Theorie. Weinheim/München: Beltz Juventam, 1998, S. 279–281; **23** Marian Heitger: Lernen als eigenes Erkennen. In: Marian Heitger: Pädagogik. Berlin/Darmstadt/Wien: Habel, o. J., S. 98–100, 102–104; **27** Iwan Petrowitsch Pawlow: Die bedingten Reflexe. In: Pawlow, Iwan Petrowitsch (1972): Physiologie und Psychologie beim Studium der höheren Nerventätigkeit der Tiere [1916]. In: ders.: Die bedingten Reflexe. Eine Auswahl aus dem Gesamtwerk. München: Kindler, S. 60–72, S. 60–66; **30** Gerhard Mietzel: Der angeborene Reflex als Ausgangspunkt klassischer Konditionierung. In: Gerhard Mietzel: Wege in die Psychologie. 12. überarb. u. erweiterte Auflage, Stuttgart: Klett-Cotta, 2005, S. 216–218; **31** Andreas Krapp/Siegfried Prell: Studienhefte zur Erziehungswissenschaft, Heft V (Empirische Forschungsmethoden. Einführung, München 1975, S. 36–38; **32** Walter Edelmann: Gefühle erzeugen und Gefühle wieder „löschen". In: Walter Edelmann: Lernpsychologie. 6. vollst. überarbeitete Auflage, Weinheim/Basel: Beltz 2000, S. 57–60; **33** Aldous Huxley: Neo-Pawlowsche Normungssäle in der Dystopie „Brave new world". In: Huxley, Aldous: Schöne neue Welt. Frankfurt a. M.: Fischer 1983, S. 62–64; **34 (1)** Watson nach Bonin: Watsons erzieherische Vorstellungen. In: Werner Friedrich Bonin: Die großen Psychologen. Von der Seelenkunde zur Verhaltenswissenschaft; Forscher, Therapeuten und Ärzte. Düsseldorf: Hermes Handlexikon, 1983, S. 329; **34 (2)** B. F. Skinner: Die Gesellschaft von Futurum II. In: B. F. Skinner: Futurum Zwei. „Walden Two". Die Vision einer aggressionsfreien Gesellschaft. Reinbek: Rowohlt, 1972, S. 230, 237; **35** Guy Lefrançois: Operantes Konditionieren. In: Guy Lefrançois: Psychologie des Lernens. 3. Auflage, Berlin u. a.: Springer, 1994, S. 36–37, 40–43; **36** Celina del Amo: Erziehung und Ausbildung des Hundes. In: Celina del Amo: Spiel- und Spaßschule für Hunde. 200 Spiele, Tricks und Übungen. Stuttgart: Ulmer, 2006, S. 15–19; **38** Walter Edelmann: Löschung. In: Walter Edelmann: Lernpsychologie. Eine Einführung. 4., überarb. Aufl. Weinheim: Beltz/PVU, 1994, S. 164–166; **40** Markie-Dadds, Carol/Sanders, Matthew R./Turner, Karen M. T.: „The Positive Parenting Program (Triple P)" – Ursachen für das Verhalten von Kindern. In: Markie-Dadds, Carol/Sanders, Matthew R./Turner, Karen M. T.: Das Triple P Elternarbeitsbuch. Der Ratgeber zur positiven Erziehung mit praktischen Übungen. Münster: Verlag für Psychotherapie, 2003, S. V, 2–58 [Auszüge]; **40** Markie-Dadds, Carol/Sanders, Matthew R./Turner, Karen M. T.: „The Positive Parenting Program (Triple P) – Ziele der Erziehung und Verhaltensbeobachtung". In: Markie-Dadds, Carol/Sanders, Matthew R./Turner, Karen M. T.: Das Triple P Elternarbeitsbuch. Der Ratgeber zur positiven Erziehung mit praktischen Übungen. Münster: Verlag für Psychotherapie, 2003, S. V, 2–58 [Auszüge]; **41** Markie-Dadds, Carol/Sanders, Matthew R./Turner, Karen M. T.: „The Positive Parenting Program (Triple P) – Ratschläge für „gute" Erziehung". In: Markie-Dadds, Carol/Sanders, Matthew R./Turner, Karen M. T.: Das Triple P Elternarbeitsbuch. Der Ratgeber zur positiven Erziehung mit praktischen Übungen. Münster: Verlag für Psychotherapie, 2003, S. V, 2–58 [Auszüge]; **46** Gerhard Mietzel: Beobachtungslernen/Lernen an Modellen. In: Gerhard Mietzel: Wege in die Psychologie. 12. überarb. u. erweiterte Auflage, Stuttgart: Klett-Cotta, 2005, S. 252; Albert Bandura: Lernen am Modell. In: Albert Bandura: Aggression. Eine sozial-lerntheoretische Analyse. Stuttgart: Klett-Cotta, 1979, S. 85; **47** Albert Bandura: Experimentelles Erforschen von Modellierungsprozessen. In: Albert Bandura: Aggression. Eine sozial-lerntheoretische Analyse. Stuttgart: Klett-Cotta, 1971, S. 85–96; **49** Albert Bandura: Die Unterscheidung von Lernen und Ausführung. In: Albert Bandura: Aggression. Eine sozial-lerntheoretische Analyse. Stuttgart: Klett-Cotta, 1979, S. 83 f.; **50** David J. Myers: Lernen von Aggressionen über Modelle. In: David J. Myers: Psychologie. Dt. Bearb. Christian Grosser/Svenja Wahl, Heidelberg: Springer Medizin Verlag, 2005, S. 361–366; **51** Christoph Wulf: Mimetisches Lernen. In: Michael Göhlich/Christoph Wulf/Jörg Zirfas (Hrsg.): Pädagogische Theorien des Lernens. Weinheim/Basel: Beltz, 2007, S. 91 f., 94–98; **53** Walter Benjamin: Kinder-Handeln und Kinder-Denken. In: Walter Benjamin: Über Kinder, Jugend und Erziehung. Mit Abbildungen von Kinderbüchern und Spielzeug aus der Sammlung Benjamin. 6. Auflage, Frankfurt am Main: Suhrkamp, 1982, S. 74, 78; **54** Wolfgang Köhler: Einsichtiges Verhalten bei Affen. In: Wolfgang Köhler: Intelligenzprüfungen an Menschenaffen. 3. Auflage, Berlin/Heidelberg/New York: Springer, 1973, S. 2–3; **55** Sebastian Leitner: Gewinnen Sie „Einsichten". In: Sebastian Leitner: So lernt man lernen. Der Weg zum Erfolg. Freiburg/Basel/Wien: Herder, 1972, S. 250–252; **56** Heinrich Roth: Problemlösen im kindlichen Alltag. In: Heinrich Roth: Pädagogische Psychologie des Lehrens und Lernens. 15. Auflage, Hannover: Schroedel, 1976, S. 213–216; **59** Manfred Spitzer: Das Gehirn lernt immer. In: Manfred Spitzer: Gehirnforschung und schulisches Lernen. Ergebnisse, Einsichten und Anregungen. In: Schulmagazin 5–10, Oldenbourg, Heft 3, 2009, S. 5–9; **61** Heinz Schirp: Pädagogische Lernförderung und neurowissenschaftliche Einsichten. In: Heinz Schirp: Dem Lernen auf der Spur. Neurobiologische Modellvorstellungen und neurodidaktische Zugänge zur Lern- und Unterrichtsgestaltung. In: Ministerium für Schule und Weiterbildung des Landes Nordrhein-Westfalen (Hrsg.): Unterrichtsgestaltung in den naturwissenschaftlichen Fächern. Vorschläge unter Berücksichtigung neurobiologischer Erkenntnisse. Stuttgart: Klett, 2007, S. 8–22; **63** Nicole Becker: Nutzen der Hirnforschung für die Pädagogik. Nicole Becker: Die Lust an den Versuchungen der Hirnforschung. Über die paradoxen Folgen neurowissenschaftlicher Stellungnahmen zu pädagogischen Fragen. In: Jahrbuch für Pädagogik 2006, Infantilisierung des Lernens? Neue Lernkulturen – ein Streitfall. Frankfurt/Main: Peter Lang Verlag, 2007, S. 149–151; **64** Volker Ladenthin: Neurowissenschaften und Pädagogik. Volker Ladenthin: Wäre der Mensch unfrei, hätte alles Lernen keinen Sinn. In: Rheinischer Merkur, Nr. 1, 2005, S. 20; **66 (1)** Ernst von Glasersfeld: Einführung in den Konstruktivismus. Ernst von Glasersfeld: Einführung in den radikalen Konstruktivismus. In: Paul Watzlawick (Hrsg.): Die erfundene Wirklichkeit. 5. Auflage, München/Zürich: Piper, 2010, S. 18–23; **66 (2)** Hermann Krüssel: Konstruktivistische Grundlagen des Lehrens. Hermann Krüssel: Pädagogikunterricht neu sehen. Grundlagen einer reflexiven Fachdidaktik. Baltmannsweiler: Schneider Verlag Hohengehren, 2003, S. 44–47; **68** Hermann Krüssel: Lernen aus konstruktivistischer Sicht. Hermann Krüssel: Pädagogikunterricht neu sehen. Grundlagen einer reflexiven Fachdidaktik. Baltmannsweiler: Schneider Verlag Hohengehren, 2003, S. 57–61; **69** Heinrich Roth: Fremd- und Selbstbestimmung beim Lernen. In: Heinrich Roth: Pädagogische Anthropologie II. Entwicklung und Erziehung. Bd. 2, Dortmund/Darmstadt/Berlin: Schroedel, 1976, S. 372–373; **70** Dagmar Killus: Was heißt selbstgesteuertes Lernen? In: Dagmar Killus: Selbstgesteuertes Lernen in Lern-, Interessen- und Erfahrungsangeboten an Schulen mit Ganztagsangebot (BLK-Verbundprojekt Lernen für den GanzTag). http://www.ganztag-blk.de/cms/upload/pdf/brandenburg/Killus_Selbstgesteuertes_Lernen.pdf (22.12.2014), S. 2–4; **71** Klaus Konrad/Silke Traub: Selbst- versus Fremdsteuerung. In: Klaus Konrad/Silke Traub: Selbstgesteuertes Lernen in Theorie und Praxis. Bd. 4, Baltmannsweiler: Oldenbourg Wissenschaftsverlag, 2013, S. 4–6; **72** Dagmar Killus: Lernstrategien beim selbstgesteuerten Lernen. In: Dagmar Killus: Selbstgesteuertes Lernen in Lern-, Interessen- und Erfahrungsangeboten an Schulen mit Ganztagsangebot (BLK-Verbundprojekt Lernen für den GanzTag). http://www.ganztag-blk.de/cms/upload/pdf/brandenburg/Killus_Selbstgesteuertes_Lernen.pdf (22.12.2014), S. 4–7; **75** Jörg Ruhloff: Lernen des Lernens in der Kritik. In: Jörg Ruhloff: Lernen des Lernens? In: Jürgen Rekus: Grundfragen des Unterrichts. München 1998, S. 83–94, S. 92–93; **78** Michael Tomasello: Ein Rätsel … In: Michael Tomasello: Die kulturelle Entwicklung des menschlichen Denkens. Zur Evolution der Kognition. Frankfurt am Main: Suhrkamp, 2002, S. 12–15; **79** Michael Tomasello: Kumulative kulturelle Evolution und der Wagenhebereffekt. In: Michael Tomasello: Die kulturelle Entwicklung des menschlichen Denkens. Zur Evolution der Kognition. Frankfurt am Main: Suhrkamp, 2002, S. 54–57; **80** Michael Tomasello: … und eine Vermutung. In: Michael Tomasello: Die kulturelle Entwicklung des menschlichen Denkens. Zur Evolution der Kognition. Frankfurt am Main: Suhrkamp, 2002, S. 15–22; **81** Annette Scheunpflug: Lernfähigkeit als evolutionärer Vorteil. Annette Scheunpflug: Biologische Grundlage des Lernens. Berlin: Cornelsen Scriptor, 2001, S. 44–65; **83** John Dewey: Notwendigkeit des Lehrens und Lernens. In: John Dewey: Demokratie und Erziehung. Eine Einleitung in die philosophische Pädagogik. Weinheim: Beltz, 1993, S. 16–18; **84** Dorle Klika/Volker Schubert: Bildsamkeit: das nicht festgestellte Tier. In: Dorle Klika/